当代齐鲁文库·山东社会科学院文库

THE LIBRARY OF
CONTEMPORARY SHANDONG

SELECTED WORKS OF SHANDONG
ACADEMY OF SOCIAL SCIENCES

山东社会科学院◎编纂

树立新工业化发展观与中国新工业化发展战略研究

韩民青◎著

中国社会科学出版社

图书在版编目(CIP)数据

树立新工业化发展观与中国新工业化发展战略研究／韩民青著.
—北京：中国社会科学出版社，2016.12
ISBN 978-7-5161-8681-7

Ⅰ.①树… Ⅱ.①韩… Ⅲ.①新型工业化—经济发展战略—
研究—中国 Ⅳ.①F424

中国版本图书馆 CIP 数据核字(2016)第 182767 号

出 版 人	赵剑英
责任编辑	冯春凤
责任校对	张爱华
责任印制	张雪娇

出　　版	中国社会科学出版社
社　　址	北京鼓楼西大街甲 158 号
邮　　编	100720
网　　址	http：//www.csspw.cn
发 行 部	010-84083685
门 市 部	010-84029450
经　　销	新华书店及其他书店

印刷装订	环球东方（北京）印务有限公司
版　　次	2016 年 12 月第 1 版
印　　次	2016 年 12 月第 1 次印刷

开　　本	710×1000 1/16
印　　张	15.5
插　　页	2
字　　数	215 千字
定　　价	65.00 元

凡购买中国社会科学出版社图书,如有质量问题请与本社营销中心联系调换
电话:010-84083683

《山东社会科学院文库》
出版说明

　　党的十八大以来，以习近平同志为核心的党中央，从推动科学民主依法决策、推进国家治理体系和治理能力现代化、增强国家软实力的战略高度，对中国智库发展进行顶层设计，为中国特色新型智库建设提供了重要指导和基本遵循。2014年11月，中办、国办印发《关于加强中国特色新型智库建设的意见》，标志着我国新型智库建设进入了加快发展的新阶段。2015年2月，在中共山东省委、山东省人民政府的正确领导和大力支持下，山东社会科学院认真学习借鉴中国社会科学院改革的经验，大胆探索实施"社会科学创新工程"，在科研体制机制、人事管理、科研经费管理等方面大胆改革创新，相继实施了一系列重大创新措施，为建设山东特色新型智库勇探新路，并取得了明显成效，成为全国社科院系统率先全面实施哲学社会科学创新工程的地方社科院。2016年5月，习近平总书记在哲学社会科学工作座谈会上发表重要讲话。讲话深刻阐明哲学社会科学的历史地位和时代价值，突出强调坚持马克思主义在我国哲学社会科学领域的指导地位，对加快构建中国特色哲学社会科学作出重大部署，是新形势下繁荣发展我国哲学社会科学事业的纲领性文献。山东社会科学院以深入学习贯彻习近平总书记在哲学社会科学工作座谈会上的重要讲话精神为契机，继续大力推进哲学社会科学创新工程，努力建设马克思主义研究宣传的"思想理论高地"，省委、省政府的重要"思想库"和"智囊团"，山东省哲学社会科学的高端学术殿堂，山东省情综合数据库和研究评价中心，服务经济文化强省建设的创新型团队，为繁荣发展哲学社会科学、建设山东特色新型智库，努力做出更大的贡献。

《山东社会科学院文库》（以下简称《文库》）是山东社会科学院"创新工程"重大项目，是山东社会科学院着力打造的《当代齐鲁文库》的重要组成部分。该《文库》收录的是我院建院以来荣获山东省优秀社会科学成果一等奖及以上的科研成果。第二批出版的《文库》收录了丁少敏、王志东、卢新德、乔力、刘大可、曲永义、孙祚民、庄维民、许锦英、宋士昌、张卫国、李少群、张华、秦庆武、韩民青、程湘清、路遇等全国知名专家的研究专著18部，获奖文集1部。这些成果涉猎科学社会主义、文学、历史、哲学、经济学、人口学等领域，以马克思主义世界观、方法论为指导，深入研究哲学社会科学领域的基础理论问题，积极探索建设中国特色社会主义的重大理论和现实问题，为推动哲学社会科学繁荣发展发挥了重要作用。这些成果皆为作者经过长期的学术积累而打造的精品力作，充分体现了哲学社会科学研究的使命担当，展现了潜心治学、勇于创新的优良学风。这种使命担当、严谨的科研态度和科研作风值得我们认真学习和发扬，这是我院深入推进创新工程和新型智库建设的不竭动力。

实践没有止境，理论创新也没有止境。我们要突破前人，后人也必然会突破我们。《文库》收录的成果，也将因时代的变化、实践的发展、理论的创新，不断得到修正、丰富、完善，但它们对当时经济社会发展的推动作用，将同这些文字一起被人们铭记。《山东社会科学院文库》出版的原则是尊重原著的历史价值，内容不作大幅修订，因而，大家在《文库》中所看到的是那个时代专家们潜心探索研究的原汁原味的成果。

《山东社会科学院文库》是一个动态的开放的系统，在出版第一批、第二批的基础上，我们还会陆续推出第三批、第四批等后续成果……《文库》的出版在编委会的直接领导下进行，得到了作者及其亲属们的大力支持，也得到了院相关研究单位同志们的大力支持。同时，中国社会科学出版社的领导高度重视，给予大力支持帮助，尤其是责任编辑冯春凤主任为此付出了艰辛努力，在此一并表示最诚挚的谢意。

本书出版的组织、联络等事宜，由山东社会科学院科研组织处负责。因水平所限，出版工作难免会有不足乃至失误之处，恳请读者及有关专家学者批评指正。

《山东社会科学院文库》编委会
2016 年 11 月 16 日

目　录

前　言

一　总体框架

《树立新工业化发展观与中国新工业化发展战略研》是国家发展和改革委员会"十一五"规划研究课题（课题编号 ZBKT050），研究成果由 1 篇综合报告和 8 篇专题报告组成，另外还有 2 篇附录，共计 11 份材料。"综合报告"是对中国新工业化发展战略的总体所作的综合性一般性研究。"专题报告"是对中国新工业化发展战略的各个主要领域所作的专门性具体性研究。"附录"提供了一些国外的、历史的相关材料。具体内容如下：

综合报告　工业危机、新工业革命与中国 21 世纪发展战略

专题报告 1　中国"适度工业化"发展战略

专题报告 2　中国新工业化科技体系及其发展战略

专题报告 3　中国新工业产业体系及其发展战略

专题报告 4　中国新工业化循环经济发展战略

专题报告 5　中国新工业化水资源发展战略

专题报告 6　中国新工业化能源发展战略

专题报告 7　中国新工业化材料发展战略

专题报告 8　中国新工业化太空发展战略

附录 1　日本的新工业化发展趋势

附录 2　18 世纪英国产业革命的若干启示

二　基本观点

中国的现代化建设是在工业化生产方式已经陷入危机和新工业革命正在兴起的时代大背景下进行的。新工业化是一种比工业化更高级的生产方式和文明新形态。在 21 世纪的现代化进程中，中国既不可能也没有必要建立发达的工业化，中国应该实现适度工业化，同时也必须积极建设并实现新工业化。要坚持运用新工业化发展理念去筹划经济社会的长远发展，去能动地推进中国的现代化建设。

（一）中国不能追逐发达的工业化

工业化生产方式的本质、局限及其危机。从本质上说，工业化生产是一种"采掘和利用天然化学物质资源（即矿物资源）的生产"。工业化生产方式的本质进一步决定了它的历史局限性：（1）天然化学资源必然会出现短缺乃至枯竭，工业化生产必定会出现资源危机；（2）伴随工业化生产必然会出现大量化学性质的废弃物质，对生态环境带来毁灭性的破坏。工业化生产的这两大历史局限，决定了它必然是一种不可持续的生产方式。

中国不可能建立发达的工业化。第一，中国建立发达的工业化缺乏必要的资源支撑。第二，中国作为后发展的人口大国建立发达的工业化已不具备有利的地缘政治背景。第三，大量消耗矿物资源建设工业化所造成的环境污染日益严重，生态环境的恶化将难以承担起建设发达工业化的重负。第四，本来属于全球性的资源环境问题，现在逐渐汇集成我国自身的严重的经济社会发展瓶颈，极大地阻碍了我国的工业化进程，一方面使我国难以建立起发达的工业化；另一方面即使建立起来也不可能持续，甚至会导致停滞和衰退。

中国不要片面追逐发达的工业化。中国一方面还必须继续建设工业化，因为没有一定的工业化作为基础，更大的飞跃和发展包括进行新工业革命都是不可能的；另一方面，中国的发展又必须努力避免陷入工业危机，否则中国的现代化发展将会化为泡影。中国的现代化建设必须防止工业危机，但是防止工业危机不能采取被动战略，必须采取主动战略，而主动战略本质上又是发展战略。所以，防止工业危机的应对战略应该与正确的现代化发展战略是统一的。简单地讲，主要有两项：第一，适度工业化发展战略；第二，新工业化发展战略。

（二）中国的适度工业化发展战略

"适度工业化"的提出及其含义。新型工业化包含着"适度工业化"和"新工业化"两层含义。为了更清晰地认识工业化的局限和新工业化的发展前景，我们还是必须分别明确地提出建设"适度工业化"和"新工业化"这两套发展战略，并强调指出二者的区别和联系。提出"适度工业化"，否定了建设发达工业化的可能性和必要性，而提出"新工业化"则不再属于工业化而是超越了工业化。适度工业化就是"比较发展而又不过度的工业化"。具体地讲，适度工业化的特点主要有三个：第一，适度的工业化开发；第二，适度的工业化生产；第三，适度的工业化消费。

建设适度工业化的基本原则。（1）发展原则。建设适度工业化不是放弃发展，而是寻求新的更可靠更有效的发展方式，但是，要贯彻"以资源定发展""以环境定发展"的原则。（2）抑制原则。通过多方面的抑制政策来调节工业的发展，以延缓自然资源对工业的最终限制时期的到来。（3）生态化原则。工业化体系不能只顾及经济增长，甚至不能只顾及人类的生存与发展，而且要顾及人类赖以生存的自然环境。（4）信息化原则。信息化可以提高贯彻抑制原则与生态化原则的能力，能够更好地避免工业化带来的各种弊端。（5）对接原则。适度工业化的初级目标不应独立于新工业化，需要与新工业化相适应、相连接，必须从新工业化的更长远目标不断地变革工业化。总之，建设"适度工业化"，要坚持以发展为前提，以抑制化、生态化、信息化为核心，以与新工业化对接为导向。

中国的适度工业化体系。中国适度工业化体系的主要特征：（1）价值特征；（2）经济特征；（3）文化特征；（4）生态特征。中国适度工业化的主要指标：（1）适度开发指标；（2）适度生产指标；（3）适度消费指标；（4）对接新工业化指标。

（三）中国的新工业化发展战略

新工业化的含义。工业文明之后的人类文明新形态应称之为"新工业文明"。"新工业文明"有其特定的含义，即指"人工创造和利用化学物质的文明"。新工业化作为一种"人工创造和利用化学物质的文明"，是一种比工业化更高级更深层次的生产力和生产方式，具有七个突出特征：（1）劳动对象（生产原材料）微观元素化；（2）主导能源物理化；（3）生产手段智能化；（4）生产和消费方式深层循环化；（5）环境生态化；（6）生产和活动空间太空化；（7）新工业化对工业化的替代化。从全球范围看，工业生产方式正在陷入危机，新工业革命正在兴起。中国21世纪现代化发展战略总体上应是一套复合型的发展战略，其初级战略是适度工业化发展战略，其高级战略就是新工业化发展战略。没有新工业化中国就不可能实现真正的现代化。

中国的新工业化体系。建设新工业化要有一个基本目标即新工业化体系：（1）智能化、微制造化社会；（2）循环化、生态化社会；（3）太空化社会；（4）创造为本、以人类为本社会。新工业化的主要指标体系：（1）资源深层循环利用率＞50%；（2）一次能源中物理能源（如核能、太阳能）比重＞50%；（3）新工业产值与农工业产值比＞1；（4）物质生产业、生活服务业、科教文化业的劳动力各占社会总劳动力的1/3或物质生产业劳动力＜1/3。

建设新工业化的战略措施。建设中国新工业化，需要实施七大发展战略。(1)新工业化科技发展战略,主要包括信息科技、生物科技、纳米科技、新能源科技、新材料科技、生态科技、太空科技等新科技的发展,它们作为一个完整的科技体系是新工业化的科技支撑。(2)新工业化产业发展战略,主要包括信息产业、生物产业、纳米产业、新能源产业、新材料产业、生态产业、太空产业等新工业产业的开拓和发展,它们将逐步取代传统工业部门。(3)新工业化循环经济发展战略,实现从工业化的单向生产经济体系向新工业化的循环生产经济体系的转变。(4)新工业化水资源发展战略,主要包括水的深层循环利用、海水淡化,以及海水淡化后的东水西调、再造西部秀美山川,彻底解决生活、生产、生态的淡水匮乏问题。(5)新工业化能源发展战略,主要是物理能源的开发和利用,包括太阳能、风能、热核聚变能等物理能源的开发利用,最终是月球能源基地的建立,彻底克服能源危机。(6)新工业化材料发展战略,其核心是原材料的深层开发,实现材料元素化,从而大大开拓原材料的范围和使各种物质材料都可进入循环利用,彻底克服原材料匮乏。(7)新工业化太空开发战略,主要是对月球和太阳系的行星进行广泛深入的研究和开发,包括资源开发利用以及生态化改造。

三　对策建议

(一)分层次分阶段地实施21世纪中国现代化发展战略

首先是分层次。21世纪中国现代化发展战略是一套复合型发展战略,其中包含一套建设适度工业化的初级战略,又包含一套建设新工业化的高级战略。

其次是分阶段。21世纪中国现代化发展战略是一套百年发展战略,对适度工业化和新工业化的发展要在一个世纪的历程中分阶段地有所侧重地予以实施:(1)在21世纪头20年基本实现工业化之前,应以推进工业化为主,同时积极开拓新工业化;(2)在基本实现工业化之后，建设新工业化的任务就逐渐成为首要任务，我国 21 世纪中叶所要实现的现代化，应是新工业化比较发达的现代化；（3）全面进入新工业化还要经历更长时期的奋斗，它应成为中华民族在 21 世纪下半叶所要实现的长远战略目标。

（二）21 世纪前 20 年是中国工业化的实现期和新工业化的开拓期，不论对工业化还是新工业化都是一个关键时期

关于 21 世纪前 20 年的发展，国家已制定出全面建设小康社会的发展战略，现在，需要我们从建设适度工业化和建设新工业化这样两套长远发展战略的宏观视角去进一步诠释 21 世纪前 20 年的发展。这一时期是实施 21 世纪长远发展战略的第一阶段，即工业化实现期与新工业化开拓期的阶段。这一阶段的任务很明确：第一，实现适度工业化；第二，重点开拓新工业化。这是一个统一的发展战略的两个方面。

第一，实现适度工业化。这就是说，在 21 世纪的前 20 年时间里，我们要努力建设并实现工业化。当然，这个工业化是"适度工业化"，即发展水平较高而又不是最发达，同时又是可以避免工业危机并能较长时期持续发展的工业化。

第二，重点开拓新工业化。国家已确定的 21 世纪前 20 年基本实现工业化，应理解为"全面实现适度工业化"和"重点开拓新工业化"这两个部分。21 世纪前 20 年"基本实现工业化"尤其是"走新型工业化道路"的措施，已经明确地蕴含和提出了开拓新工业化的任务。

（三）21 世纪前 20 年实施新工业化发展战略的主要对策

在 21 世纪前 20 年，新工业化还不可能深入全面地展开，这是新工业化发展战略的确立和开拓时期。其任务和举措主要有三条。

第一，充分认识确立和实施新工业化发展战略的必要性、紧迫性与可能性。（1）认清新工业化与工业化的重大区别，认清新工业化发展观与其他发展观的区别，准确把握当代社会发展的根本趋势。（2）充分认识工业化的本质局限及其在当代的严重危机，尤其是要清楚地认识到中国依靠工业化实现现代化的道路是靠不住和走不通的，在 21 世纪前 20 年就会遇到日益严重的发展障碍乃至危机。（3）清晰认识新工业化在全球的兴起，增强时不我待的忧患意识。（4）必须充分认识到中国的现代化事业不仅需要进行新工业化建设，而且完全有条件实施新工业化发展战略，不论在科技条件、经济条件还是社会条件上，我国都已具备较强的实力。

第二，建立必要的研究机制，深入全面地研究中国新工业化发展战略，制定出富有远见、严密细致、可操作的中国新工业化发展战略。（1）建立必要的研究机构。新工业化发展战略是一个具有全局性、战略性、前瞻性的重大课题，需要集中力量、集中时间、集中精力加以研究，应由有关科研机构、管理机构和社会力量组成新工业化发展战略研究组织，集中人力、时间和精力进行研究。（2）深入系统地开展研究活动，包括课题研究、学术交流、决策咨询等，尤其要形成关于新工业化的系统理论认识，以便为制定新工业化发展战略奠定扎实的理论基础。（3）遵循完整、深刻、细致、可操作的原则制定中国新工业化发展战略，虽然是制定新工业化发展战略，但必须统筹工业化和新工业化的发展，要按"适度工业化"和"新工业化"的两个层次和短期（21 世纪前 20 年）、中期（21 世纪前 50 年）、长期（21 世纪后 50 年）三个时期来制定，尤其要细致具体地做好 21 世纪前 20 年的规划。

第三，有条不紊地实施新工业化发展战略。总的来讲，21 世纪前 20 年实施新工业化发展战略的主要任务是开拓新工业化。（1）明确地制定、提出和实施新工业化发展战略，以新工业化发展观丰富和深化现代化建设理念。（2）集中力量进行新工业化关键科技的攻关。（3）明确提出建设"循环社会"尤其是"循环经济"的发展战略。（4）努力开拓新工业化产业，并努力使传统工业向新工业化转移，在这期间，要实施重点突破战略，不要求全面展开，但必须在关键的科技和产业方面有所突破、有所创新，在宏观战略上要明确提出建设"新工业化社会"。（5）大力倡导"创造为本"和"以（人）类为本"价值观，努力建设"学习创造型社会"；（6）广泛加强国际科技合作和新工业化合作。（7）政府推动与市场拉动相结合。（8）积极发挥新工业产业园区的示范作用。

第四，21世纪前20年大约还有三个五年规划的时间，实施新工业化发展战略可按三个五年规划来进行。（1）"十一五"期间，应重点研究和制定出中国新工业化发展战略，在"新型工业化道路"以及"新科技革命""新产业革命"概念的基础上，明确提出"新工业革命""新工业文明"和"新工业化"的概念，并在一些关键领域如新能源、新材料、水资源等领域运用新工业化的理念制定发展规划，并为下一个五年规划明确提出新工业化发展战略奠定基础；（2）"十二五"期间，要在国家层次上提出实施"中国新工业化发展战略"的长期发展规划（21世纪百年规划），正式实施新工业化发展战略，使国家的现代化发展战略从21世纪中叶延伸到21世纪末，并把新工业化充实为现代化建设的根本内容，把建立比工业化更高级的新工业化生产方式和新工业文明作为中华民族实现跨越式发展和伟大复兴的根本目标；（3）"十三五"期间，要基本实现适度工业化，在开拓新工业化方面取得关键性成果，并为2021年后逐步把建设新工业化作为主要任务奠定坚实基础。

综合报告 工业危机、新工业革命与中国21世纪发展战略

[提要] 一、中国21世纪总体发展战略的确立：工业文明正在走向危机、新工业革命已经兴起，这要求我们必须从这样的历史和世界大背景下全面考虑中国21世纪的百年发展战略；确立中国21世纪的总体发展战略，必须切实把握人类文明演进的规律；中国21世纪的目标是既要完成工业化又必须实现新工业化，这就形成了中国21世纪的工业化与新工业化相统一的复合型分阶段总体发展战略。二、中国21世纪的初级发展战略：适度工业化战略。中国作为一个后发展人口超级大国，不可能建设最发达即过度的工业化，同时，由于新工业革命的兴起中国也不再需要建设最发达的工业化；在未开拓出新工业化道路之前，中国应选择"适度工业化"发展战略，避免陷于工业危机之中。三、中国21世纪的高级发展战略：新工业化战略。中国建设新工业化的目标是建设一个以智能化微制造科技为关键科技支撑体系，以深层次循环式生产为主导生产方式，以有限消耗资源的循环经济为主要经济体制，以崇尚创造为价值轴心的新工业文明的社会。四、中国21世纪发展战略的实施：21世纪前20年是工业化实现期与新工业化开拓期；2021年到2050年是工业化持续期与新工业化发展期；21世纪后50年是工业化转变期与新工业化实现期。

[关键词] 工业危机；新工业革命；中国21世纪发展战略

一 中国21世纪总体发展战略的确立

（一）为什么要研究中国21世纪发展战略

我们国家已经制定了21世纪的近中期发展战略。近期发展战略是：21世纪前20年，全面建设小康社会，基本实现工业化；中期发展战略是：到21世纪中叶，基本实现现代化。从具体的经济指标看，"基本实现工业化"的2020年，国内生产总值要比2000年翻两番；"基本实现现代化"的21世纪中叶，人均国民生产总值要达到当时的中等发达国家水平。

萨缪尔森在分析美国20世纪的经济发展时说过："从1900年以来，真实GNP已增长了15倍以上。但这个总的统计数字掩盖了经历过演变的各个行业的命运。生产马蹄铁和蒸汽机的产业衰落了甚至消失了。钢铁和纺织工业面对外国生产成本较低的生产者的竞争，正在为自己的生存而斗争。航空和微机业则变成支撑美国工业体系的新堡垒——至少在一段时间里是这样。"（萨缪尔森等：《经济学》，北京经济学院出版社1996年版，第1003页）他进一步得出结论："我们必须认清技术进步在解释现代经济增长的7个趋向时所起的关键作用。"（同上，第1019页）萨缪尔森的话对我们的启示是：对于我国已经确立的21世纪近中期发展战略还必须有更深入更具体的认识和把握，尤其是需要从科技进步、产业变更上作出具体的阐释，决不能仅仅停留在数字的设想上。我们不妨想一想，距今50多年前的20世纪中叶的科技、产业状况，目前已成为我们今天关键科技和产业化的信息科技、纳米科技、生物科技、新能源科技、新材料科技、生态科技、太空科技等，在当时几乎都没有或者刚刚萌芽。如果按照这样一个思路再向前展望50多年后的21世纪中叶，我们是否可以说那时的关键科技及其产业化在21世纪初的今天也可能几乎都还没有或者刚刚萌芽。这进一步告诉我们，在抽象的经济增长数字背后有着复杂的社会发展内容尤其是新旧科技、产业的演变与更替，如果我们不能仔细地把握科学技术的新发展和产业的新变更，我们所设想的经济数字可能就会完全落空。所以，我们必须不断深化和细化对已经确立的21世纪近中期发展战略的研究。

到此还没有结束，还有更深刻的背景与事实要求我们必须对21世纪的整个百年发展战略（相对而言即长期发展战略）有一个完整的设想与把握。简单地讲，这就是正在兴起的世界范围的新工业革命向我们提出的要求。在《文明的演进与新工业革命》《论新工业革命》《关于新工业革命的对话》（载2002年4月11日、5月11日、8月6日《光明日报》）等文章中，我已就人类文明演进的规律与历程、（旧）工业文明的危机与新工业文明的兴起做了较详细的论述。人类文明演进的规律与历史表明，工业文明实质上是"天然化学文明"即"采掘和利用天然化学物质的时代"，因而已逐渐陷于天然化学物质资源（原料和能源）匮乏和化学物质污染严重的危机之中。取而代之的将是新工业文明，它实质上是"人工化学文明"即"人工创造和利用化学物质的时代"，智能化微制造科技（以小分子、原子乃至亚原子为操作对象）是其关键科技支撑，物质的深层次（原子、小分子层次）循环式生产是其根本生产方式。新工业文明不仅克服了工业文明造成的危机与困境，也使人类的物质生产方式向更深层次和更广范围实现了新的历史性飞跃。大量事实表明，新工业革命已在全球兴起，特别是新工业文明范畴的新科技革命、新产业革命正在蓬勃发展，人类文明将在21世纪实现向新工业文明的转变。中国的现代化建设正是在新工业革命兴起的时代大背景下展开的，因而决不可忽视新工业革命的时代大潮对中国现代化进程的影响。从根本上讲，中国的现代化建设应被纳入全球新工业革命的时代大潮之中，或者说应该从全球新工业革命的视野中把握中国的现代化建设。否则，我们就会脱离时代而再次落伍。这样一来就会发现：第一，我国已确立的 21 世纪近中期发展战略必须纳入新工业革命的视野之中去认识、去把握；第二，新工业革命向我们展示了更深远的发展方向和目标，我们必须确立能够完成和实现新工业化的更长远的发展战略即 21 世纪的百年发展战略。因此，完整的中国 21 世纪发展战略应该包括：（1）从新工业革命视野中阐释的近中期（21 世纪前 20 年、21 世纪中叶）发展战略；（2）能够实现新工业化的百年长期（21 世纪后 50 年）发展战略。显然，从新工业革命视野阐释近中期发展战略的工作还远未去做，而实现新工业化的百年长期发展战略更未提到研究的日程。但是，全球发展态势尤其是新工业革命的发展态势，要求我们必须尽快从新工业革命的视野审视中国的 21 世纪发展战略，以便不失时机地跟上时代的步伐，实现中华民族的伟大复兴。所以，从新工业革命的视野深入全面地研究中国 21 世纪发展战略已成为一项重要而又紧迫的任务。

（二）中国 21 世纪总体发展战略的确立原则

中国 21 世纪发展战略是一个总体，既有时间上的近期、中期、远期的划分，又有内容上不同层次和不同部分的区分。但作为一个重要的总体宏观发展战略，它必须具有坚实的理论性、明确的目的性、深刻的前瞻性、鲜明的现实性和具体的可行性，这些重要的属性进一步决定了确立 21 世纪总体发展战略的基本原则。

第一，确立中国 21 世纪总体发展战略，必须始终坚持正确的历史观和发展观。什么是正确的历史观？这就是唯物史观。在唯物史观看来，物质生产力和物质生产方式的发展是人类社会发展的本质和根本动力，不同的社会形态、文明时代归根到底是不同的物质生产方式和不同发展水平的物质生产力。什么是正确的发展观？这就是辩证唯物主义的发展观。在辩证唯物主义发展观看来，大自然的进化在本质上是物质形态的进化。现代自然科学的丰富材料雄辩地证明，大自然的物质形态进化大体经历了四个阶段：一是场、基本粒子及其群体形式弥漫物质的物理物质；二是原子、分子及其群体形式恒星、行星的化学物质；三是细胞、机体及其群体形式生命圈的生命物质；四是人及其群体形式社会的人类。物理物质、化学物质、生命物质和人类，形成了物质世界的由小到大、由低到高的四个物质层次（图1）。人类直接诞生在生物层面上，并直接依赖

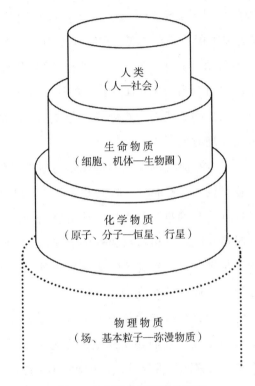

图1　大自然物质形态的进化

a. 大自然物质形态的进化形成了由低到高的不同物质层次

b. 物质形态越高级占有的时空就越小

c. 低级物质形态是高级物质形态存在的基础

d. 每种物质形态都有个体形式和群体形式

e. 物理物质的虚线表明其时空范围与宇宙等同

于生物层面而生存和发展。人类文明是人类认识和改造自然物质的结晶，人类文明的演进在本质上是由浅入深地不断推进对自然物质层次的认识与改造，因此不同文明形态的根本标志是不同层次的物

质生产力和生产方式。按照唯物史观的思路确定人类文明的演进历程，人类大体要经历三个大的历史发展阶段，这就是：对生命物质的认识与改造阶段→对化学物质的认识与改造阶段→对物理物质的认识与改造阶段。可以把它们简称为人类发展的生物文明阶段、化学文明阶段和物理文明阶段。每个阶段又可分为初级与高级两个小阶段：在初级阶段，人类活动主要是对天然存在的某类物质形态（层次）的采集和利用；而在高级阶段，人类则能够生产该类物质形态，这时人类活动主要是人工生产和利用该类物质形态。这样一来，三个大阶段又可分为六个小阶段或小时代，具体地说就是：天然生物时代与人工生物时代、天然化学时代与人工化学时代、天然物理时代与人工物理时代（图2）。

当我们把这六个小时代的文明演进线索与通常讲的采猎时代、农业时代、工业时代相对照时，一眼就可发现：采猎时代实际上就是天然生物时代（采集渔猎天然存在的动植物）；农业时代实际上就是人工生物时代（人工种植植物和养殖动物）；工业文明则实际上就是天然化学时代（采掘和利用天然化学物质）。到此为止，人们似乎还不会产生分歧，但再向前追问"工业时代之后人类将进入什么文明时代"时，分歧与争论就出现了。从辩证唯物主义发展观和唯物史观的角度，我们还是应坚持上述的人类文明演进规律，并运用它去深入揭示工业文明之后的新文明的实质，理所当然的这就是"人工化学时代"即"人工创造和利用化学物质的时代"。由于从大时代的划分看它与工业文明都属于"化学文明"，工业文明的物质生产方式是对天然化学物质（分子宏观集合物）的采掘、冶炼、加工制造，而新文明是从更深层次（原子小分子层次）开始对物质的加工制造（微观加工制造），这仍是一种"工业"（加工制造）的生产方式，因此，与工业文明相对应可以称它为"新工业文明"或"新工业时代"。由此可见，工业文明之后的新工业文明本质上是"人工创造和利用化学物质的时代"。显然，新工业文明将克服（旧）工业文明所形成的天然化学物质资源短

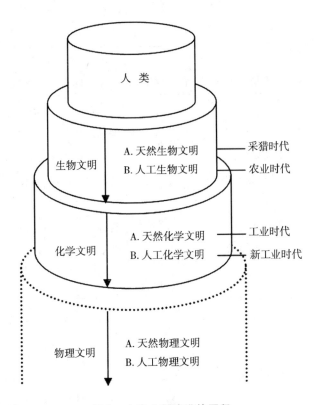

图2　人类文明演进的历程

a. 人类文明是人类认识与改造自然物质的结晶

b. 人类文明循着由浅入深地认识与改造自然物质层次演进

c. 认识与改造每个物质层次形成一个文明阶段

d. 每个文明阶段又分为初级与高级两个小阶段

e. 人类文明的历程分为三个大阶段六个小阶段

缺、化学污染严重所形成的工业文明危机和人类生存困境（表1）。

表1　　　　　　　　人类文明及生产方式的演进

内容＼时代	生物文明		化学文明	
	采猎时代	农业时代	工业时代	新工业时代
主要特点	采集果实、捕鱼、狩猎	种植庄稼、养殖牲畜	采掘矿藏、制造机械	微制造、循环生产、太空开发

续表

时代 内容	生物文明		化学文明	
	采猎时代	农业时代	工业时代	新工业时代
生产方式	劳动对象： 　野果、野兽、水生物 劳动方式： 　采集、渔猎 劳动产品： 　果实、猎物	劳动对象： 　土地 劳动方式： 　种植、养殖、手工制作 劳动产品： 　粮食、牲畜、手工器具	劳动对象： 　自然矿藏 劳动方式： 　采掘、冶炼、制造 劳动产品： 　天然化学材料和能源及加工制造产品	劳动对象： 　循环利用的原子小分子材料 劳动方式： 　微制造、深层循环生产、航天 劳动产品： 　人工化学材料及加工制造产品、太空开发
生产技术	石器、骨器； 人力	金属工具； 薪柴、畜力	机械； 化石能源	智能化机械； 物理能源

从这里可以看出，把工业文明之后的人类文明新形态认定为新工业文明即"人工创造和利用化学物质的时代"，是坚持唯物史观和辩证唯物主义发展观必然得出的结论，是坚持运用物质生产方式的发展是人类文明演进的本质这一根本原理具体分析工业文明的危机与发展趋势所必然得出的结论。事实表明，只有坚持正确的历史观和发展观，才能正确地把握人类文明演进的轨迹，才能深入地认识当代工业文明的内在演变趋势，也才能合理地揭示人类新文明形态的本质和进一步确立起正确的发展战略。目前，关于工业文明之后的新文明的描述众说纷纭，但仔细分析之后就会发现，它们往往被复杂的表面现象所迷惑，从而大都放弃了物质生产方式是不同文明形态的根本标志，新文明首先应是一种新的物质生产方式这一正确思路，甚至出现了人类文明演进的"非物质生产化"的"新学

说"。正是在这种不正确的历史观和发展观的引导下，许多关于未来发展战略的研究都背离了探索新的物质生产方式的正确方向，倡导什么文明发展的"非物质生产化"、经济发展的"非物质化"，到头来只会放弃开拓新的物质生产方式和更高级的物质生产力，那就决不会走向新的更高级的人类文明。所以，拥有坚实而又正确的历史观和发展观作理论基础，是制定正确、合理的发展战略的基本前提。

第二，确立中国21世纪总体发展战略，必须始终坚持从新工业革命的视角把握中国21世纪发展的大方向。从正确的历史观和发展观认识到工业文明演进的大趋势是作为"人工化学时代"的新工业文明，这还只是从理论上把握了社会发展的根本趋势和制定长远发展战略的基本原则。我们还必须进一步认识到工业文明危机迫在眉睫，必须清晰地认识到新工业革命已在全球范围兴起，尤其是以智能化微制造科技为核心的新科技革命、以深层次循环式生产为根本标志的新产业（新生产方式）革命正在蓬勃兴起，并且加速飞快向前推进。从20世纪中叶到现在的50多年的发展历史表明，科技革命、产业革命正在以意想不到的速度奇迹般地改变着人类社会，丝毫不用怀疑再过50年后的21世纪中叶、100年后的21世纪末，科技革命、产业革命将会发生更大的飞跃，人类文明将从工业时代跃迁到新工业时代，这场新文明革命将比20世纪的变革更巨大、更壮观。如果我们不能充分意识到这场新文明革命所带来的巨变，如果我们不能从现在起就把新工业革命纳入我们的视野，如果我们不能把中国的现代化建设纳入新工业革命的时代大潮之中去把握，我们肯定会遭受到种种意想不到的挫折和失败，甚至再次落伍。目前容易犯的一个错误就是，往往只看到工业化而看不到新工业化，只看到工业文明的量变而看不到工业文明的质变，意识不到新的文明革命正在到来，因而把中国的现代化建设仍然囿于工业化之中。固然，有的学者也在谈论"新的"工业革命，但把这场"新的"工业革命只视为类似蒸汽革命、电力革命、微电子革命等工业文明范围内的变革，而未认识到这将是一场突破（旧）工业文明而进入更新文明的大革命。这必然会影响到我们的发展战略的正确抉择。所以，确立21世纪的百年发展战略，务必牢记全球新工业革命的时代大潮，务必把实行和实现新工业革命作为中国21世纪发展的根本方向。

第三，确立中国21世纪总体发展战略，必须坚持立足当前与着眼未来相统一的战略抉择方针。万里长征始于足下，百年发展始于今日。我们不能忘记中国今天的现实，不能脱离中国今天的实际情况去凭空想象、凭空发展。中国在工业化进程中已经落后，目前正在追赶之中，因此，中国21世纪的发展战略不能忽略实现工业化的艰难任务。但是，我们也决不能因为实现工业化的重任尚未完成而忽略新工业革命的世纪大方向，必须把二者统一起来。工业化与新工业化的统一不是机械地相加，而是有机地组合，尤其需要看到两者相冲突的一面，需要看到新工业化对（旧）工业化扬弃的一面、变革的一面。这就要求我们不能原封不动地照抄照搬西方发达国家走过的传统工业化老路，必须从新工业革命的视野重新审视工业化，加以合理地调整、变革，既有利于工业化的实现，又有利于新工业化的开拓。可以这样说，探索工业化与新工业化的有机统一，能动地处理工业化与新工业化的关系，乃是正确制定中国21世纪总体发展战略的核心任务。

（三）工业化与新工业化相统一的复合型分阶段总体发展战略

坚持正确的历史观和发展观作指导，坚持从新工业革命的视野把握中国21世纪的发展大方向，坚持立足当前与着眼未来相统一的战略抉择方针，这是我们确立中国21世纪总体发展战略的基本原则。运用这些原则去探索和确立21世纪的总体发展战略时，我们首先遇到和需要考虑的是制约中国21世纪发展战略的若干重要因素，正是这些制约因素决定了我们如何具体地制定21世纪发展战略。

制约中国21世纪发展战略的重要因素主要有两个。第一是中国的发展现状；第二是中国21世纪的发展目标。

中国的发展现状是怎样的呢？简单地讲就是：未完成的工业化与正在兴起的新工业化。首先，是"未完成的工业化"。在农业文明时代，中国曾是先进国家。但工业文明不是农业文明的直接推移，二者具有巨大的间断性、转折性，因而发达的农业文明国度并不一定能够顺利转向工业文明，更不一定能成为工业文明的先进国度。中国就是如此。因此，中国工业化的发生与发展是一个十分痛苦的过程，客观地讲，中国工业化的真正起步是在西方工业文明力量的残酷冲击下发生的。中国工业化的较快发展是1949年新中国成立之后，而中国工业化的真正腾飞则是在改革开放的历史新时期以来。至今，工业化仍处于发展之中而未有完成。实现工业化的两项核心指标是：农业在国民经济中的比重要低于15%，农业劳动力的比重要低于30%。我国的这两项指标在2000年分别是15.9%和50%，因此仍处于工业化的中期。工业化的任务不完成，实现现代化就无从谈起，因为21世纪中叶的现代化决不仅仅是实现工业化。我国的近期发展战略是在21世纪前20年基本实现工业化，显然，目前离完成工业化还有一段距离，仍然需要坚持不懈地推进工业化。

其次，是"正在兴起的新工业化"。对于这一点，人们的认识是不统一的。至今，人们尚未对工业文明之后的新文明有一个统一的认识，尤其对新文明的"人工创造和利用化学物质"的本质缺乏认识，因而难以准确认识到新工业化的萌芽。从我对新工业文明的理解，它作为一种不同于"采掘和利用天然化学物质"的（旧）工业文明的新文明，其本质在于"人工创造和利用化学物质"。新工业文明的科技支撑体系是智能化的微制造科技，它的主导物质生产方式是深层次的循环式生产。按这两大标志看，信息科技、纳米科技、生物科技、新能源科技、新材料科技、生态科技、太空科技（如太空制造业和月球改造）等都属于智能化微制造科技，它们的产业化就是形成深层次循环式生产方式，以形成"人工创造和利用化学物质"的新工业文明。在这些高新科技及其产业化方面，我国在许多领域都是处于领先地位的。例如，新工业科技的核心是纳米科技，在这方面，我国的成就比较突出：到2001年，我国在SCI杂志上发表纳米科技方面的论文已位于世界第二，论文被引用的总次数也不断增加；在纳米科技领域纳米材料是一个重要组成部分，在这方面我国起步较早，已具备了发展实用化技术的基本条件，在准一维纳米材料、纳米半导体线、金属纳米合金线以及氧化物、氮化物、碳化物、纳米线的制备技术等方面在国际上处于前列；此外，在纳米技术的应用方面，如在环保领域、能源领域、药物开发、电子元器件以及传统产业等领域，都有重要的开拓，并逐渐向新兴产业迈进。总之，我国的纳米科技是处在国际前列的。再如航天科技，随着神舟系列飞船顺利上天，我国已迈入载人航天大国的先进行列。另外，在信息科技、生物科技等领域也不断有新的突破。这些事实表明，虽然从总体上讲我国还未实现工业化，但在新工业化的诸多领域我国还是有地位的，新工业革命范畴的新科技革命、新产业革命已在我国悄然兴起。对此，我们必须有充分的认识。

中国21世纪的目标也是制约中国21世纪发展战略的重要因素。中国21世纪的目标是什么呢？简单地说就是：既必须完成工业化又要实现新工业化。完成工业化似乎已不很远，但完成工业化之后是否要实现新工业化或能否在21世纪实现新工业化，对此人们完全缺乏认识。一方面，人们并不清楚工业化的局限及其不可避免的工业文明危机正逼迫人们迎接挑战而必须选择开拓新工业化，这就是说，新工业化首先是作为克服工业文明危机的新路径出现的。另一方面，人们也并不清楚会有比工业化更高级更丰富的物质生产力和生产方式，目前许多学者致力于探索"经济的非物质化"、认为"非物质经济"是新的文明发展方向就是突出的例证。当我们对工业文明之后的新工业文明有了正确认识之后，尤其当我们对全球正在兴起的新工业革命有了充分认识之后，我们就会毫不犹豫地决心在 21 世纪努力实现新工业化。目前的工业化模式是不可持续的，像我们这样的一个人口超级大国，更必须选择新工业化道路。同时，我们还应看到在新工业化方面我国已有很好的开端，只要抓住时机，我们就会在全球新工业化中迅速崛起。

从"未完成的工业化与正在兴起的新工业化"的 21 世纪之初的现状出发，走向"既必须完成工业化又要实现新工业化"的 21 世纪的目标，这就基本决定了中国 21 世纪总体发展战略的构架。这个总体发展战略构架是一个动态系统，具有两个层次和三个阶段。"两个层次"，指的是 21 世纪总体发展战略包括初级与高级两套战略，初级战略是实现工业化的战略，高级战略是实现新工业化的战略，这两套战略并不是互不相关的，在其实施中是要密切组合、相互制约、相互促进的。在这里需要指出的是，由于工业文明开始出现危机，又由于新工业文明已在兴起，我们的工业化战略需要适应形势加以调整，因而我提出了"适度工业化战略"以代替传统工业化战略。"三个阶段"，指的是工业化的初级战略与新工业化的高级战略在统一实施中要分阶段进行，每个阶段具有不同的具体内容与目标，它们大体是：（1）21 世纪前 20 年是工业化实现期与新工业化开拓期；（2）2021 年到 2050 年是工业化持续期与新工业化发展期（即现代化的实现期）；（3）21 世纪后 50 年是工业化转变期与新工业化实现期。

在下文中，我们将分别探讨作为初级战略的工业化战略与作为高级战略的新工业化战略，以及这两套战略的三个实施阶段。

二　中国 21 世纪的初级发展战略：适度工业化战略

在 21 世纪，中国的发展首先要完成工业化，其次还要实现新工业化。相比较而言，工业化发展战略就是中国 21 世纪的初级发展战略。

（一）中国不可能也不需要建设最发达（即过度）的工业化

21世纪的中国应该继续推进工业化进程而完全实现工业化，这是不应成为疑问的。但是，建设什么样的工业化，怎样建设工业化，则是必须认真思考的。简单地讲，中国要实现的工业化和建设工业化的道路不能再重复西方发达国家的传统模式和老路，而必须探寻出符合地球资源状况和时代发展趋势及中国国情的新模式和新道路。

首先，必须明白：中国不可能建设最发达亦即过度的工业化。目前，西方国家高度发达的工业化，事实上是过度发展的工业化，这种"过度化"表现在三个方面，即生产的供过于求、自然资源的匮乏和环境污染严重，这决定了它是一种不可持续的物质生产方式和经济方式。在这里，我们主要谈一下自然资源问题。事实证明，地球的资源是十分有限的。关于地球资源的有限性对人类发展的制约作用，最早由罗马俱乐部组织撰写的《增长的极限》一书所充分揭示。对此，我们需要做进一步的分析。现在人们似乎都能抽象地承认"地球是有限的"，其实这句话并不完全正确。"地球是有限的"，并不是指地球的物理质量有一个确定的不太大的数额，而是针对人类的生产能力而言的资源数量。实际上，人类的生产能力是发展的尤其是改变的，因此，人类生产所需要的资源也是变化的，其中既有数量的变化也有种类的变化。对于资源的这种历史性、动态性、变换性，至今人们认识得并不完全清晰。《增长的极限》一书指出："在没有实现工业化的社会里，资源消耗是很低的，因为大多数生产是农业生产。随着工业化水平的提高，不可再生资源的消耗急剧上升，然后变为在很高的消费率上趋于稳定。"（《增长的极限》，四川人民出版社1984年版，第119页）实际上，农业时代的生产消耗的资源与工业生产消耗的资源是不相同的：农业生产运用的资源主要是土地（土壤、水、肥料等），而工业生产运用的资源主要是各种矿藏（矿物原料和矿物能源等）。再向前看，在原始社会，采猎活动的资源是天然的植物（野果实）和动物（野兽）。采猎时代的人类会逐渐感受到天然动植物的匮乏而不会碰到土地的短缺，农业时代的人们也不会遭遇到各种矿物能源和原料的匮乏。所以，我们今天所说的"地球有限"实际上指的是工业生产所需要的资源有限。工业化生产本质上是"采掘和利用天然化学物质"的生产，随着工业生产力的发展，地球上的化学能源和原料的短缺现象必然会发生，这就像随着采猎能力的提高和采猎活动的发展而必然会遇到天然动植物资源短缺一样。

不少人会说，西方许多国家不是已经凭借地球上的化学（矿物）资源而发展起高度发达的工业化了吗？这是事实。但这个事实的背后的实质是：占少数的西方发达国家消耗了占多数的世界工业资源。换句话说，地球上的化学资源只能供少数国家在工业化中发达起来，而不可能满足世界上所有国家或多数国家的工业化。传统的工业化道路曾是世界少数国家的发达之路，但它并不是全世界人类的发达之路，甚至有可能是全世界人类的死路——走不通的路。从根本上讲，工业生产是一种"高消耗——高生产——高废弃"的单向生产，它的发展对天然化学资源的需求与消耗呈直线飞速上升，地球化学资源短缺是不可避免的，即使采取"零增长"的方式，也只是推迟而不会避免地球化学资源匮乏乃至耗尽之时的到来。据世界自然保护基金会预测，目前人类对自然资源的利用超出其更新能力的20%，2030 年后人类的整体生活水平可能出现下降。因此，工业生产方式是一种不可持续的物质生产方式。尤其应当看到，中国是一个后发展人口超级大国，它的工业化遇到了两重困难：一是发达起来的工业强国已经大比例地占用着世界上有限的资源；二是中国人口总量太大（等于 10 个日本或 6 个美国），满足中国高度工业化所需要的资源也是巨大的。布朗曾举例说："如果有朝一日中国的每个家庭都拥有一部汽车，或者有一些家庭拥有两部汽车，就像今天的美国那样，那么中国每一天就将需要石油8000 万桶，这样的消费是比现在全世界的石油总产量还要大。"

（布朗：《生态经济》，东方出版社 2002 年版，第 1 页）我国自1993 年从石油净出口国变为净进口国，2000 年进口量已达 7000 余万吨，进口依存度达到 30%。据估计，未来 20 年我国石油需求缺口超过 60 亿吨，天然气超过 2 万亿立方米，钢铁缺口总量 30 亿吨，铜超过 5000 万吨，精炼铝 1 亿吨，这些重要矿产资源的供应将是不可持续的。另外，据日本石油矿业联盟 2002 年底发表的"有关世界石油和天然气等资源的评估报告"预测，全世界的石油资源仅够开采 50 年，依赖石油的工业化发展已经岌岌可危。因此，我国更不可能建立依赖石油的高度发达的工业化。有人认为中国可依赖自己富有的煤炭储藏来建设高度发达的工业化。实际上，不论从对煤炭的技术运用上还是从煤炭的高污染上看，依赖煤炭建设高度发达的工业化都是不现实的。总之，像我们这样的后发展人口超级大国，是不可能建立高度发达的工业化的，即使建立起来也不可能持久，或许会加速自身乃至全世界的文明衰落。

其次，必须明白：在今天，中国的发展不仅不可能建设最发达的工业化，实际上也不再需要建设最发达的工业化。简单地讲，由于新工业革命正在兴起，这为中国的发展提供了新的历史契机。工业化生产的突出弊端在于其单向性，必然走向工业资源的匮乏和环境污染严重而不能持续发展。社会的现代化道路，长期以来一直被人们认为就是工业化。20 世纪后期，由于工业化暴露出日益严重的危机，并且由于工业所占的经济比重及工业劳动力比重的下降，人们已开始认识到工业经济的衰落是必然的，然而却把发展的新趋势定位在服务产业和服务经济上。服务产业与服务经济十分庞杂，人们把其非物质性确定为根本特性，认为社会经济的非物质性是未来社会发展的大方向，因而把克服工业化造成的资源匮乏、环境污染严重等危机寄托在社会经济的非物质化上。历史证明，人类社会发展的本质和方向是物质生产力和生产方式的不断提高和转变，这一点永远不会改变。非物质经济是依赖于物质经济而运行的，它是对物质经济的最终完成环节。工业生产的危机并不是在所有物质层面上发生的，而主要是天然化学物质资源匮乏和化学污染严重形成的危机，因此，克服工业危机的根本方向是开拓更深更新层次的物质生产力和生产方式，而不是也不可能是什么"经济的非物质化"。新工业革命正是在开拓更深层次的物质生产力和生产方式上为人类社会的发展展现了新的视野。新工业革命本质上是在开拓一种"人工创造和利用化学物质"的生产方式，它依赖智能化微制造科技和深层次循环式生产把生产资料（劳动对象）从工业生产的天然宏观化学资源拓展到小分子、原子乃至亚原子层次，一方面克服于天然化学资源（各种分子聚集物质，如各种矿藏）短缺；另一方面又把各种工业废弃物质（在原子、小分子层次上）重新转变成生产资源而克服了化学污染。例如，困扰中国现代化建设的重大问题之一是淡水资源的短缺和水污染严重，而水问题的彻底解决，从战略上讲最终必须走水的循环利用和海水淡化之路，这在技术上都要依赖于原子小分子层次的微制造技术（如纳米技术），这就使水资源问题成为新工业化范畴的问题。显然，传统工业化技术不仅不能解决水的短缺和污染问题，而且还会由于水而限制了工业经济的发展，新工业化方法则使水的短缺与污染问题同时得以解决。所以，新工业革命既是对工业危机的应战与克服，又是对工业生产力和生产方式的变革和推进，是更高级的物质生产力和生产方式，因而是工业文明的真正发展方向和出路。可以说，21世纪的社会现代化，尤其是21世纪中叶以后的现代化，其主流不再是传统工业化而是新工业化。中国的现代化建设目标已不能只追求工业化而必须追求新工业化。新工业化既然能开拓出一条克服工业危机的新路，这也就为在旧工业化的道路上不可能获得充分发展的中国开拓出一条新的充分发展之路。文明演进的历史证明，开拓农业文明的古埃及并不是高度发达的采猎地区，开拓工业文明的英国也不是高度发达的农业地区，这是因为新文明并不是旧文明直接推进的结果，二者之间具有间断性和转折性，往往只有在旧文明发展中不过分特化的地区和民族才更有利于开拓和创造新文明。所以，第

一，新工业革命为中国在一定程度上跨越工业化即不必追求最高度
发达的工业化而实现现代化提供了历史机遇；第二，中国只有避免
过度的工业化所形成的工业危机和困境以及种种工业化弊端，才能
更有利于向新工业化转移。

但是，新工业化需要工业化为其提供必要的科技、经济、社会
条件作为开拓基础，不可能逾越必要的工业化环节。由于中国至今
还未实现工业化，虽然新工业革命已在兴起，但仍需要在开拓新工
业化的同时继续推进工业化。然而，这时的工业化由于自身已逐渐
陷于危机之中并且新工业化已在兴起，因而工业化进程应该是发生
调整、改革了的新型工业化，与那些高度发达的过度的工业化国家
走过的传统道路不同，它是一种"适度"的工业化。只有走适度
工业化道路，中国才不至于陷于过度工业化所形成的危机与困境之
中，才能顺利地向新工业化转移、开拓和发展。

(二) "适度工业化"的原则

中国 21 世纪的现代化不只是工业化，中国 21 世纪的工业化也
不再是传统工业化而是新型工业化，对于这些说法人们似乎还不会
产生多大分歧。但是，要进一步把这种非传统的新型工业化叫作
"适度工业化"，人们就会产生严重分歧了。有人会说，"适度工业
化"作为并非高度发达的工业化实际上是"不够格"的工业化。
有人甚至会认为，提出建设"适度工业化"可能是由于我国无实
力成为最先进的国家，"适度工业化"也就是"中等发达"国家的
水平。对"适度工业化"的中国 21 世纪初级发展战略缺乏正确的
认识，究其原因有两个。第一，是没有认识到工业化的历史局限
性，没有认识到还会有比工业文明更高级的新文明，尤其没有认识
到比工业文明更高级的新文明并不是工业文明高度发达的结果。例
如，农业文明并不是采猎活动高度发展的结果，工业文明也并不是
农业文明高度发达的结果。第二，是没有认识到过度工业化的弊
端，工业化的生产方式发展到一定阶段必然陷于资源匮乏、环境污

染严重所形成的危机与困境之中，全球人类不可能在工业化生产方式中达到平衡发展，人类文明更不可能在工业文明形态中无限制地持续发展下去。所以，高度发达的过度的工业化并不可取，尤其是对于我们这样一个后发展的人口超级大国来说，更不应也不能走高度发达的过度的工业化道路。所以，21 世纪的"适度工业化"是有着自身特点的工业化，是能够走向更高文明发展水平的过渡性质的工业化。走这样的"适度工业化"道路，需要坚持一些特定的基本原则。

1. 抑制化原则。目前，在全球范围内，可持续发展已成为一个公认的发展原则。这是因为，人们已认识到自然资源不能无条件地满足工业经济的消耗，为了使工业经济能够持续地发展下去，需要采取许多改变了的发展方法。其实，不论采取什么方法，工业生产和工业经济都不可能无限持续下去。所谓"可持续发展"，实质上是"调控延长发展"，即通过各种调节控制手段延长自然资源对工业发展所形成的极限的到来。最佳的"可持续发展"，实质上是"最大延长发展"。所以，目前世界上公认的可持续发展原则实际上是调节延长发展原则，这就否定了无限发展。那么，如何调节和延长发展呢？这就导出了抑制化原则，既通过多方面的抑制政策来调节工业的发展，以延缓自然资源对工业的最终限制时期的到来。抑制化原则是可持续发展战略的真正内涵，要实现可持续发展就必须按抑制化原则来指导工业的发展。从这个意义上讲，抑制化原则应是目前全世界工业发展的普遍原则。中国由于是后发展的人口超级大国，更应避免过度工业化可能造成的危机，这就需要积极主动地贯彻抑制化原则来谋划国家的工业化。抑制化原则是建设"适度工业化"的基本要求，没有抑制化原则就不会有"适度工业化"。抑制化原则所涉及的内容是多方面的，包括抑制人口、生产、消费等各方面各环节的发展规模和发展速率，也就是人口规模要适度，生产规模要适度，消费规模要适度，经济增长要适度，对资源的消耗要适度，等等。要做到这方方面面的适度发展，一点也离不开贯彻工业化发展中的抑制化原则。

2. 生态化原则。生态化原则要求工业化体系不能只顾及经济增长，甚至不能只顾及人类的生存与发展，而且要顾及人类赖以生存的自然环境，这也就是环境保护原则。抑制化原则是为了调节控制发展规模和速率以保持工业的较长期持续发展，直接目的是指向人类社会尤其是工业化社会，而生态化原则把环境保护作为直接目的。人们时常把环境保护当作手段，最终目的是为了维持工业的持续发展。这是不正确的。事实表明，工业化发展已成为大自然进化的最大破坏力量，如不及早控制工业化进程对自然环境的破坏，大自然亿万年的进化成果将会毁于工业化发展之中。中国的工业化必须吸取西方传统工业化的教训，坚决纠正生态恶化的态势，把生态化原则贯彻到工业化进程之中，使生态保护与工业发展相协调，这就必然要求克服工业发展对生态环境的过度干扰和破坏，使工业化进程对生态环境的干扰控制在一个合理的范围中，严重破坏生态的工业发展项目坚决不能干，决不能以生态的严重破坏来换取经济的一时增长。这就是生态化原则所要求的"适度工业化"，即生态文明的工业化。所以，生态化原则是抑制化原则的进一步推进，是从只有利于人类社会（工业社会）的发展推进到也有利于生态环境的发展。

3. 信息化原则。工业文明已经经历了三次大的技术革命和产业革命。第一次是蒸汽技术革命，由蒸汽机的发明导致了动力革命和机械化革命，把人类生产方式从农业时代推进到了工业时代。第二次是电力技术革命，由发电机、电动机及各种电器的产生而把工业生产推进到一个新阶段。第三次是微电子技术革命，即主要由电子计算机的发明而引起的信息革命，把工业生产推进到了自动化的新阶段。现在，人们经常把信息化与工业化相分割，认为信息化是比工业化更高级的人类文明。实际上，一种文明形态的本质在于它的物质生产方式，信息化主要是整合人与人、人与机器，并未直接沟通人与自然的物质生产对象，它发生的作用主要在控制环节上而不在直接物质生产环节上。所以，单靠信息化尚不能构成比工业化（对宏观天然化学物质的采掘和加工制造）更高级的物质生产方式，它的作用目前还主要在于提高工业的物质生产力。因此，信息化并不是比工业化更高级的文明形态，而是工业文明发展的高级阶段。蒸汽化是工业文明的初级阶段，电力化是工业文明的中级阶段，信息化则是工业文明的高级阶段。前两个阶段所解决的是机械化生产的动力问题，信息化解决的则是机械化生产的自动控制问题，这为物质生产方式的更大飞跃奠定了基础。中国在 21 世纪所要建设的工业化，不是处于初级和中级发展阶段的工业化，而是处于高级阶段的工业化即信息化的工业化。信息化是中国工业化建设的关键和核心。通过信息化，中国的工业化才能达到世界先进水平。那么，信息化了的工业化是否与"适度工业化"相背离了呢？"适度工业化"的根本内涵在于对自然资源的消耗的"适度化"，在于对自然环境干扰的"适度化"。信息化了的工业固然提高了生产率，却也提高了对自然环境的破坏力，当然这还只是一种可能性，可以通过贯彻抑制化原则与生态化原则而避免信息化了的工业化对自然环境的破坏。同时，信息化也提高了贯彻抑制化原则与生态化原则的能力，能够更好地避免过度工业化带来的各种弊端。因此，应把信息化原则与抑制化原则、生态化原则有机地结合起来，更好地建设适度工业化。

4. 对接化原则。新工业化已在兴起，中国在 21 世纪完成工业化已不再是最高目标，而只是一个初级目标。工业化的初级目标也不应独立于新工业化，而需要与新工业化相适应、相连接，这就是工业化建设中的对接化原则。首先，对接化原则要求必须从新工业化的更长远目标适度地变革工业化，使之向新工业化要求趋近，这就使工业化"适度"地变成了新型工业化。例如，新工业化是深层次循环式生产，工业化生产虽然还达不到这种深层次生产水平，但也应树立循环生产观念，尽量在宏观层次上推进循环生产，以达到节约资源、减少污染的抑制化目的。其次，对接化原则要求工业化发展要为新工业化的拓展和发展留下充分的空间和奠定必要的基础。中国至今未有完成工业化，不能不说是一个缺憾，但同时也没有过度工业化所造成的特化弊端。新工业化是工业化转移式发展的结果，并不是工业化直线推移的结果，工业化并不在所有方面都有利于开拓新工业化。因此，在新工业革命已经兴起的大背景下建设工业化，应重点放在为新工业化奠定基础上，而不应再只局限于工业化自身，不应把工业化再看成唯一目标和最高目标。对接化原则也是一种重要的"适度工业化"原则，它保障工业化可以较顺利地长入新工业化或较容易向新工业化转移和发展。

总之，中国建设"适度工业化"，要坚持以抑制化、生态化为基础，以信息化为核心，以与新工业革命对接化为导向。

（三）中国的适度工业化体系

工业化，已是西方发达国家的事实。有的学者认为，20 世纪90 年代，世界上 10 多个高收入国家已经进入了比工业文明更高级的新文明（当然对新文明的称谓不一）。但如果按我们所理解的"新工业文明"，即从物质生产方式上形成了比工业生产方式（对天然化学资源的采掘、加工、制造）更高级的生产方式（人工创造和利用化学物质）这一新文明形态的标志特征来看，世界上至今尚未有进入新文明的国家，那些高收入国家不过是高度发达的工业化国家。在工业化框架内，一些国家经济的持续发展是依赖于过度占用世界资源来实现的，因而必然出现大量过少获得世界资源并因此经济上日益落后的国家。这种不平衡占用世界资源并不平衡发展正是工业化的一个突出特点。显然，像中国、印度这样一批人口大国要实现工业化，就难以在资源有限的条件下获得工业化的高度发展，即使一时达到也难以持续。

在未有完全建立起新工业化的生产方式和经济体系之前，中国只能也必须建立"适度工业化"的经济体系。中国的"适度工业化"既是中国工业化的发展目标，也是一个发展过程，从时间上讲它是21世纪20年代基本实现工业化之后到21世纪中叶基本实现现代化之时的中国工业化模式，这也是中国工业化的全盛状态。当21世纪中叶新工业化逐步发展起来之后，工业化就进入了衰退期。

"适度工业化"，实质上就是小康型工业化。它有两个特点：第一，富足；第二，不过度。富足，表明它有一个较发达的工业经济体系，人们已享受到了较发达的工业文明（包括经济、政治、文化）。不过度，表明它没有过分地占用世界资源，没有在工业文明成果中挥霍无度。"适度工业化"并不是不发展、不发达，而是充分认识到了工业生产方式的本质、局限与必然到来的危机以及在世界各国间造成的占用资源的不平衡、不平等，因而以抑制的方式有选择地发展工业化并努力开拓新工业化（在这一新生产方式下，世界各国将获得平衡发展机会）。富足而不过度，是中国"适度工业化"经济体系的定性评估尺度，也是它的根本特征。此外，中国的"适度工业化"体系（主要是经济体系）还有一些重要的具体特征。由于工业化的一般特征已为人们所熟悉，在这里我们主要从"适度工业化"与普通工业化不相同的地方做一些阐述（表2）。

表2　　　　　　　　　中国的适度工业化体系

内容＼项目	价值特征	经济特征	文化特征	生态特征
基本内容	有限度的工业经济增长、节约资源、适度消费	国家整体实力强大；农业比重小、服务业比重较大、工业比重适中并因新工业化而逐步下降；城市化比例高、大中小适宜	科技教育文化发达，逐步走向产业化	人口零增长、资源利用率高、限制自然开发

续表

内容　　项目	价值特征	经济特征	文化特征	生态特征
主要特征	工业发达而不过度，生活富足而不过度，自然开发而不过度			
备注	适度工业化与较发展的新工业化，就是21世纪中叶的中国现代化			

1. 价值特征。一切经济体系都有一个价值尺度内核，"适度工业化"体系也不例外。高度发达的工业化追求工业经济的无限增长和享乐至上的消费方式，这内含着追求消耗资源的无限增长。"适度工业化"则以工业经济增长有限、节约资源、适量消费为价值特征，并积极地向新工业文明的创造为本价值观转变，这内含着保护自然、维护大自然总体进化的价值追求。这一价值内核，决定着"适度工业化"体系的其他特征。

2. 经济特征。这其中又包括三方面的要素。其一，突出综合国力和科技经济质量而不过分强调 GDP，尤其认为工业化框架内的 GDP 增长是有限度的，也是应该适度加以限制的。重视国家的整体科技、经济、国防等实力和竞争力，重视国家的内部平衡发展和国家间的平等发展。中国是一个人口超级大国，应重视可以共享的公共财富（环境、物品、劳务）的建设，不能片面强调 GDP，更不能也不应把少数高收入国家作为楷模（这实质上等于追逐资源消耗上的过多占用）。其二，强调各产业间的平衡和结构合理。农业的比重要下降，工业的比重要上升，但需要探索资源消耗低、环境污染少的工业新类型和生产新方法，尤其要大力倡导循环生产和循环经济，追求工业化的质量而不是数量，把节约化、循环化生产作为适度工业化的最佳模式，处理好经济效益与环境效益、社会效益的关系。服务业的比重要上升，但服务业本质上是生产环节之后的流通、分配、消费环节，并不是独立的物质生产方式和经济形态，更不可能独立地生长成一种新的经济形态和文明形态。所以，不能试图无限发展工业生产基础之上的服务业（服务业本身的内涵和范围也有待进一步界定）。服务业应把提高经济质量和生活质量作为目标，但不能把享乐至上作为目标，应与适度的工业生产相匹配。其三，农业劳动力比重要下降和城市化比重要提高，这要与产业结构相对应，但要充分考虑中国国情和新工业革命的因素。农业劳动力向工业和服务业的转移要合理，尤其不能过度地向工业转移，要认清工业生产力的提高趋势是减少人力的使用，因此应重点向服务业转移。城市化是工业集约化生产所造成和必需的，中国的城市化也应适度，应以中小城市建设为主体，大中小城市比例要适宜，这将有利于对新工业化的适应。

3. 文化特征。这主要包括教育、科技两个方面。适度工业化在教育、科技上并不要求抑制，但要求产、学、研的密切结合。教育、科技与生产和服务的大趋势是走向一体化，逐渐形成有机整体。所以，要大力倡导科技产业化和生产科研化，这还将有利于公共财富的生产。教育和科技投入要逐步提高，与物质再生产投入同等重视。受高等教育的人口比重、研发人员的比重、经费投入比重都要有一个较高水平。

4. 生态特征。首先是人口规模要稳定，中国作为人口大国尤其要控制人口增长，努力实现人口零增长。其次是努力提高资源利用率，积极倡导循环生产和循环经济。同时应提出"自然未开发率"的发展新指标，以大力开发为荣的时代已告结束，未开发不等于不研究、不发展，只是不去消耗和破坏它，应逐渐限制人类在地球上的生产生活消耗区域。中国作为地理大国，应在生态文明建设上作出较大贡献。

建设适度工业化是一项复杂的工程，需要细致地制定战略措施。第一，要努力形成建设适度工业化的共识，要充分认识工业生产工业经济的局限及其必然遇到的危机，增强紧迫意识，适时地制定各项战略措施，既要努力实现工业化又要避免过度工业化，避免陷于工业发展的危机与困境中。第二，要努力实施调控战略和生态战略，控制人口，节约资源，保护环境，无限制的可持续发展虽然在工业经济框架中难以实现，但可通过调控而实现较长时期的持续发展，适度工业化就是经过调控而试图较长时期持续发展的工业模式。第三，大力实施科教战略，努力普及和提高教育水平，增加科研投入，不懈地推进科学技术的持续快速发展，走依赖科技发展建设适度工业化的新道路。

三　中国 21 世纪的高级发展战略:新工业化战略

21 世纪的中国，最终是要建设和实现新工业化。相对适度工业化战略而言，新工业化战略就是中国 21 世纪的高级发展战略。

(一)　中国建设新工业化的条件

至今中国还未实现工业化，能开展新工业化建设吗？预计中国经济在 21 世纪中叶才能达到中等发达国家水平，有可能在 21 世纪实现新工业化吗？这些问题实质上是在问：中国是否具有建设新工业化的条件。首先，我们需要弄清的一个问题是，新工业化建设有一个过程，大体可分为三个阶段：开拓新工业化时期、发展新工业化时期和实现新工业化时期，目前我们只是处于开拓时期。其次，我们在这里所讨论的新工业化战略是整个 21 世纪的新工业化战略，它需要涉及新工业化的总体目标与框架。所以，关于新工业化战略的分阶段实施，我们将放在第四部分"中国 21 世纪发展战略的实施"中去具体讨论。在这里，我们只集中讨论一下中国目前开展新工业化建设的条件问题。简单地讲，虽然中国目前还未实现工业化，但已经具备了建设新工业化的条件，中国不能等到完全实现工业化之后（即 20 年或 50 年后）再开展新工业化建设。

第一，历史的启示。文明演进的历史表明，新旧文明之间既有连续性也有间断性，新文明并不是旧文明直线推移的结果，而是发生转折性变化的结果。因此，历史上开拓新文明的国家和民族往往在旧文明中并未处于发展的前列，而处于旧文明发展前列的国家和民族则往往由于在旧文明中过分特化而难以再去开拓新文明。所以，历史上新旧文明断裂和交替的时期，往往正是原本较落后的国家和民族后来居上的历史契机。新工业文明与工业文明有连续性，但也有较大的间断性和转折性，工业文明的先进国家不一定都能在新工业革命中保持先进地位，而在工业文明中处于较落后地位的国家如果能抓住机遇率先开拓新工业化，就有可能在新工业革命中获得领先发展。从深层讲，新文明是旧文明发生危机和变革的产物，处于旧文明发展边缘的国家能更清楚地认识旧文明的弊端而展开变革，从而开拓出新文明。中国应该充分认识工业文明的局限与危机，应该避免过度工业化必然带来的困境，应该率先开拓新工业文明。

　　第二，目前，在世界范围已兴起了新工业革命的浪潮，只是人们还未从工业文明危机与变革的角度去审视新工业革命，但世界大背景已为中国开拓和建设新工业化提供了客观条件。当前，新工业革命首先在新科技革命领域展开。新科技成果很多，但只有那些能把物质生产方式从客观引向微观（原子、小分子层次）和形成深层次循环式生产的新科技成果才是新工业革命范畴的关键科技。信息科技、纳米科技、生物科技、新能源科技、新材料科技、生态科技、太空科技等领域，将是新工业革命的关键科技领域。在这里，纳米科技尤为突出，因为纳米科技最终将导致人们能够从原子层次操纵物质的生产、加工和制造。世界各大国都十分重视发展纳米科技，因此纳米科技正在飞速发展。人们也都认识到纳米科技将引发一场革命，但对这场革命的认识还是局限于把它与蒸汽革命、电力革命、微电子革命相并列，认为它只是把工业化推进到一个新阶段（因而也被称为新工业革命，实际上是旧工业文明的新阶段），而不是变革旧的工业生产方式（采掘和利用天然化学物质），并形成新的生产方式（人工创造和利用化学物质）。这表明，从新科技革命到新生产方式革命和新文明革命还有一个较困难的转变环节，在这个环节中形成新的文明革命观念和理论十分重要。从这个角度讲，虽然在客观上世界范围内已兴起了新工业革命，但仍缺乏主观上的认识和理解，更缺乏自觉的开拓。在这种形势下，谁（尤其是世界大国或地区）能自觉认识到旧工业文明的危机和新工业文明的必然到来并积极开拓它，谁就能获得发展的主动权，并能在新工业革命中居于领先地位。

第三，中国自身也具备了开拓新工业化的条件。首先，新中国50多年的发展尤其是改革开放20多年的发展，已经奠定了较坚实的经济基础。中国的综合国力大大增强，经济总量已居世界第六位，并将很快盘升到更高位次，这为开拓新工业化提供了必备的经济条件。人民群众的生活从总体上达到了小康水平，促使人们产生了追求更大发展的愿望和干劲，中国人民有愿望走在世界发展前列。其次，中国的工业化进程为开拓新工业化积累了必要的技术储备。新工业化所运用的技术手段肯定不是工业化生产力和生产技术所能提供的，但从工业化生产力和生产技术的分解来看，它将提供新工业化生产所需要的大量技术要素，这就好像采猎活动为农业生产积累了大量技术要素一样。这也正是新的生产方式不可能完全跨越旧的生产方式而产生的根本原因。所以，中国的适度工业化建设也是开拓新工业化所必需的。再次，也是最重要的，中国在新兴科技的许多领域居于世界前列，这为开拓新工业化提供了关键性的革命要素。不能在新科技革命中居于领先地位，就不能在新工业革命中居于领先地位。可喜的是，中国在信息科技、纳米科技、生物科技、太空科技等领域均有较强的实力，并可能在这些领域中取得更大突破，这使中国开拓新工业化具备了强大的科技支撑。最后，也是一个十分重要的因素，这就是中国的社会主义制度和中国共产党的正确领导。社会主义制度和中国共产党领导的深层蕴含是：代表先进的生产力和生产方式。工业化已不是当代最先进的生产力和生产方式，它已陷于困境和处于危机之中，取而代之的是新工业化的生产力和生产方式。只有开拓和建设新工业化，才能代表当代先进生产力和生产方式。因此，建设新工业化应是社会主义制度和中国共产党义不容辞的历史使命。从新工业化生产力和生产方式的本质看，它将开创一个物质财富充分满足人们需要的新时代，它将开创一个崇尚创造的新时代，只有在这样一种生产力和生产方式主导下，物质资料的占有制才能充分社会化，才能在经济体制、政治体制上高度实现人类的平等。所以，新工业文明也将是社会主义和中国共产党寻求人类平等和解放的文明形态。社会主义制度和中国共产党的领导十分有利于建设新工业化。

在农业时代，中国曾是先进国度，但中国没有在接下来的工业革命中保持住先进地位。而西方国家虽在农业文明中并不处于最领先的地位，却带头开拓了工业化，成为工业时代的先进国家和地区。中国在工业化中落后了，目前正在赶上来，恰逢此时新工业革命又在兴起，这就给中国实现跨越式发展提供了条件。真正的跨越式发展是努力开拓新工业化，而不是建设最发达的工业化。在工业化生产模式下，世界各国的发展空间已经很小，工业化所需要的自然资源不允许再有 10 个日本或 4 个美国（即 1 个中国）同时发达起来，何况还有更多的发展中大国试图争当工业化强国。中国必须另辟蹊径，抓住历史机遇，在建设适度工业化的同时积极地实施新工业化发展战略。

（二）中国的新工业化体系

建设新工业化要有一个基本目标即新工业化体系，目前我们还不可能细致地描绘中国的未来新工业化体系，而只能从原则上就其主要特点（先讨论科技、经济，社会体制和社会观念放在后面讨论）做一些初步探索（表3）。

表 3　　　　　　　　中国的新工业化体系（新工业文明）

项目 内容	科技体系	产业体系	社会体系	观念体系
主要特点	智能化微制造 科技为支撑	人工化学生产 体系为主导	循环社会 太空社会	创造为本以 （人）类为本
基 本 内 容	信息智能科技 纳米科技 生物科技 新能源科技 新材料科技 生态科技 太空科技	农工产业 新工业 生活服务业 科教文化业	循环化经济 社会化经济 网络化民主 太空化社会	生活享乐观衰退 创造为本以 （人）类为本

　　1. 智能化微制造化社会。这是新工业化体系的最主要特点。在工业化后期，信息科技已发展起来，它的特点在于以信息化的方式装备各行各业，把人与机器整合起来，形成了"人—机"统一的生产功能体，大大提高了机器的自动化作业能力，这也是物质生产活动中劳动力数量逐渐减少的重要原因。信息化在新工业革命中将获得进一步飞跃，尤其伴随微制造科技的发展，信息化将向智能化转变，进一步扩大和提高人的记忆、思维等信息活动能力。高度智能化的机器，具备自控的独立活动能力。智能化机器在物质生产方式变革中发挥着基础性作用。例如，在原子层次的微观生产中，若没有智能化的微制造机器就不可能进行。再如，在不具备生存环境的其他星球上进行物质生产，若没有高度智能化的自控制机器也是根本不可能的。社会生活中也将充满智能化机器的作用。但从新工业革命的角度看，智能化的作用主要在于提高了人类在微观层次的物质生产力，从而使"人工创造和利用化学物质的生产方式"成为可能。所以，智能科技与智能化生产在新工业革命中具有十分重要的地位。但是，仅仅智能化尚不足以决定一种生产活动是否是

新工业化生产，只有深层次的微制造生产才是新工业化生产的根本标志。深层次的微制造生产是与工业化的宏观制造生产相对应而言的。工业生产的对象是自然界的各种矿藏，包括各种能源和原材料，本质上它们都是化学物质的宏观集合，是大自然长期演化的结果。工业生产就是对天然化学物质的采掘、冶炼、加工和制造，这是由大到小的宏观层面中的生产，是对天然化学资源的利用。新工业化的深层次微制造生产的对象不再是自然矿藏的宏观物质资源，而是原子或小分子层次的微观物质（它们的宏观集合不是自然矿藏而是随处可见的物质，如各种废弃物或原本无用的物质），把它们组合生产成有用的人工化学材料，并利用它们进一步从事宏观层次上的加工制造，这是由小到大的微观层面中的生产，这是比工业化生产更深层次的新的物质生产方式。

社会智能化微制造化的特点具体地表现在诸多方面。第一，智能科技微制造科技及其产业化成为社会的关键科技支撑和社会的主导生产方式，社会物质生产逐步由采掘和利用天然化学资源转变为利用多次再生产中已作为废弃物质的原子、小分子材料来人工生产和利用化学物质，即从天然化学生产转变为人工化学生产。第二，能源开发进入更深层次。工业化生产主要利用天然矿物能源（煤炭、石油、天然气等），它们都属于天然化学能源。新工业化则把主导能源定位在物理能源上，主要是核能和太阳能。核能和太阳能显然是比矿物化学能源更深层次的能源，需要更深层次的科技去开发和利用它。第三，材料开发也会进入更深层次，即不断开发利用原子、小分子原材料，以人工生成具有全新性能的宏观新材料并进一步加工制造出用途无比丰富的产品。目前，从纳米材料技术的蓬勃发展中，足以看出原子、小分子层次的微观生产能给新材料技术带来多么大的变革和发展前景。这还蕴含了更深刻的变革：一切生产生活的废弃物都可进入再生产过程而成为新资源，资源匮乏与环境污染将同时解决。第四，人工生命在智能化微制造化科技中将彻底得以实现。现在的基因技术已经属于纳米范围的技术，它的深入研究和开发必定需要微制造科技的进一步发展，这其中也缺少不了智能科技的参与。智能化微制造化是新工业体系的基本特点，中国建设新工业化当然必须走智能化微制造化道路。中国的信息科技、纳米科技已处于领先地位，必须继续保持这种优势，以确保在新工业化进程中的领先地位。

2. 循环化生态化社会。智能化微制造化科技及其产业化，还在社会的宏观总生产过程上引导出一场大变革，即从工业化的"资源—产品—废弃物"的单向生产过程转变为"资源—产品—废弃物（再生资源）—再生产品"的循环式生产过程。整个社会经济体系形成了循环经济，新工业社会也成为循环型社会。这种循环生产、循环经济、循环社会又带来了更大的变革：（1）物质资源消耗由于循环利用而减量增长，并限制在一定范围内，形成了有限生产生活圈；（2）人口增长停止；（3）不再过多干扰自然演化，形成了真正的生态社会，同时又在不断开拓更深层次的自然和文明；（4）生活资料短缺现象逐渐得到克服，生产资料占有制度逐渐衰退。为了建立循环生产、循环经济和循环社会，首要的是解决技术瓶颈问题，智能化微制造化科技在这方面提供了技术保障。但是，仅仅有了技术保障还不行，还必须自觉地制定一整套建立循环经济、循环社会的经济、政治、文化措施，形成从制度到价值伦理观念的一系列变革。例如，要从经济战略上大力倡导提高生产环节中的废物利用率，要制定具体的经济倾斜政策，此外，还需要改变传统的经济效益计算方法。在工业社会中，降低资源消耗、减少环境污染和破坏的措施，都是被动采取的，往往被视为是与经济增长、社会发展相抵触的无奈措施。在新工业社会，它则是积极采取的措施，是被视为与经济提高、社会发展相一致的必备措施。这是由新工业社会的深层次循式生产方式所要求所决定的。中国是一个资源相对贫乏而人口众多的国家，在建设新工业化中更必须把循环化生态化置于特别重要的地位。

3. 太空化社会。人类文明史表明，人类认识与触及的物质形态层次越深入，人类在活动时空上就越广大，这是因为，越深层次的物质形态在群体上拥有的时空尺度也越广大。新工业社会本质是人工化学时代，认识与触及的物质形态是小分子、原子，因此其群体空间不仅超出了生物圈而且超出了地球（复杂的化学行星），延伸至没有生命也没有复杂化学物质的其他星球（月球、火星等其他行星乃至太阳系外）。所以，新工业时代的物质生产一方面深入到小分子、原子层次；另一方面则扩展到地球之外的太空。从这个意义上讲，新工业社会也是太空化的社会。中国的太空科技处于世界领先地位，这为推进新工业化的太空开发奠定了基础。在21世纪的新工业化战略中，中国必须把发展太空科技和太空产业放在突出的位置。但是，必须同时认识到太空活动的高度智能化特点，即太空开发活动的主要方式是"人—机"组合活动，主要依赖于高智能化的太空自动探测装备和太空机器人，主要是建立太空信息网络和自动化控制系统。还要注意把智能化微制造科技与太空科技结合起来，由人在地球上远距离自动控制太空开发，把智能化微制造生产搬到无生命的其他星球上去进行，以达到这些星球的高化学化、生命化、生态化。没有微制造科技就无法在其他星球上生产，开发太空就失去了目的与意义，所以，必须把人工化学生产技术与太空技术结合起来。从循环社会的角度看，地外星球不应成为人类生活的资源，而主要是成为人类科学研究和科学开发的对象，人类只能促进这些星球的演化而不能使其退化。所以，从总体上看，中国的太空开发活动应坚持智能化、科研化、非资源化的原则，提升人类认识自然促进自然的作用而不是破坏自然。另外，太空应是人类共同拥有的活动时空，不能也不应政治化、国别化。所以，中国在太空活动中应坚持独立开发与国际合作相结合的原则，坚决反对太空开发中的狭隘国家主义倾向。太空活动的军事化、政治化乃至国别化，都是反人类反文明的。

4. 创造至上化社会。从"生产—生活—享乐"为轴心的传统价值观转向创造为本、以类为本的新价值观，这是新工业社会所实现的一大革命。在新工业社会里，农业工业的传统产业生产下降，人工化学的新工业生产上升并成为物质生产业的主导，生活服务业上升（由于物质生产领域的高智能化使大量人力转向服务业），科技教育产业化并逐渐成为社会的主导产业，高等教育得到普及并不断提高终生教育水平。科技教育产业化的突出特点是产、学、研一体化，生产高度科研化，科研逐渐成为生产的主导目的。与此同时，生活性的物质生产业和服务业增长缓慢，在较高水平上处于基本稳定状态，而科技教育等创造性产业不断上升、拓展。例如，太空产业主要就是科研性产业而非生活性产业。科技教育业的凸显，表明社会的价值轴心转向创造为本，新工业社会成为一种注重开拓创新的文明。新工业社会的宏观产业结构主要有四个层次，即（1）农业工业的传统物质生产业；（2）人工创造和利用化学物质和深层循环式生产为主体的新工业；（3）生活服务业；（4）科技教育文化业，物质生产业和生活服务业的科技含量都很高，这是一个走向创造的产业结构。在这里，我把人们熟悉的三次产业分层变为四次产业分层，把农业和工业合为一个层次，并把科技教育文化业作为一个独立的产业层次，这是符合新工业社会产业组合的新变化的。中国在 21 世纪的新工业发展战略中，必须重视民族的创新意识、创造为本和以人类为本价值观的培育，不断加大科技教育事业的投入，不断发展壮大科技教育事业。其具体指标应是逐步扩大的，在国家经济中占有较大比重。现在，我们似乎还难以想象科技教育如何成为社会的主导活动及产业，实际上这取决于社会物质生产力亦即物质生产方式对人们需要的满足程度，因为人们的需要是不断升华的，只要人们的物质生活需要得到满足后，就会升华到科技教育等高层需要上，使这些活动成为社会的主导活动。科技教育业不是纯粹的精神活动，它们要向物质生产领域延伸，使之成为物质性的创造活动和生产活动。

总之，新工业化体系是一个以智能化微制造科技为关键科技支撑，以深层次循环式生产为主导生产方式，以有限消耗自然资源的循环经济为根本经济体制的新社会新文明。在经济比重和产业结构上，在劳动力结构上，甚至在新的社会评估体系上，都会有一个数量上的体现。我们可初步提出如下一个新工业化的主要指标体系，这就是：（1）资源深层循环利用率 >50%；（2）一次能源中物理能源（如核能、太阳能）比重 >50%；（3）新工业产值与农工业产值比 >1；（4）物质生产业、生活服务业、科教文化业的劳动力各占社会总劳动力的 1/3 或物质生产业劳动力 <1/3（表4）。在这三项指标中，资源深层循环利用率 >50% 是一个关键指标，因为这个指标最突出地表明社会物质生产方式是否进入以人工化学生产体系（即新工业）为主导的时代。其次，物理能源使用率 >50% 和新工业产值高于农工传统产业产值，也都是很重要的指标。此外，随着新工业化的提高，从事科教文化业的人员将大幅度上升。

表4　　　　　　　　　　　　　　　新工业化主要指标

序　号	标　　准
1	资源深层循环利用率 >50%
2	一次能源中物理能源比重 >50%
3	新工业产值与农工业产值比 >1
4	物质生产业、生活服务业、科教文化业的劳动力各占社会总劳动力的 1/3 或物质生产业劳动力 <1/3

建设新工业化是一项庞大复杂的工程，需要采取切实可行的战略措施。从新工业化演进的机制与中国的实际出发，应主要考虑如下三项措施。

第一，转移式发展。这是一切新文明革命的基本实现方式。新工业化虽然是在工业化的基础上发生的，但它并不是工业化的直线推进，它并不是高度发达的工业化，恰恰相反，它在关键环节上正是工业化发展的大间断、大转折。首先，新工业化是为了克服工业文明所形成的资源匮乏、环境污染严重等危机与困境而开拓的文明新方向、新形态；其次，新工业化的生产方式实现了从"采掘和利用天然化学物质"向"人工创造和利用化学物质"的转变；再次，新工业化从工业的单向生产转变为深层次循环式生产等等。所以，我们要建设新工业化就必须与旧工业文明发生重大转变，从生产方式、消费方式、生活方式等各个方面实现转移，甚至包括经济提高、社会发展评估方式都要实现转变。中国尚未有完全实现工业化，这就更需要对工业化有一个正确的认识，既要肯定其积极因素，又要看清其弊端，决不能盲目崇尚工业化，决不能陷入过度工业化形成的危机之中。适度工业化应是我们采取的正确措施，也将有利于向新工业化转移。

第二，分层式发展。中国目前还未实现工业化，科技、经济、文化、社会的发展与发达国家都还有较大差距。但中国不能等到完全实现了工业化之后再搞新工业化，比较妥善的办法是采取分层式发展的方法，有所为，有所不为；有的领域推进工业化，有的领域则开拓新工业化。即使在推进工业化的领域，也应考虑新工业化的要求，适当给予调整、改变。例如，在许多生产部门推进工业化必然带来资源消耗高、环境污染重的后果，暂时还不可能利用深层次循环生产技术形成新工业生产链，但可以运用循环生产观念去建立旧工业化框架内的局部循环生产。这既有利于克服工业化的负效应，又有利于将来建设新工业化。在已兴起的新工业领域，则要大力开拓新工业生产。例如，目前在纳米科技的许多领域，我国已有许多理论研究成果，但缺少应用开发，当务之急就是必须加大各方面的投入，政府应集中人力、财力、物力、时间，组织科技攻关并采取切实可行的措施使之产业化。印度集中力量搞软件开发，在10多年时间里就成为世界软件大国，这表明新兴科技领域的突破并不难，难就难在要有决心，要善于抓住机遇。我们决不可因还未实现工业化就低估自身开拓新工业化的力量。所以，分层式发展是我们应当采取的妥当的发展战略。

第三，跨越式发展。工业化是新工业化的基础，但新工业化又是对工业化的扬弃，这表明新工业对工业化是有否定的。目前，新工业化已在兴起，工业化的许多方面正处于被变革、淘汰之中，在现在这样一个时代建设现代化，就不应只在工业化框架内效仿西方工业化国家走传统的工业化发展道路，而应对工业化作出具体分析，能省略的就省略，能取消的就取消，能代替的就代替，积极地开拓新工业化，尤其是运用新工业化的科技新方法努力实现跨越式发展。通过跨越式发展达到加速发展的目的，尽快走到世界前列。新工业革命的兴起是实现跨越式发展的大好机遇，也是实现赶超目标的大好时机。关键在于要有胆有识，要认清方向，要集中力量，要冲破关键环节，带动其他环节的跨越式发展。

不论是转移式发展、分层式发展还是跨越式发展，都可实行重点突破战略、示范工程战略，去探索、去开拓、去推广。还可实行改旧兴新战略、政府推动与市场拉动战略、新科技产业化战略等，去加大动力、有条不紊地加快发展。总之，发展的措施是多层次多向度的。

（三） 建设新工业化必须实行一场文明形态的革命

建设新工业化，重点在新科技革命、新产业革命，但这涉及的还只是主体而不是全部。建设新工业化是一场人类文明形态的大革命、大飞跃，从工业文明到新工业文明是两种不同人类文明的转变。文明形态的革命不仅需要科技革命、产业革命，而且需要社会体制革命、社会观念革命。这些领域的革命还会影响到科技革命和产业革命，或者发生推动作用或者发生阻碍作用。所以，中国在21 世纪要建设新工业化，就必须进行一场文明形态的大变革。

新工业革命的四个基本层次，从新科技革命、新产业革命到新社会体制革命再到新社会观念革命，内含着一个过程，这就是从自然到社会再到人们的心灵这样一个从外到内的变革过程。对自然认识的改变，对自然改造方式即物质生产力的提高和物质生产方式的改变，相对来讲都比较容易让人接受，这两方面的变革具有较大的普适性，几乎没有不同国家和民族的差别（至少差别不大），因而受到的阻力也较小。对社会体制的改变、对人们头脑中观念的改变，就要困难多了。一方面要触及人们的既得利益、生活习性、文化认同；另一方面还要触及人们的基本信仰、道德规范，而这些往往在人们的生活与心灵中已扎下深深的根，一时难以割舍、难以更改。但是，社会体制、社会观念若不转变，新文明革命就不可能完成，甚至新科技革命、新产业革命的成果也难以推进。在进行新工业革命的时候，决不能只看到新科技新产业革命相对顺利的一面，更应看到社会体制社会观念革命相对困难的一面。否则，就难以把新工业革命进行到底。历史上的文明变革是有清晰启示的。尤其是中国的情况异常复杂，不仅科技发展产业发展的水平参差不齐，而且社会经济政治体制的发展也并不充分，人口众多、民族众多、观念习俗迥异，这都为新工业化建设增添了困难。但是新工业文明是一种迄今为止最进步的文明，越进步的文明其整合力渗透力就越强。只要我们充分认识到新工业化需要一场文明形态的大革命的困难性，并且有胆有识地去进行这场大革命，中华民族就会在新工业革命中真正实现民族振兴。

要积极地推进社会体制的变革，努力建设新工业文明的社会体制。从总体上看，工业文明已经把人类社会从地域时代推进到了全球化的时代，新工业文明将会在社会体制的更深层次上推进人类社会的全球化。新工业时代的社会是一个更深入更全面的全球化时代，这是一个大的历史背景。因此，中国的社会体制变革从总体上讲必须适应这种全球化的大潮，建立起更加开放、更能融入世界的国家社会体制，并成为推动全球人类走向全球社会的积极力量。所以，建设新工业文明决不是闭门锁国的事，也不是只图自身发展的事，而是全球人类的整体事业，只是在建设新工业文明中会有发展的不平衡，中华民族应走在开拓新工业文明的前列，为人类文明的进步作出较大贡献。开放地走向全球化的社会体制是建设新工业化的国家社会体制的根本特征，与这个根本特征相关联，社会的经济、政治体制也要发生相应变化。

在经济体制方面，主要的变化有三个。其一，建立与国际接轨的各种产业制度、经济制度，尤其是要形成市场与计划相结合的经济体制。市场与计划从来并不矛盾，只是要依赖于生产和经济的发展水平而处于经济体的不同位置来发挥作用。例如，对现代企业而言，计划在企业内部发生作用而市场在企业外部发生作用，如果企业内部没有计划而是运用市场机制，企业就会马上瓦解。计划的本质是社会有机体内部的统一性组合，而市场的本质则是不同有机体的群体组合，是尚未走向统一的以不同经济主体为单位的外部联系，具有自发性、分散性、竞争性、无序性。在新工业化中，全球经济的一体化得到空前加强，计划性的作用将逐步突出。所以，国家经济体制更需要坚持市场与计划的有机统一。其二，国家经济体制的分层制。这不再是城乡、工业农业的二元分割，而是生活经济与科教经济的分层。新工业化将推动经济从生活主导型向科教主导型转变，但还需要一个较长的历史过程，因此，生活型经济与科教型经济会有一个分化和并列的较长时期。应该积极推动科教活动的产业化经济化，以利于它们逐渐演进成社会的主导活动，但同时仍需保持生活型经济（以物质生活的享受为目的的经济）的发展。最终，要形成生活型经济有限、科教型经济无限的双层经济结构，人类文明离开动物式生活更远了一步。其三，生产资料占有制的变化。占有制的生成，缘由在于占有制对象的稀缺性。占有制在动物划分生存活动区域的行为中已开始孕育了，这也是因为生存空间及其食物的稀缺。新工业化把生产的触角延伸到了原子层次和地外太空的范围，使巨大范围的物质都可成为人类生产生活的资源，这使生产生活资源的稀缺性大大降低，同时这也将大大淡化物质占有制度。尤其是创造为本价值观对生活享受至上价值观的逐步取代，更会淡化人们的占有制观念。此外，新工业化的生产将更注重共享性财富的创造，这也会削弱占有制的力量。占有制的衰退也可理解为占有制的社会化在加强。所以，新工业文明是一种高度社会化的文明。我国是社会主义国家，高度社会化是社会主义体制的本质。所以，在建设新工业化的过程中，不必也不应放弃社会主义体制的选择，而是应不断改革和完善它，并使其成为推动新工业革命的积极力量。

在政治体制方面，主要的变化也有三个。其一，高度的民主化。但民主化程序将由于信息技术手段的发展而得以更佳的集中统一，形成更有力的统一意志。所以，分层的代议制的民主会转变为网络化的民主，因而也是高度发达的民主。民主自身更加手段化而不是目的化，它将是形成社会统一意志、最佳决策的路径，更有利于形成社会意志、人类意志而不是孤守个体意志，这也是个体意志与社会意志的一体化。其二，高度的全球化。政治从国家社会层面走向国际社会层面并最终走向全球社会层面，建立全球政府是迟早的事。新工业文明从地球向太空的开拓，使全球人类走向融合，政治必须是整合全球人类意志的进步力量。所以，中国的新工业化建设，在政治体制层面上必须走向高度民主化与逐步全球化，这本质上是高度社会化、全面社会化，属于社会主义制度政治内涵的应有之义。其三，中国共产党的领导作用要不断改善和加强。中国共产党决心代表先进生产力、先进文化和广大人民的根本利益，这意味着它代表和追求的是比工业文明更先进的人类文明即新工业文明。工业化是其他党派可以办到的，共产党必须做到其他党派所不能做到的事情才是最先进的。因此，建设新工业化必须成为中国共产党的奋斗目标，中国共产党也就必然成为中国新工业化建设中的强大推动力量，是政治体制中的一个重要因素。

要积极地推进社会观念的变革，努力建设新工业文明的思想观念体系。社会思想观念领域，包括宗教、哲学、科学、道德、艺术等，它们体现为宇宙观、人类观、人生观、价值观、道德观、审美观等。宇宙观、人类观是基础，而价值观是核心。新工业文明的科学更加深入地揭示了宇宙的秘密，使人类更加认清了自身的本质、历史地位与作用，因而形成了日益凸显的创造为本、以类为本价值观和包含人类进化在内的大自然（宇宙）演化观。可以说，新工业文明的社会观念是更加重视宇宙演化与人类作用的人类价值观，从个人的狭隘观念中走出来，从人类生活的小圈子走出来，走向更深层的物质探索与生产，走向"再生产整个自然界"（马克思语）。中华民族自古以来崇尚天下为公的群体价值，崇尚天人合一的大自然价值，这十分有利于向新工业文明观念的转变。所以，在新工业化建设过程中，弘扬和培育中华民族精神是十分重要的，决不能搞民族虚无主义，决不能因为在工业化进程中曾经落后了而否定民族的一切进步因素，而应从新工业化的更宽广视野去审视我们民族的宝贵文化遗产，加以发扬光大。这是 21 世纪中华文化重新崛起的大好历史机遇。

四　中国 21 世纪发展战略的实施

中国 21 世纪的百年发展战略是一套复合型发展战略，其中包含一套建设适度工业化的初级战略，又包含一套建设新工业化的高级战略。但作为一套复合型的发展战略，它并不是传统工业化与新工业化的机械拼凑。为了实施好这套百年发展战略，首先要处理好工业化与新工业化的关系，其次要在百年发展中分阶段地有所侧重地予以实施。

（一）正确处理工业化与新工业化的关系

在 21 世纪的百年发展中，如何处理好工业化与新工业化的关系呢？这包括改造传统工业化和建设适度工业化、积极开拓和建设新工业化以及把工业化与新工业化有机结合起来。

工业化已经历了几百年的发展，它的许多弊端已明显地暴露出来。现在，工业模式已把人类带入了能源危机、资源匮乏、环境污染严重的生存困境之中。所以，我们推进工业化就不能再盲目地重蹈西方发达国家的老路，必须对工业化的弊端予以剔除，必须避免工业化可能造成的各种危机。新工业化实际上也正是为了解决旧工业文明的危机而出现的。从这个意义上讲，我们走新工业化道路也正是要克服工业化的弊端和危机。当然，工业化也有其合理的因素，在历史上也是一种具有积极意义的生产方式，对于它的合理的积极的因素，我们仍然要大力推进。因此，我们在21世纪所要推进的工业化并不是传统工业化的全部，而是经由分析所确定的合理因素即适度工业化。

在21世纪，我们必须在推进工业化的同时积极开拓和建设新工业化。必须认识到，一方面工业化形成的困境与危机归根到底要依靠新科技、新产业所形成的新工业化来克服；另一方面新工业化也是比旧工业文明更为高级的生产力和生产方式，人类迟早会迈入新工业时代。目前，新工业化已在全球范围兴起，这给我们这些后发展国家带来了新的历史机遇，使我们有可能发挥后发优势，跨越一些次要的或不必要甚至是错误的环节而尽快走向新工业化。客观地讲，至今人们对新工业化的本质及其必然性仍然缺乏必要的认识，还有许多人对工业文明之后的新文明发展方向缺乏正确的认识。因此，我们必须坚持、发展和运用正确的历史观和发展观来分析认识工业文明的本质、局限及其危机，深刻而又正确地把握人类文明发展的新方向即新工业化方向，积极主动地进行新工业化建设。

实施21世纪的总体复合型发展战略，关键是要把工业化与新工业化有机结合起来。我们务必认清两个基本事实。第一，我们必须认识到新工业化是一种新的生产力和生产方式，它具有完整的新科技体系作为科技支撑，并且具有完整的新产业体系作为生产方式，尽管信息技术及产业具有突出的地位和作用，但新工业化决不仅仅是信息化，它还必然具有生物工程化、纳米化、新能源化、新材料化、生态化、太空化等综合性特征。作为一种更高更新的生产方式，新工业化是当今人类文明发展的大趋势，现代化建设决不能忽视新工业化这个根本方向。第二，我们的国情是至今尚未实现工业化，我们不可能一下子步入新工业化，因此我们还必须继续推进工业化，工业化乃是我们开拓新工业化所不可缺少的基础和前提。这两个基本事实决定了在我们的发展道路中，工业化与新工业化的关系应该是：以工业化建设为基础，以新工业化开拓为主导。所谓"以工业化建设为基础"，就是要把工业化作为推进现代化建设的基础工程来抓，要努力实现工业化，决不可放弃工业化的目标，并要以工业化为基础去开拓新工业化。所谓"以新工业化开拓为主导"，就是要把新工业化作为推进现代化建设的根本方向，要以新工业化规范和带动工业化，加速实现现代化。总之，在21世纪前20年基本实现工业化之前，应以推进工业化为主，同时积极开拓新工业化；在基本实现工业化之后，建设新工业化的任务就逐渐成为首要任务，我国21世纪中叶所要实现的现代化，应是新工业化比较发达的现代化；当然，全面进入新工业化还要经历更长时期的奋斗，它应成为中华民族在21世纪下半叶所要实现的长远战略目标（表5）。

表5　　　　　中国21世纪现代化建设总体发展战略的实施

内容	时间	2001—2020 年（20 年）	2021—2050 年（30 年）	2051—2100 年（50 年）
21世纪现代化建设总体发展战略	适度工业化战略	工业化实现期：1. 实施科教战略 2. 实施调控战略 3. 实现富足而不过度的工业化	工业化持续期：1. 推进必需工业部门 2. 完善工业循环经济 3. 运用新工业科技改造传统工业	工业化转变期：1. 淘汰过时工业 2. 有限发展良性工业 3. 把部分工业改造成新工业部门
	新工业化战略	新工业化开拓期：1. 实现关键科技创新 2. 开拓新科技产业 3. 倡导创造价值观	新工业化发展期：1. 建立新科技体系 2. 推进新科技产业化 3. 推进深层循环生产 4. 建设创造型社会	新工业化实现期：1. 实现新一轮科技创新 2. 建立智能化人工化学生产体系和循环社会 3. 建设太空社会 4. 人与社会全面发展

（二）21 世纪前 20 年：工业化实现期与新工业化开拓期

关于 21 世纪前 20 年的发展，国家已制定出全面建设小康社会的发展战略，其目标是经济更加发展、民主更加健全、科教更加进步、文化更加繁荣、社会更加和谐、人民生活更加殷实，基本实现工业化，为到 21 世纪中叶基本实现现代化奠定基础。这个发展战略是正确的。现在，需要我们从建设适度工业化和建设新工业化这样两套世纪发展战略的宏观视角去进一步诠释 21 世纪前 20 年的发展。这一时期是实施百年发展战略的第一阶段，即工业化实现期与新工业化开拓期的阶段。这一阶段的任务很明确：第一，全面实现适度工业化；第二，重点开拓新工业化。这是一个统一的发展战略的两个方面。

1. 全面实现适度工业化。这就是说，在 21 世纪前 20 年时间里，我们要努力建设并实现工业化。当然，这个工业化是"适度工业化"，即发展水平较高而又不是最发达，同时又是可以避免工业危机并能较长时期持续发展的工业化。实现适度工业化的目标主要是：国民经济有大幅度提高，经济结构大大优化；不仅农业比重要下降和工业比重、服务业比重要提高，而且要注重提高工业化质量，提高科技含量，尤其是要努力实现工业的信息化；提高城镇人口比重，尤其是要使农村剩余劳动力顺利转移到工业和服务业中来。实现适度工业化的措施是：实施科教兴国战略，普及高中教育并大幅度提高高等教育，用信息化带动工业化；实施调控发展（即可持续发展）战略和生态战略，节约资源，减少污染，控制人口规模；大力发展生活服务业。

2. 重点开拓新工业化。国家已确定的 21 世纪前 20 年基本实现工业化，应理解为"全面实现适度工业化"和"重点开拓新工业化"这两个部分。国家明确提出"走新型工业化道路"，这里的"新型工业化"就包括对传统工业化加以调整后的"适度工业化"和"新工业化"。只有这样才能真正理解"新型工业化"的科学内涵。所以，"基本实现工业化"虽然主要指实现适度工业化，但也必须包含开拓新工业化。如果不能在实现适度工业化的同时开拓新工业化，就不能算"基本实现工业化"。我们已清楚地看到，国家要实现的工业化是"新型工业化"，其特点是"科技含量高、经济效益好、资源消耗低、环境污染少、人力资源优势得到充分发挥"。试想一下，这是传统工业化所能包含的吗？显然不能。之所以不能，就是因为其中增加了"新工业化"的因素，已不再是纯粹的传统工业化。所以，21世纪前20年"基本实现工业化"尤其是"走新型工业化道路"的措施，已经明确地蕴含和提出了开拓新工业化的任务。从这个角度讲，20年内所要实现的社会发展目标与任务也不是仅仅由工业化就可以完成的，而必须同时依赖于新工业化。当然，在21世纪前20年，新工业化还不可能全面展开，而只是处于开拓时期。其开拓的任务和措施主要有：（1）提高对传统工业化局限和危机的认识以及对新工业化必然到来的认识，自觉制定新工业化的宏观发展战略，协调好推进工业化与开拓新工业化的关系；（2）集中力量进行关键科技的攻关，力争在新工业化的关键科技领域居于世界领先地位，这其中主要包括信息科技、纳米科技、生物科技、新能源科技、新材料科技、生态科技、太空科技，只有在这些关键科技领域获得领先水平的成就，才能保证开拓新工业化的顺利进行；（3）努力运用高新科技成果改造传统产业尤其是工业，使传统工业发生"适度"转变，以避免工业危机的发生和较长时期保持工业的稳定发展；（4）积极推进高新技术（新工业化领域的科技成果）的应用，努力形成新工业化的产业，使传统工业获得向新工业化转移的空间。在这期间，要实施重点突破战略，不要求全面展开，但必须在关键的科技和产业方面有所突破、有所创新。新工业化的要害在智能化、微制造化、循环化科技及产业上，因此，必须尽全力发展信息科技、纳米科技（包含生物科技）、生态科技，在科技发展战略上，要鲜明地提出"信息兴国、纳米兴国、生态兴国"；（5）要大力倡导创造为本价值观，坚决反对挥霍浪费的享乐价值观，使社会由"生活享乐型"转向"学习创造型"，明确提出"建立学习创造型社会"的发展战略口号；（6）广泛加强国际科技合作，在与东南亚地区加强经济合作的同时，要在东北亚地区加强新工业技术与产业化合作。

（三）2021 年到 2050 年：工业化持续期与新工业化发展期

经过 21 世纪前 20 年的奋斗，我国基本实现了工业化，并且在开拓新工业化方面获得了关键性的成就。在接下来的 21 世纪上半叶的后 30 年中，我国要基本实现现代化，从经济指标上达到世界中等发达国家水平，而在综合国力上要成为世界领先的国家。从 21 世纪总体发展战略上看，这是第二个发展阶段，即工业化持续期和新工业化发展期。这个阶段的主要任务是：第一，持续推进工业化；第二，大力发展新工业化。

1. 持续推进工业化。21 世纪前 20 年虽然基本实现了工业化，但这时的工业化并不完全成熟，质量也不很高，其他产业也有待高质量的工业提供帮助。所以，工业化仍需一段时期来完善和成熟。持续推进工业化的任务和措施主要是：（1）继续推进国民经济必需的工业部门，并且注重提高其科技含量；（2）对工业的产业总体进行全面分析，限制那些资源消耗高、环境污染重的行业的发展，建立完善的工业发展调控机制，避免过度工业化及其带来的危机，在工业化框架内建立循环生产体系和经济体系；（3）努力运用新工业化科技成果改造传统工业，使之向新工业化转移。到 21 世纪中叶，传统工业经济的比重（主要是经济贡献量）保持与新工业经济持平或略低。所以，这时的现代化，从其具体内容讲已不再是工业化独占主导地位，也不是依托工业化的生活服务业占主导地位（切不可把这些服务业看成独立的经济形态）。

2. 大力发展新工业化。经过 21 世纪前 20 年对新工业化的重点开拓，新工业化已在关键科技领域具备了坚实的基础，并形成了局部产业化和新工业经济雏形。21世纪上半叶的后30年，新工业化进入了大力发展时期。从总体上讲，它与持续推进的工业化是并驾齐驱地发展，但其势头更猛，而工业化开始减速并逐渐下降。这个时期，大力发展新工业化的主要任务和措施是：（1）制订大力发展新工业化的具体计划，有计划有步骤地推进新工业化；（2）分层发展新工业化，即在科技低层次领域继续维持工业化的发展，而在科技高层次领域大力发展新工业化，尤其是注重发展渗透力大、主导性强的新工业领域；（3）继续实施科技带动战略，建立完善的新工业化科技体系，始终保持科技前沿国家的地位；（4）大力推进新工业科技的产业化，从改造传统工业为主转向新产业化为主，努力形成社会规模的深层次循环式生产体系，大力培育新工业化经济；（5）进行相关的社会体制与观念变革，建立市场与计划相统一的全球化经济体制，建立大科学研究体制，基本普及高等教育，深入建设"学习创造型社会"；（6）积极建立国际科技合作体系，努力建立东北亚新工业产业带。总之，到21世纪中叶，中国所实现的现代化应是新工业化得到较大发展的现代化，即新工业化科技体系较为成熟、新工业化产业体系初步形成、新工业经济与工业经济相并列、综合国力与竞争力居于世界前列。

（四）21世纪后50年：工业化转变期与新工业化实现期

21世纪下半叶的50年，中国的世纪总体发展战略进入第三阶段，这是一个工业化转变期与新工业化实现期。通过50年的奋斗，中国将基本实现新工业化。

1. 逐步改革工业化。工业生产方式及其文明形态已在世界范围内成熟，21世纪将是工业化走向衰退的时期。中国在21世纪上半叶经历了工业化实现期和工业化持续期之后，在下半世纪开始进入工业化的转变期。从总体上讲，这是工业化的下降时期。工业化转变期的主要战略任务和措施是：（1）有步骤地淘汰已失去生命力的工业部门，积极地用新工业部门去取代它们；（2）有限发展良性工业，因为工业资源不会完全枯竭，运用某些传统工业方式生产仍是经济可行的，但对其规模要加以限制，要切实保护自然环境；（3）运用新工业科技积极改造传统工业，使之转变为新工业范畴的部门产业。改革工业化不能操之过急，要视新工业化的科技发展状况及产业化状况而定。

2. 全面建设新工业化。在21世纪上半叶，新工业化已获巨大发展，下半叶50年就应该全面建设新工业化。全面建设新工业化的过程，既是新工业化继续开拓创新并全面推进的过程，也是工业化衰退并由新工业化逐步取代的过程。全面建设新工业化的战略任务和措施主要是：（1）全面发展科学技术尤其是新工业化领域的科学技术，关注和实现新一轮科技创新；（2）深入掌握智能化微制造技术和深层次循环式生产技术，切实从原子层次操纵物质的生成，使其产业化，使人工生产和利用化学物质成为普及的社会化生产技术，并运用新工业技术改造传统的产业（如工业、农业），使之逐步转移到新工业中来；（3）全面调整产业结构，努力推动产业结构优化升级，形成以新工业为主导的产业结构，使人工生产化学物质的生产方式成为社会的主导生产方式，使循环经济成为社会的根本经济体系，真正建立起人工化学生产体系和循环经济循环社会；（4）伴随人工生产化学物质的普及，会涌现出更加丰富无比的人工化学物质资源，从而使人工化学资源的宏观加工制造产业也更加发达，生产出性能无比丰富的各类物质产品，生产资源与生活产品的匮乏问题将基本得到解决，因此应把自然资源的消耗限制在一定范围，建设真正的生态社会；（5）太阳能和热核能成为主导能源，太空开发成为主导产业之一，逐步建立太空社会；（6）牢牢树立创造为本、以类为本价值观，拓展和深化"学习创造型社会"的建设，促进人与社会的全面发展。总之，到21世纪末，中国要基本实现新工业化，进入新工业文明，并为世界文明的发展作出较大贡献。

[参考文献]

〔1〕韩民青：《文明的演进与新工业革命》，《光明日报》，2002 年 4 月 11 日。

〔2〕韩民青：《论新工业革命》，《光明日报》，2002 年 5 月 11 日。

〔3〕韩民青：《关于新工业革命的对话》，《光明日报》，2002 年 8 月 6 日。

〔4〕韩民青：《文化的转移》，《中国社会科学》，1995 年第 6 期。

〔5〕韩民青：《从可持续发展到转移式发展》，《哲学研究》，1999 年第 9 期。

〔6〕萨缪尔森：《经济学》，北京：北京经济学院出版社 1996 年版。

〔7〕《增长的极限》，成都：四川人民出版社 1984 年版。

〔8〕布郎：《生态经济学》，北京：东方出版社 2002 年版。

〔9〕张立德：《第 4 次浪潮——纳米冲击波》，北京：中国经济出版社 2003 年版。

〔10〕《中国环境与发展评论》第 1 卷，北京：社会科学文献出版社 2001 年版。

〔11〕《中国现代化报告 2002》，北京：北京大学出版社 2002 年版。

〔12〕《2002 科学发展报告》，北京：科学出版社 2002 年版。

〔13〕《2002 高技术发展报告》，北京：科学出版社 2002 年版。

〔14〕《2002 中国可持续发展战略报告》，北京：科学出版社 2002 年版。

专题报告 1 中国"适度工业化"
发展战略

[提要] 中国的现状是未完成的工业化和正在兴起的新工业化，中国在 21 世纪的目标是既要完成工业化又要实现新工业化。但是，由于工业化自身的局限性及其在当代日益加重的危机，已经使像中国这样的后发展人口大国无法再建设发达的工业化。中国必须建设适度的工业化，以避免陷入工业危机而停滞不前乃至衰落。实际上，正在兴起的新工业革命为人类提供了新的发展契机，中国完全应该也必须积极开拓新工业化，通过建设新工业化而实现 21 世纪的现代化。中国在未全面展开新工业化建设之前，必须坚持走适度工业化的发展道路，适度开发、适度生产、适度消费，自觉实施工业化经济增长控制和经济增长方式转移战略、经济结构调整与优化战略、资源节约与资源多元化战略、环境保护与循环经济战略等适度工业化发展战略，并积极向新工业化转变和开拓。

[关键词] 中国；适度工业化；发展战略

一 工业化的本质与局限

工业化是一种比采猎活动、农业活动更高级的生产方式和文明形态。但是，它并不是人类生产活动发展的顶峰，它与采猎活动、农业活动一样也是一种历史性的生产方式，终究会被更高级的生产方式和文明形态所代替。大量事实表明，工业化生产方式已经暴露出日益严重的危机，中国的现代化建设事业不能完全依靠（甚至完全不能依靠）走工业化的发展道路。为此，我们必须对工业生产方式的本质及其必然的历史局限有一个清晰的认识。

从本质上说，工业化生产是一种"采掘和利用天然化学物质的生产"。这是从人类文明演进的基本规律和基本线索上来确定的。人类文明的演进在本质上是由浅入深地不断推进对自然物质层次的认识与改造，不同文明形态的根本标志是不同层次的物质生产力和生产方式。科学研究的成果表明，人类文明及其发展是建立在生命物质、化学物质、物理物质这三个自然物质层次上的。按照唯物史观的思路确定人类文明的演进历程，人类大体要经历三个由浅入深的大的历史发展阶段，这就是：对生命物质的认识与改造阶段→对化学物质的认识与改造阶段→对物理物质的认识与改造阶段。可以把它们简称为人类发展的生物文明阶段、化学文明阶段和物理文明阶段。每个阶段又可分为初级与高级两个小阶段：在初级阶段，人类活动主要是对天然存在的某类物质形态（层次）的采集和利用；而在高级阶段，人类则能够生产该类物质，这时人类活动主要是人工生产和利用该类物质形态。这样一来，三个大阶段又可分为六个小阶段或小时代，具体地说就是：天然生物时代与人工生物时代、天然化学时代与人工化学时代、天然物理时代与人工物理时代。当我们把上述文明演进线索与通常讲的采猎时代、农业时代、工业时代相对照时，就可发现：采猎时代实际上就是天然生物时代（采集渔猎天然存在的动植物），农业时代实际上就是人工生物时代（人工种植植物和养殖动物），工业文明则实际上就是天然化学时代（采掘和利用天然化学物质）。工业文明之后的新文明，理所当然的就是"人工化学时代"即"人工创造和利用化学物质的时代（文明）"，由于从大时代的划分看它与工业文明都属于"化学文明"，因此，与工业文明相对应又可以称它为"新工业文明"或"新工业时代"。

工业化生产本质上是"采掘和利用天然化学物质"的生产，这就进一步决定了它的历史局限性。在能源上，工业化生产离不开化学能源，如煤炭、石油、天然气。在原材料上，工业化生产离不开各种化学矿物质。天然化学资源虽然是丰富的，但始终是有限的，当工业化生产力高度发达之后，天然化学资源必然会出现短缺乃至枯竭，工业化生产必定会出现危机。从本质上讲，工业化生产与原始采猎生产是一样的，它们都是对天然资源的掠夺式生产，不过采猎生产依赖的是天然生命物质，工业生产依赖的则是天然化学物质。正如我们看到的，采猎生产作为一种社会生产方式和文明形态早已绝迹，工业化生产也难以长期发展下去。这是工业化生产的最大历史局限。此外，工业化生产还是一种极具危害性的生产方式。伴随工业化生产必然会出现大量化学性质的废弃物质，这又必然进一步造成环境污染，对生态环境带来毁灭性的破坏。这是工业化生产不可克服的又一局限。工业化生产的这两大历史局限，决定了它必然是一种不可持续的生产方式。不可持续性，应该说是工业化生产方式的先天弊端。

二 工业化的困境及其对中国现代化建设的制约

大量事实表明，工业化生产方式正在日益陷入困境。中国的现代化建设正是在这样一种历史大背景下展开的，这给中国的现代化建设形成了不可逾越的历史性制约。

工业化生产的矛盾与困境，既突出地表现在人类与自然的关系中也尖锐地表现在人类社会内部的关系中，在人类与自然的关系方面概括起来讲主要有两点。其一，资源短缺与生产力过剩的矛盾，造成能源危机、资源枯竭。工业化生产的高效率必然带来生产力过剩，而生产力的再投入又造成了更高的生产力，使工业文明的"大量生产、大量消费"的特征愈加突出。但这一切都是发生在资源有限的地球上的，这必然带来与工业化相应的自然资源即化学资源的匮乏。其二，高效率与高污染的矛盾，生态环境日益恶化。工业化生产是一个"大量开采→大量生产→大量消费→大量废弃"的单向生产过程，正是因为生产生活上的高效率和高消费，也带来了巨大的负面作用，形成了日益严重的环境污染。事实证明，工业文明的高效率、高消费完全是建立在高污染的代价之上。

工业化生产的上述两大矛盾和困境，并不是一开始就显露出来，而是随着工业化发展进程的深入而日益凸显的，尤其是经历了20世纪一百多年的飞速发展，工业化的危机已经完全暴露无遗。对于这一点，已经引起了人们的广泛关注和高度警惕。早在1972年，《增长的极限》一书就发出了警告，该书的副标题就是"罗马俱乐部关于人类困境的研究报告"。准确地说，这里讲的"人类困境"实际上就是"工业化困境"或者说"工业化危机"。该书提出的"增长的极限"，实际上指的就是工业化发展的极限，也就是说工业化发展不是无限的而是不可持续的。从《增长的极限》出版到现在三十多年过去了，资源匮乏、生态恶化的工业困境更加严重，人们对此的认识也更加清晰和深刻，大量呼吁工业危机的文章和专著不断发表，现在人们已几乎不再怀疑工业危机势必会造成经济增长停滞乃至文明的衰落。

现在，我们需要仔细看看当前日益加重的工业危机会对中国的现代化建设产生什么影响。

我国的现代化建设目标是：到2010年，GDP在2000年的基础上翻一番，到2020年再争取翻一番，基本实现工业化；到21世纪中叶，达到中等发达国家当时的发展水平，基本实现现代化。21世纪中叶我们所要实现的现代化即"中等发达国家的发展水平"，基本可以定义为"发达的工业化"，而那时"高等发达国家的发展水平"则可定义为"高度发达的工业化"。实际上，像美国这样的发达国家即使在今天也已经是"高度发达的工业化"，估计五十多年后的"中等发达国家水平"和今天的美国发达水平应该差不多。中国要实现这样的现代化，决不是说一句空话就能办到的，这里存在着两个相关制约机制。第一个制约机制，就是 21 世纪中叶的现代化如果是"发达的工业化"，那么，这就必须具备相对应的工业化资源作支撑，否则发达的工业化既建立不起来更不可能持续下去。第二个制约机制，就是到 21 世纪中叶的五十多年里将发生一系列新科技革命和新产业革命，社会生产方式包括工业化生产方式将发生巨大的转变，我们不能只是盯着工业化发展道路。在这里，我们先考察一下第一个制约机制即工业化生产方式是否能允许我国实现 21 世纪中叶的现代化，换句话说，也就是中国能否建立发达的工业化（暂不说高度发达的工业化）。

经过反复研究，我们得出的结论是：中国不可能建立发达的工业化。

首先，中国建立发达的工业化缺乏必要的资源支撑。据世界自然保护基金会预测，目前人类对自然资源的利用超出其更新能力的 20%，2030 年后人类的整体生活水平可能出现下降。尤其应当看到，中国人口总量太大，满足中国高度工业化所需要的资源也是巨大的，而不论能源还是原材料的局限都难以允许经济长期持续快速的发展。在 21 世纪的前 20 年就会遇到日益严重的发展障碍乃至危机。例如，按照 GDP 7.3% 的年增长速度，到 2005 年，我国生铁、钢、钢材、十种有色金属、水泥的消耗量，将分别达到 2.7 亿吨、3.1 亿吨、3.9 亿吨、1576 万吨、10.3 亿吨；到 2010 年，将分别达到 5.7 亿吨、7.2 亿吨、10.9 亿吨、3353 万吨、19.1 亿吨。显然，靠消耗如此巨量的原材料来支撑我国未来的经济增长将是难以做到的。再如，按照 GDP 7.3% 的年增长速度，到 2005 年，我国对原煤、原油、电的消耗量，将分别达到 16.2 亿吨、2.9 亿吨和 23821 亿千瓦时；到 2010 年，将分别达到 32.7 亿吨、4.1 亿吨和 44771 亿千瓦时。据估计，未来 20 年我国石油需求缺口超过 60 亿吨，天然气超过 2 万亿立方米，钢铁缺口总量 30 亿吨，铜超过 5000 万吨，精炼铝 1 亿吨，这些重要矿产资源的供应将是不可持续的。大量资料表明，到 21 世纪中叶，中国如果要建立起发达的工业化，所需要的矿物资源是难以满足的，不仅中国自身的资源难以满足，由于世界矿物资源的耗竭和中国几乎是完全同步的，中国也不可能依靠世界矿物资源的进口而发展。总之，像我们这样的后发展人口超级大国（其他发展中的人口大国也是如此），是不可能建立高度发达的工业化的，即使建立起来也不可能持久，或许会加速自身乃至全世界的文明衰落。

其次，中国作为后发展的人口大国建立发达的工业化也不具备有利的地缘政治背景。西方工业发达国家尤其是少数大国，利用走在工业化前列的历史优势已经控制和占有了世界有限的资源。例如，美国在全球石油储藏最为集中的中东地区早已通过政治、军事和经济手段建立起牢固的主宰地位，中国作为后来者只有经过贸易途径来获得中东石油，这必然会与石油第一消费国的美国发生冲突，美国也必然会想方设法加以阻拦。美国加利福尼亚大学教授海因伯格最近出版了一本名为《石油、战争、工业国家命运》的书，指出美国是世界最大的石油消费国，是世界工业帝国中心，也是最庞大的军火王国，因此，美国的能源需求是形成21世纪地缘政治的主要因素。美国发动阿富汗战争、伊拉克战争的目的都是为了控制中亚和中东的石油，并通过控制能源而进一步控制欧亚大陆。所以，在能源日益匮乏的今天，中国的工业化进程必然会加大对能源的需求，也必然会增大与西方发达国家的能源冲突，并有可能演变为军事冲突，成为制约工业化进程的巨大障碍。美国《洛杉矶时报》2月2日刊登全球安全分析研究所主任盖尔·勒夫特撰写的题为《美中两国将为石油而发生冲突》的文章，公开提出中国应为美国的经济需要而避开发展石油经济，否则美中冲突将不可避免。近几年，俄罗斯在俄中石油开发和贸易方面也处处设置障碍，表现出极不友好的态度。此外，许多发展中人口大国都先后步入了经济快车道，对矿物能源的需求紧迫而巨大，从而成为中国在能源需求方面的竞争新对手，这更加重了全球能源紧张。所以，中国工业化进程对资源的巨量需求在全球资源争夺中更加难以得到满足，依赖紧缺的矿物资源尤其是争夺焦点的矿物能源建立发达的工业化更是希望渺茫。

再次，大量消耗矿物资源建设工业化所造成的环境污染日益严重，生态的恶化将难以承担起建设发达工业化的重负。中国的大气污染、水域污染、固体废弃物污染都已十分严重，生态破坏造成的荒漠化形成了每年特大的沙尘暴几乎刮到太平洋彼岸。事实证明，中国在获得经济巨大发展的同时也付出了巨大的生态代价，照此延续下去，生态恶化的后果将不堪设想，不仅工业化发展难以持续，就连正常生活都将难以保障。

固然，在工业化框架内西方国家获得了高度发展，也正因此人们普遍认为全球人类都能够也应该建设发达的工业化，然而人们没有认识到在工业化框架中获得高度发展的西方国家的总人数只占全球人口的少数，而大多数的世界人口还远未进入工业化，建设高度发达的工业化则更是不可能。当前，资源匮乏和生态恶化两大危机在困扰着全球工业化进程乃至人类文明的持续发展，这已经成为不争的事实。此外，我们还必须指出，建设发达的工业化不仅不可能，而且也不可取。这是因为，在追求建设高度发达的工业化过程中，资源的匮乏和生态的恶化将会使我们陷入不可避免的工业危机之中，一旦陷入危机势必造成经济停滞乃至衰落。

三　中国必须走适度工业化和新工业化的发展道路

对于全球人类不可能建设发达的工业化，人们已经有所认识。例如，罗马俱乐部的《增长的极限》、美国地球政策研究所所长布朗的《B模式》等书，都认为传统的工业化发展方式是不可持续的，全球人类不可能建立发达的工业化，必须探索新的发展途径。我国政府也明确提出了走新型工业化的发展道路。"新型工业化"的特点是"科技含量高、经济效益好、资源消耗低、环境污染少、人力资源优势得到充分发挥"，很明显，这里包含两层意思：其一是认为传统工业化是不可持续的，不能再走传统工业化的老路；其二是指出了要探索新类型的工业化发展道路。所以，新型工业化包含着"适度工业化"和"新工业化"两层含义。但是，为了更清晰地认识工业化的局限和新工业化的发展前景，我们还是必须分别明确地提出建设"适度工业化"和"新工业化"这两套发展战略，强调指出二者的区别和联系。只提"新型工业化"，往往还是认为可以建设发达的工业化，"新型工业化"似乎与"发达的工业化"并不冲突，甚至会被认为是一回事。提出"适度工业化"则否定了建设发达工业化的可能性和必要性，而提出"新工业化"则不再属于工业化而是超越了工业化。所以，明确地提出建设"适度工业化"，表明我们已经充分认识到建设发达工业化的不可能和不可取，并放弃了建设发达的工业化。

建设"适度工业化"，是我国现代化建设事业的重要任务之一。这是因为：第一，我国至今也未完全实现工业化，社会的现代化在今天还包含工业化，我们还不可能完全跨越工业化阶段而直接进入新工业化时代；第二，开拓和建设新工业化离不开工业化的基础作用，工业化将在科技储备、经济储备、制度储备等方面为推进新工业革命准备不可或缺的条件。当然，新工业化决不是工业化直接推进的结果，新工业化也决不是发达的工业化，这就像农业化不是发达的采猎化、工业化也不是发达的农业化一样。"适度工业化"就是比较发达而不过度的工业化，它包括适度的工业化开发、适度的工业化生产、适度的工业化消费等。总之，是工业化经济的有控制的适度发展，是能够持续较长时期的发展，以免陷入工业危机，以便顺利地进行新工业革命。

建设"适度工业化"并不足以实现中国的现代化；尤其是到21世纪中叶，人类文明将逐步进入新工业化时代，中国的现代化事业必须在建设"适度工业化"的同时积极开拓和建设新工业化。像历史上其他文明变革一样，面对工业文明的困境，人类只有应对自然的挑战而转移文明的发展方向即开拓新文明。其方向和出路也很清楚，这就是：走出依赖天然化学资源建立的工业文明，走向触及更深自然物质层次的新生产力和新生产方式，开拓更深层次的文明新形态。而这新的生产方式就是新工业化生产方式，这新文明形态就是新工业文明。关于中国的新工业化发展战略，我们已经在其他地方做了专门的探讨，这里不再赘述。

在 21 世纪前 20 年或前 50 年，我们必须把建设"适度工业化"和建设"新工业化"有机地结合起来。21 世纪中叶中国所实现的现代化，应该是适度工业化与较发展的新工业化的统一。到 21 世纪末，工业化将发生转变，新工业化将成为主导生产方式和主导文明。

四 中国建设适度工业化的战略对策

（一）必须及时明确地提出建设"适度工业化"

随着工业困境的加重，建设发达工业化的不可能性将十分明显。但工业危机的发生有很大的滞后性，一旦陷入危机就会引来一系列难以克服的麻烦。所以，必须尽早认识清楚中国不能建设发达工业化的原因，必须及时地明确地提出建设"适度工业化"的发展战略，必须制定一系列建设适度工业化的原则、指标和措施，以避免陷入工业危机，并积极地与开拓新工业化相对接。

（二）工业化经济增长控制和经济增长方式转移战略

首先必须明确，建设适度工业化一方面是为了走向现代化；另一方面是为了防止陷入工业危机而避免过度工业化。例如，一方面为了现代化建设必须开发和利用石油；但另一方面又必须避免过度依赖石油而陷入石油危机及其带来的经济衰退。所以，把握好一个度最重要。为了避免工业危机（如矿物能源危机、生态危机），必须控制工业化经济的过热增长，这就像为了避免水产资源枯竭而有限制地捕捞一样。为了有效地控制工业化经济的适度增长，必须划清工业化经济与其他经济的区别尤其是与新工业化经济的区别，因为后者正是需要大力发展的经济。工业化经济主要包括采掘、利用、依赖矿物资源尤其是紧缺资源的工业部门，以及高污染的工业部门。控制这些部门的经济增长，主要是有计划地适度开发矿物资源、适度利用矿资源，途径是适度控制投资和消费规模。尤其是要大力减少消费资源消耗高、环境污染重的产品，例如，目前的家庭小汽车就必须加以控制，否则，仅中国的家庭小汽车就需要消耗惊人的石油资源。从长期发展看，决不能过度依赖工业化经济的增长（即过度依赖消耗矿物资源）来发展社会经济，这是靠不住的。经济增长方式的转移，则包括从高消耗资源的粗放式经营向节约资源的集约化经营的转变、从重数量型经济向重质量型经济的转变以及从工业化经济向新工业化经济的转变，以保障工业化的适度发展。

（三）经济结构调整与优化战略

避免工业危机和控制工业化经济过度增长，必须依靠经济结构的有效调整。从社会的三次产业结构看，第二产业对矿物资源的依赖特别大，第一产业即农业对矿产资源的依赖随工业化的发展而日益增大，但仍然比第二产业的依赖性要小。第三产业作为服务产业对矿物资源的依赖最小。因此，调整经济结构主要是大力发展第三产业，尽力提高第三产业在经济结构中的比重。此外，第三产业的供求弹性比较大，附加值要高于一二产业，并能吸纳较多劳动力，因此，发展第三产业将更有效地提高社会经济生活的数量和质量。但是，服务产业终究要受物质产业的制约，不可能独自发展。所以，从长远讲必须大力开拓和发展新工业化的物质生产，这就是说，经济结构要从工业化为主导转变为新工业化为主导，从根本上调整社会的产业结构。总之，经济结构调整和优化的基本原则是：逐步减少乃至摆脱对矿物资源的依赖，以及逐步减少乃至根除对环境的污染。

（四）资源节约与资源多元化战略

工业化经济所需要的资源是有限的，为了避免陷入资源枯竭的困境之中，最根本的办法是开发出更深层次的资源，这是迟早的事情，然而这却是新工业化范畴的事情而不是工业化生产所能办到的。为了在新工业化开发出更深层次的资源之前保障工业化的持续发展，我们必须适度利用有限的工业资源，这就需要实行资源节约战略。我国资源短缺与经济发展的矛盾越来越突出，淡水资源的短缺、矿物能源尤其是石油的短缺、主要矿产原料的短缺已经越来越严重，资源短缺制约经济发展的局面呼之欲出。但另一方面，我国的资源利用率又是很低的，和发达国家相比还有很大的提高和节约空间，所以，我们必须重视资源节约，要下大力气抓节能、节材、节水等工作，缓解资源约束的矛盾。从一定意义上讲，我们必须提出"建立节约型社会"的战略口号，并认真付诸实施。此外，我们还必须实施资源多元化战略。资源的多元化，包括资源形态的多元化，如能源的多元化，也包括资源来源渠道的多元化，如石油输出地的多元化。在人类文明史上，资源是一个历史范畴，主导资源会随着历史的发展而转变和深化。工业化的主导资源肯定会被新工业化的主导资源所替代，但在替代之前，会有一个资源多元化的过渡时期。例如，矿物能源会被物理能源主要是核能和太阳能所替代，但在核能和太阳能成为新的主导能源之前，肯定会有一个能源多元化时期，这时，除了矿物能源外，风能、水能、地热能、生物质能、核能、太阳能等会多头并进得到开发和利用，它们会在很大程度上缓解能源紧缺局面。我们必须重视开发多元化的能源，否则，在新的主导能源技术成熟之前极容易陷入被动局面。大力开拓资源尤其是能源的多元化输入渠道也很重要，这是保障资源安全尤其是能源安全所必须予以重视的问题。

（五）环境保护与循环经济战略

建设适度工业化，不仅要避免资源匮乏造成的工业危机，还要避免环境污染造成的生态恶化，后者给人类文明带来的危害更深远。这是因为，资源匮乏影响的是有限的经济增长，而生态恶化影响的则是人类生存乃至整个地球生物圈的安全。现在，人们已经开始忧虑地球会不会变成第二个荒漠的火星。所以，建设适度工业化的一个更为重要的任务就是保护生态环境。工业化生产是一个对天然化学物质"大量开采→大量生产→大量消费→大量废弃"的单向生产过程，不仅必然造成矿物资源短缺，也必然造成大量废弃物质对环境的严重污染。从工业化生产的本质上讲，它难以彻底摆脱对环境的污染。所以，适度工业化不可能彻底摆脱和治理环境污染（这只有依赖新工业化生产方式），对此我们必须有清醒认识。但是，适度工业化既然不同于传统工业化，那么环境保护就应该是它的题中应有之义，在工业化的框架中尽力治理污染和保护环境就应该是它的重要发展目标。环境保护的工业化措施有很多，这包括减量使用原材料、洁净使用资源、提高资源利用率、减少废弃物质排放等。环境保护的最终渠道要依赖新工业化的深层循环生产（在小分子和原子层次进行的循环生产），但循环也有浅层次的，浅层循环生产则属于工业化生产，例如，把废弃物体简单分解开来加以循环利用，这样的浅层循环也能在一定程度上缓解废弃物质对环境的污染。适度工业化的循环经济向纵深发展还能逐步转化为新工业化的深层循环经济，这将彻底摆脱废弃物质造成的环境污染。

（六）实施适度工业化战略的保障措施

为了有效地实施适度工业化战略，必须采取一些必不可少的保障措施。（1）大力发展科学技术，建立起必要的科技支撑，以保障经济增长方式的有效转移、资源的高效节约、资源的多元开发、环境污染的有效防治等，努力避免陷入工业危机和维持经济的持续增长。（2）统筹适度工业化和新工业化的发展，由中国的具体国情所决定，适度工业化和新工业化的建设不可分离。仅仅依靠适度工业化连经济的持续增长也难以维持，更不可能实现现代化，所以，在适度工业化不能满足社会发展的地方，必须大力开拓新工业化，例如，新能源的开发、深层循环经济的建立等。此外，适度工业化建设必须与新工业化建设相对接，必须在建设适度工业化的同时积极开拓新工业化。（3）政府主导与市场拉动相结合，政府应当积极制定有力的政策和措施，保障各项建设适度工业化战略的落实，例如，制定绿色 GDP、鼓励使用绿色能源等，同时积极利用市场有效配置各种资源，努力提高经济效率和社会效益。（4）加强国际资源和环境保护合作，共同应对工业化困境。在全球化的今天，不论是资源问题还是环境问题都已不同程度地成为全球性问题。要通过各种方式积极参与国际性合作，有效地利用国际资源和国际支持，以尽力减少资源、环境问题造成的负面影响。

[参考文献]

〔1〕韩民青：《中国必须走向新工业化》，《科技日报》，2003 年 5 月 20 日。

〔2〕《增长的极限》，成都：四川人民出版社 1985 年版。

〔3〕《中国环境与发展评论》第 1 卷，北京：社会科学文献出版社 2001 年版。

〔4〕莱斯特·R. 布朗：《B 模式》，北京：东方出版社 2003 年版。

〔5〕辛欣：《"粗"增长已到红灯处》，《瞭望新闻周刊》，2003 年第 48 期。

〔6〕李志宁：《我们还有多少时间》，北京：台海出版社 2004 年版。

专题报告 2　中国新工业化科技体系及其发展战略

[提要]　工业化生产方式已经陷入危机，新工业革命正在兴起。在新工业化生产力和生产方式中发挥支撑作用的是一个完整的新科技群，这个与新工业化生产密切关联的新科技群就是"新工业化科技体系"。新工业化科技体系包括信息智能科技、纳米科技、生物科技、新能源科技、新材料科技、生态科技、太空科技等七个主要科技分支。21 世纪的中国要走向并实现新工业化，就必须把大力发展新工业化科技放在首要的位置。

[关键词]　中国；新工业化科技体系；发展战略

一　新工业化科技体系的内涵与特点

（一）新工业化科技体系的内涵

现代科学技术与现代生产活动的密切关系突出地表现在它们相互之间的对应关联中，即特定形态、水平的科学技术与特定形态、水平的生产力、生产方式是相互对应的。工业生产的发展史完全证明了这一点，工业革命以来所实现的三次产业革命（工业文明范畴内的产业革命）就是与三次科技革命相对应的。当然，在生产与科技相互推动的对应关系中，起主导作用的起初是在生产一方，但后来转向了科技一方，科技因素逐渐成为生产力生产方式发展和变革的主导力量。在现代生产中，尤其是在生产的未来发展中，科学技术的因素成为越来越重要的支撑力量。因此，我们在讨论社会生产活动的未来发展时，必须把探讨未来生产活动中的科技因素放在首位，切实弄清支撑未来生产的科技因素是什么。事实表明，目前工业化生产正在向新工业化生产转变。那么，在新工业化生产力和生产方式的形成中就必定有其特定的新科技因素在发挥支撑作用，否则根本不会出现新工业化生产力和生产方式。另外，在新工业化生产力和生产方式中发挥主导作用的决不是零零星星的科技因素，而是一个丰富的完整的新科技群，它们与新工业化生产力和生产方式具有密切的对应关系。我们把这个与新工业化密切关联的新科技群就叫作"新工业化科技支撑体系"或"新工业化科技体系"。

（二）新工业化科技体系的特点

人类文明是循着由浅入深地认识与改造自然物质层次而向前演进的。采猎时代是"采集渔猎天然生物（采集植物、渔猎动物）的时代"，农业时代是"人工生产生物（种植植物、养殖动物）的时代"，工业时代是"采掘和利用天然化学物质（原料与能源）的时代"，新工业时代则是"人工创造和利用化学物质（从微观层次人工生产化学新材料并加工制造新的宏观物品、深层次循环利用化学资源）的时代"。不同的文明和时代，实质上是不同形态的生产力和生产方式，新工业化具有不同于并且高于工业化的物质生产力和生产方式。弄清新工业化生产力和生产方式的特点，是我们进而认识和把握新工业化科技体系特点的前提。

新工业化生产力和生产方式的主要特点有四个。

第一，新工业化生产是从小分子、原子乃至亚原子层次入手进行的生产，是人工创造和利用化学物质的生产。工业化生产是采掘天然化学资源并进行加工制造的生产，它是在宏观层次（化学物质原子分子的宏观集合物）上进行的生产。新工业化生产向更深物质层次推进了一大步，是比工业化生产更深层次的物质生产力和生产方式，这就实现了从采掘和利用天然化学物质向人工创造和利用化学物质的新转变。新工业化生产既可以把各种生产生活废弃物用于再生产而克服资源短缺、环境污染，还可以人工设计、生产出自然界所不能提供的无比丰富的化学物质新材料，并进而加工制造出日益复杂的各类生产生活用品，其性能、规模都是工业化生产所无法比拟的，甚至可以创造出人们今天尚不敢想象和难以想象的各种奇迹。也只有在这种科技和生产能力的条件下，才能最终实现人造生命。

第二，新工业化生产是深层次循环式生产。工业化生产面对的劳动对象是宏观的天然化学资源（包括原材料和能源），不论是机械化生产还是信息化生产，都未有改变工业化生产的这个根本特征。由于新科技革命的发展，智能化的微制造科技及其产业化形成了可以把一切小分子原子物质资源当作劳动对象的生产力，这就为建构深层次循环式生产方式奠定了基础。所以，当人类遇到了工业化生产所造成的资源匮乏、环境污染严重的生存困境时，智能化微制造科技及其产业化就被运用于建构深层循环式生产方式。在新工业化生产中，生产和生活中的废弃物品都可以作为资源进入再生产，从而把工业化生产的"资源—产品—废物"的单向生产方式转变成"资源—产品—废物—再生产资源—再生产产品"的深层次循环式生产方式。所以，只有新工业化生产才是真正可持续发展的生产，是真正保护自然环境的生态化生产。

第三，新工业化生产是太空化生产。不论说新工业化生产是从微观层次入手进行的生产，还是说新工业化生产是深层次循环式生产，都只是从物质个体结构的角度上讲的。如果从物质群体结构角度上讲，新工业化生产同时又是走出作为生物圈和高级化学物质圈的地球而把太空大尺度低级物质群体（月球、行星、太阳系乃至更大天体）作为劳动对象的生产，亦即太空化的生产。这就是说，在新工业化时代，人类的生产活动不再局限在地球上，将在大尺度的太空中展开。

第四，新工业化生产是高度智能化的生产。不论微观层次的生产还是太空中的生产，都不再是简单的直接的人工生产，而必须是依赖高智能化手段进行的生产，包括高智能化的工具和高智能化的控制方式。所以，在新工业时代，信息化将发展到一个更高级的阶段即智能化阶段。

新工业化生产的上述特点决定了与之相对应的科技支撑体系的基本特点，这是因为，只有具备相对应的科技支撑体系才会形成新工业化的生产力和生产方式。从新工业化生产的基本特点，我们可以分析出新工业化科技支撑体系的如下四个基本特点。

第一，新工业化科技是一个科技群，具有完整的系统性。在工业化生产发展中，每次产业革命与之对应的科技革命都发生在较小的特定领域。蒸汽革命对应的主要是力学领域的科技革命，电力革命对应的主要是电磁学领域的科技革命，信息革命对应的主要是微电子学领域的科技革命。所以，它们引起的生产力和生产方式的发展都是在工业化生产框架中的变化，属于工业生产力和生产方式的量变。新工业化生产力和生产方式的形成是一场物质生产力和生产方式的大革命，促成了工业生产力和生产方式的质变，生成了一种崭新的完整的生产力和生产方式，这就不能再单单依靠某一个领域的科技革命，而需要众多领域的一系列新科技革命，形成一个完整的新科技体系。

第二，新工业化科技体系是一个凸显技术作用的新科技体系，因而也是一个与产业化十分密切的新科技体系。新工业化科技体系虽然具有明显的科学与技术一体化的特征，但在科学与技术这两种要素之间还是要更突出技术的要素。这就是说，新工业化科技体系在其总体上主要是一个高新技术体系。正是它的高新技术特点决定了它在新工业革命中的关键作用，即它可以直接产业化而形成新兴产业并生成新工业化的生产力和生产方式。这个特点决定了我们的科技政策和科技实践应把侧重点放在高新技术的研发及其推动它们的产业化上。同时也表明，基础科学的研究要相对稳定一些，重点在技术开拓上。

第三，新工业化科技体系是一个突出各学科渗透尤其是各种技术集成的新科技体系。新工业化生产，不论是微观层次的生产还是太空化生产，不论是深层循环式生产还是高智能化生产，都不是某一种单项技术所能完成的，都需要各种高新技术的有效集成，因而具有突出的综合性。这种技术的高集成性是由新工业化产业与产品的集成性所决定的，新工业化生产中产业与产品需要综合利用各种技术，因此这种创新应在单项技术创新基础上突出综合创新，以便形成高新技术的集成，切实担当起开拓新工业化生产力和生产方式的重任。

第四，新工业化科技体系是一个以实现人工创造化学物质为关键科技要素的新科技体系。工业化生产也需要相对应的科学技术，但它们的作用主要是在宏观层次上认识和利用天然化学物质，使人们能够采掘天然化学资源并进而加工制造各种工业产品，包括从宏观层次上对生命物质的认识与利用。新工业化生产要能实现人工创造化学物质，这就需要新科技体系中的关键科技和主导科技应是在小分子、原子乃至亚原子层次上进行微观生产的科技或科技集成，它将影响乃至决定其他相关科技的作用，并渗透到相关科技中发挥作用。

二　新工业化科技体系的结构

新工业化科技体系的结构，包括新工业化科技体系的组成要素及其相互关系。

（一）新工业化科技体系的组成要素

现代科技有一个十分庞大复杂的体系，科技分支门类众多，它们与新工业化生产的关系有远有近，只有那些直接形成新工业化生产力和生产方式的科技门类才是新工业化科技体系的基本组成部分。新工业化生产力和生产方式所需要的新科技体系，必须包含以下七个主要科技分支。

1. 信息智能科技。信息科技在工业化高级阶段已作为支撑科技出现，从而实现了工业信息化。在新工业化中，信息科技进一步发展到智能化的更高水平，从而成为微观化生产、深层循环式生产、太空化生产的不可或缺的重要科技支撑。从本质上讲，新工业化生产是一种高度智能化生产，没有智能科技是不可想象的。智能科技包括作为硬件的智能机器研究、作为软件的智能程序研究以及信息通讯方式的研究，都需要有一个质的突破性发展，才能真正支撑起新工业化生产。

2. 纳米科技。纳米科技本质上是微制造科技，是从小分子、原子层次上操纵物质生产的科技。纳米科技既可以制造各种信息化智能化的微型机器，又可以制造性能优异的新材料以进一步加工制造各种宏观新产品。由于纳米科技直接形成微观制造生产力，在人工创造和利用化学物质的新工业化生产中，更是必不可少的科技支撑。纳米科技及其产业化已经突破了工业化生产的范畴，它不再停留在对天然化学物质（矿藏原料、能源）的采掘加工上，而是在更深层次上实现了人工创造化学新物质，这是新工业化生产的根本标志。

3. 生物科技。生物科技的发展很迅猛，但生物科技从物质层次上讲可划归到纳米科技即微观生产科技，因为现代生物科技主要也是从分子乃至原子层次入手进行研究和生产的。这表明，人造生命和改造生命最终要从细胞层次、生物大分子层次走向小分子、原子乃至更深的物质层次，这已经属于化学物质的改造与生产的层次，因而本质上属于新工业化生产力和生产方式，而不再属于工业生产力或农业生产力。同时这也表明，新工业化生产必须仰仗生物科技，传统的医药产业、食品产业等都需要生物科技去推动和深化，使之升级为新工业化产业部门，生物科技还可以催生出新的生物产业部门而不断扩大新工业化的范围和深度。

4. 新能源科技。能源具有时代性，不同水平的文明形态、生产力和生产方式使用的能源是不一样的。工业化生产方式的主导能源是化学能源（煤炭、石油、天然气），最终出现了化学能源危机。新工业化生产力和生产方式必定要开发新的主导能源，即使化学能源不匮乏，它也不会再以化学能源为主导能源。按照生产力和生产方式不断深化的发展规律看，新工业化的主导能源应是物理能源，包括核能、太阳能、水能、风能等，但主要是核能和太阳能。新能源科技主要就是对核能、太阳能等物理能源的研发科技。

5. 新材料科技。工业化生产的劳动对象是自然矿藏即天然化学物质，新工业化生产的劳动对象深入到小分子、原子乃至亚原子层次，但人类生活不可能直接依赖于这些微观小粒子，所以，新工业化生产必须把微观小粒子人工合成各种化学新材料，并进而加工制造成各种宏观生产生活用品。人工创造的各种新材料具有优异的新性能，用它们加工制造的各种物品也会生成新的日益复杂的功能。新材料科技显然是极为重要的。在新工业化发展中，新材料科技将获得巨大的飞跃和发挥巨大的作用。

6. 生态科技。生态科技不像上述科技分支那样专门化，它主要是对各种科技的集成运用。新工业化生产所依赖的生态科技，主要是深层循环式生产所运用的各种科技。只有使物质生产资源在小分子、原子层次上循环利用，才会有效克服资源匮乏、废弃物污染环境等生态危机问题。没有深层循环式生产就形不成完整的新工业化生产体系，也不能克服生态危机。所以，深层循环式生产科技是最重要的生态科技。其次，还包括各种环保科技、生态建设科技，而这些科技在本质上都是参与形成比工业化更深层次的新工业化生产力和生产方式的科技。

7. 太空科技。微观生产科技、深层循环生产科技，都是从物质个体角度来确定的人工化学生产科技，即从小分子、原子、亚原子层次入手的生产科技。若从物质群体角度看，化学物质的群体是由亚原子、原子、分子物质组成的各种宏观天体，如卫星、行星乃至恒星。新工业化作为人工创造和利用化学物质的生产力和生产方式，它必然把劳动对象从作为生物圈和高化学圈的地球拓展到更大的低化学物质群体即地球之外的天体上，首先是地球的卫星月球，再就是太阳系的其他行星，包括更深的太空。从这个意义上讲，新工业化生产是太空化生产，太空科技也就必然成为新工业化的科技支撑。

信息智能科技、纳米科技、生物科技、新能源科技、新材料科技、生态科技和太空科技，它们自身又都是一个亚科技体系，拥有众多更小分支。这七大科技门类形成了统一的新工业化科技支撑体系。此外，还有许多科技门类与新工业化也有不可割裂的关系，但相对而言要间接和远一些，可不列为新工业化科技支撑体系的主要分支。

（二）新工业化科技分支的相互关系

新工业化科技体系的七个主要科技分支，具有不同的对象、内容和作用，在形成新工业化生产力和生产方式中显示了它们之间的复杂关系。总的讲，它们是相互制约、相互促进的，共同支撑着新工业化生产。它们不是分散要素的机械组合，而是有机统一的，从其绝对意义上讲是缺一不可的。但是，这并不意味它们的作用是一样的。

信息智能科技是新工业化生产的前提。工业化是从机械化生产开始的，信息化使工业化达到了顶峰，但仅凭信息化不可能使工业化生产转变为新工业化生产，原因在于信息化的作用主要体现在控制环节上而不是直接的物质作用和生产环节上。然而，信息化及其高级形态的智能化实现了高度自动化的控制与生产，这才使微观化生产和太空化生产这些非直接的人工生产活动成为可能。所以，信息智能科技不仅把工业化推到了顶峰，也为开拓新工业化提供了科技前提条件。

纳米科技生物科技是新工业化生产的主导。它们作为微制造科技在直接的物质作用和生产环节中发挥作用，把工业化的宏观生产推进到微观的小分子、原子层次，从而形成人工创造和利用化学物质的新工业化生产。纳米科技、生物科技的主导作用，还体现在它们对于其他科技分支的高渗透作用，不论是信息智能科技，还是新能源科技、新材料科技、生态科技、太空科技，都广泛包含着纳米科技、生物科技等微制造科技的作用。

新能源科技、新材料科技是新工业化生产的基础。不论信息智能科技还是纳米科技、生物科技，都离不开新能源科技、新材料科技作为基础，它们还都要参与开发新能源和新材料而在生产生活中发挥作用。新能源新材料，一方面是新工业化生产的对象；另一方面又是新工业化生产不断发展的基础。

生态科技、太空科技是新工业化生产的方向。生态科技是一门集成科技，它要建立深层循环式生产体系，各个科技分支都必须参与其中。要自觉地参与这种组合，有意识地建构深层循环式生产，否则，各个科技分支不会自动地生成深层循环式生产。然而，只有建立起深层循环式生产体系，人类才会跳出单向生产过程造成的资源匮乏、环境污染严重的生态危机。所以，生态科技及其深层循环式生产体系体现着新工业化生产的方向。另外，太空科技及太空化生产生活也是人类文明发展的大方向，各个科技分支都要参与太空科技的集成，都要参与太空开发，建设新工业化的太空社会。

新工业化科技体系各个科技分支的作用不同，表明它们在新工业化生产中的作用实质上是相互补充的集成作用。只有相互协调、紧密配合，它们才能形成完整的强有力的科技支撑作用，推动着新工业化不断向前发展。

三　中国新工业化科技体系发展的战略对策

目前，工业生产方式已陷于严重危机，新工业革命正在兴起，尤其是新工业化范畴的新科技革命、新产业革命正在蓬勃发展，人类文明的主流将在21世纪转向新工业文明。中国的发展必须走向新工业化，必须争取在21世纪内基本实现新工业化。为了实现新工业化的战略目标，必须把大力推进新工业化科技的发展放在首位，置于重中之重的地位，以新科技革命来推动新产业革命，并进而推动整个社会的变革和发展。

在这里，我们就我国新工业化科技的发展提出如下九项初步对策建议。

（一）21 世纪科技发展的宏观展望与对策

在过去的 20 世纪里，物理学是拉动整个科学技术体系的火车头，尤其是相对论、量子力学的创立，刷新了整个科学技术的面目。此外，化学和生物学的发展也很突出，尤其是物理学、化学、生物学的结合，从亚原子、原子、分子层次上深入揭示了物质结构以及生命的秘密。从总体上讲，20 世纪的科技推动工业化发展达到了顶峰，并开拓出新工业化的崭新路径。

在 21 世纪，物理学基础理论仍是科学的最前沿，尤其是相对论、量子力学的研究将会有关键性的突破，形成更深入更统一的新理论，能够对能量、引力、时空、宇宙结构与演化等根本问题，作出更深入更统一的揭示。这将使人类对物质的认识与改造进入更深的层次。但总的讲来，在 21 世纪的相当长时期里，作为科技大厦基础的仍是相对论、量子力学，物理学、化学、生物学将更深入地揭示物质在亚原子、原子、分子、生物大分子层次上的运动规律，并把对这些规律的认识运用到技术上去，形成一系列新工业化范畴的新技术，把生产力和生产方式完全推进到人工创造和利用化学物质以及人工创造生命的新时代，形成深层循环与太空开发相统一的人工化学生产体系和经济体系。

所以，在 21 世纪里，中国科技战略的总体包含两个层次。第一，在基础研究的层面上，要广泛关注科学技术的全面发展，尤其是应大力培养青年人才，持久地进行物质结构和宇宙理论的研究，力争在相对论、量子力学的推进研究中作出突破性贡献。第二，在科学技术与产业化的层面上，要大力推进新工业化科技体系的发展：（1）21世纪前20年，重点开拓新工业化科技体系的关键领域并形成新科技产业，在重点领域居于世界前列；（2）2021年到2050年，建立起完整的新工业化科技体系并大力推进新科技产业化，成为世界一流科技强国；（3）21世纪后50年，继续推进新工业化科技体系的发展，关注新一轮科技革命，领导世界科技发展新潮流，全面推进新工业化建设并基本实现新工业化。

（二）信息智能科技发展战略

信息科技在工业化后期获得飞速发展并形成了领头产业。信息科技在新工业化中具有极其重要的作用，不论微观化生产还是太空化生产都不可能由人直接控制，因此信息科技成为新工业化生产的基础和前提，必然会有更大发展。信息科技发展的大趋势是：（1）信息化向智能化发展，形成智能科技的新阶段；（2）由于相关科技的发展，信息的存储、传输、处理、显示技术将有巨大突破；（3）数学、脑与认知科学的进展将可能引发计算机结构、网络通信模式以及信息表达与处理方式的新飞跃，人机将实现直接耦合；（4）智能工具将向人的智能挑战，在诸多生产生活领域代替人而发挥更能动的作用，社会活动高度智能工具化。

中国发展信息智能科技的战略措施是：（1）在21世纪的宏观发展中应始终坚持信息化智能化的发展战略，在社会生产生活的各领域广泛普及和不断提高信息化智能化水平，建设高度智能化社会；（2）大力推进信息智能科技的研究与开发，尤其要重视信息智能工具的硬件与软件的新突破，要使我国的信息智能科技尽快居于世界前列；（3）高度重视信息智能科技与其他科技分支的相互联系和集成作用，努力发挥信息智能科技在中国新工业化进程中的强大推动作用。

（三）纳米科技发展战略

纳米科技研究对象或工作性质区分为三项：第一是纳米材

料；第二是纳米器械；第三是纳米区域的研究表征。目前，纳米材料领域较为活跃，不断有新的研发成果；纳米器械的研究也在不断发展。但从总体上看，纳米科技正处于大突破时期，在大规模产业化上还需一定时间。但是，纳米科技的实质在于可以实现从原子、分子层次入手进行物质生产，这使它成为建构人工创造和利用化学物质生产方式的关键科技支撑，因此，它的崛起与发展是历史的必然，预计21世纪上半叶它将逐步成为主导性的科技力量。

我国发展纳米科技的战略措施是：（1）充分认识纳米科技的重要战略地位，准确定位纳米科技在新工业化科技体系中的主导作用，以纳米科技为核心展开新科技革命和新产业革命，走纳米科技强国之路；（2）把发展纳米科技与建构人工化学生产方式和深层循环式生产体系一起来，努力实现从原子、分子层次上控制物质的组合与分解，实现劳动对象的深层化、生产过程的循环化，拓展生产资源和克服环境污染，以纳米科技大力推进新工业化；（3）把纳米科技与信息智能科技相结合，努力开拓信息化与微制造相结合、信息流与物质流相统一的新型社会交流模式，努力实现以信息方式传输物质这个21世纪的最重要科技集成创新；（4）在推进纳米科技发展中，我们不要左顾右盼，不要动摇，要抓紧时机，从现在开始就要把纳米科技作为实现科技跨越式发展的重点突破环节，争取在2020年前成为纳米科技强国，居于世界领先地位，奠定我国在新工业化进程中的能动局面；（5）中国在21世纪上半叶实现现代化的关键在如何抓住纳米科技革命及其引发的新产业革命这一环节，因此，我们必须加大财力、人力投入，以政府推动和市场拉动的合力，全力推进纳米科技的发展。

（四）生物科技发展战略

生物科技的发展已成为人们充分关注的热点。生物科技的发展有两大趋势：（1）研究层面的趋向，从原子、分子层次揭示核酸、蛋白质的结构、功能及运动，并进而把握生命的秘密；（2）应用层面的趋向，把基因组学、蛋白质组学等生物工程技术应用于医药事业、农业生产、生态保护，推动生物技术产业化。这些趋势表明，生物科技本质上也属于微观制造科技，它也是从原子、分子层次上控制物质组合与分解的科技。生物科技与纳米科技所不同的就在于它没有停留在原子、分子层次上即化学物质范畴中，而是进一步上升到生命物质（生物大分子、细胞）层次上，它的要害在于打通化学物质向生命物质的转变与飞跃。生物科技的最终目标是实现人造生命，即掌握从化学物质到生命物质的转变机制。在21世纪，生物科技在纳米科技、信息智能科技等科技的帮助下，将实现人造生命的理想。这也是新工业化物质生产的重要特征之一。

我国在生物科技发展中的战略措施是：（1）认清生物科技发展的实质与方向，争取在最终实现人造生命的目标中作出较大贡献；（2）推动生物科技产业化，尤其在食品、医药、环保产业中要大力发挥生物科技的作用，努力提高人们的生活质量；（3）同时要认识到生物科技在产业化和推动经济发展中的局限性，它自身不可能形成一场产业革命，它将与纳米科技等一起发挥作用，实现从原子、分子层次入手进行的化学物质和生命物质的人工创造与生产，所以，应把生物科技与纳米科技密切结合起来，共同推向产业化。

（五）　新能源科技发展战略

目前，人类仍处于矿物能源为主导的时代。煤、石油、天然气都属于化学能源，它们有两大缺陷：一是储量有限不可再生；二是污染环境。21世纪的能源大趋势是：（1）化学能源逐步失去主导地位；（2）在化学能源失去主导地位之后有一个过渡阶段，能源出现多元化状态，煤、石油、天然气、氢气、水能、风能、太阳能、核能等处于齐头并进状态；（3）最终，物理能源将占据主导地位，主要是核能和太阳能。最佳的核能利用不是核裂变能而是核聚变能，更有可能的是清洁、高效的 D – 3He 受控热核聚变能。21 世纪人类将建成月球能源基地,以月球的太阳能发电和 D – 3He 热核聚变发电来满足地球社会的能源需要。这将是新工业化能源科技及其产业化的最理想目标。

中国的新能源科技战略应该是:(1)努力探索能源多元化,开发煤的清洁利用技术和氢气燃料技术,大力提高水能和风能的利用率;(2)充分认识开发太阳能、核能在提高文明水平实现新工业化中的重要作用,积极提高太阳能、核能利用技术和利用率,使其逐步成为主导能源,决不可停留在化学能源为主导的水平上;(3)要重视月球能源开发,要充分认识在月球上建立新能源基地的历史必然性和必要性,中国 21 世纪的新能源最高战略目标也是建立月球能源基地,这事关中国的新工业化进程与国际地位。

(六)新材料科技发展战略

材料属于劳动对象,不同水平的生产力和生产方式面对的劳动对象或材料是不相同的。新工业化的新材料首先是指原材料,它是比工业化生产更深层次的物质对象。工业化生产的原材料是自然矿藏,它们是大自然在亿万年演化中生成的化学物质资源,是大批量原子和分子的宏观集合物质,工业化生产还不能直接从原子或分子层次上对其微观加工利用。但对新工业化生产而言,原子和分子层次的物质成为生产原材料,因而各种废弃物质也都可从原子或分子层次上作为原材料而进入再生产。其次,新工业化生产的新材料还包括各种人工生产的多级新材料,这些新材料不是大自然形成的甚至是大自然永远都不可能形成的新材料,它们经由人工设计而被生产出来。这些新材料种类很多,具有优异或特殊的性能,能够进一步加工制造成功能复杂的生产生活用品。不论是更深层次的物质对象还是人工生产的新材料,都离不开新的工艺和技术,它们都属新材料科技的产物。从新材料科技的发展趋势看,原材料深层化、人工材料多级合成化以及材料使用循环化是三个主要趋势,它们都体现了材料科技的新水平。

我国的新材料科技发展,应本着以下原则进行:(1)资源深层循环利用,这需要能够研发从原子、分子层次上循环利用资源的新工艺新技术,以提高自然资源利用率,满足社会对资源的需要;(2)深层加工合成新材料,尤其要重视大力发展纳米材料科技以拉动整个新材料科技的发展,不断开发生产出性能优异和特殊的多种多样的新材料; (3)对传统材料的再开发,使其在性能上获得重大突破。

(七) 生态科技发展战略

生态科技有两大类:一类是具有生态效益的各种科技;另一类是专门用于生态保护和建设的科技。但从根本上讲,生态科技不应是一种被动的专门用于治理各种环境污染的科技,它是一种积极的生产模式,生态效益是其必然的结果。这种生产模式就是新工业化的深层循环式生产体系和循环经济体系,而深层循环式生产中运用的各种科技都是具有生态效益的科技,其顶端表现应是能把一切废弃物质都可作为资源投入再生产的各种科技。当然,专门用于生态建设的科技也是需要的,它们在本质上是促进自然良性变化和积极演化的科技。中国的生态科技发展战略措施是:(1)要努力发展循环生产和循环经济,从根本上把各种废弃物质纳入再生产;(2)要大力发展生态建设科技,把自然环境保护和建设好;(3)也要积极发展预防、降低和治理污染的科技,在未建立起完整的循环生产和循环经济体系之前,对各种污染的积极预防和治理是必不可少的。

(八) 太空科技发展战略

在新工业化时代,太空将成为人类展开活动乃至生产的场所。太空科技的大趋势是:(1)近地空间的开发,各种人造卫星的研制、发射与使用；（2）空间站的建立，主要用于太空观测、载人航天研究；（3）深空探测，如火星探测；（4）太空资源的开发利用，这将成为继探测之后的一个新动向，人们已开始追问"花那么多钱上月球干什么？上火星干什么？"这表明人们对太空的研究已转向实用性思考。

我国的太空科技发展战略措施是：（1）把太空科技置于十分重要的战略地位，把努力建设太空社会作为新工业化进程的突出战略目标，建设最先进的太空开发强国；（2）以太空探测、太空开发为轴心展开太空科技活动，尤其要重视月球能源基地的探测与建设，这是 21 世纪太空开发最具实用价值的目标，也最能促进太空科技的全面发展，接下来应是月球和火星的生态化改造；（3）太空开发应以高度智能化活动为主要方式，即以运用太空机器人、远程遥控活动为主，实现全自动化的自组织、自进化式生产，高智能化机器应在太空开发中发挥越来越大的作用；（4）积极倡导国际合作，倡导太空开发中的全球人类共享、共有，反对太空开发中的狭隘国家化和军事化等反文明倾向。

（九）保障和促进新工业化科技发展的重要措施

（1）坚持科技兴国战略，不断加大对科技的投入，尤其是要加大对关键科技领域的投入，使科技投入占 GDP 的比例由目前的 1%逐步提高到 4%（20 年内）、6%（30 年内）、8%（50 年内）乃至更高，成为世界一流科技强国；（2）实施人才强国战略，不断提高教育水平，20 年内普及高中教育，50 年内普及高等教育，大力建构全民教育体系；（3）科教兴国要采取政府推动与市场拉动相结合的战略措施，努力培育科教产业、科教市场，不断优化人们的消费结构和提高人们的消费水平，努力培育和扩大人们的知识性消费；(4)大力倡导创造为本价值观，使社会消费形态由生活享乐型转向学习创造型，建设真正的学习创造型社会；（5）把科技发展与中国新工业化进程密切结合起来，不断把科技新成果推向产业化，使科技发展成为新工业化的强大动力，产业化也会反哺科技发展，新工业化的宏伟目标也会成为推动科技发展的不竭力量源泉；（6）大力推进科技领域的国际合作。

［参考文献］

〔1〕韩民青：《论新工业革命》，《光明日报》，2002 年 5 月 11 日。

〔2〕韩民青：《中国必须走向新工业化》，《科技日报》，2003 年 5 月 20 日。

〔3〕张立德：《第 4 次浪潮——纳米冲击波》，北京：中国经济出版社 2003 年版。

〔4〕《2002 科学发展报告》，北京：科学出版社 2002 年版。

〔5〕《2002 高技术发展报告》，北京：科学出版社 2002 年版。

〔6〕《2002 中国可持续发展战略报告》，北京：科学出版社 2002 年版。

〔7〕《2003 科学发展报告》，北京：科学出版社 2003 年版。

〔8〕《2003 高技术发展报告》，北京：科学出版社 2003 年版。

〔9〕《2003 中国可持续发展战略报告》，北京：科学出版社 2003 年版。

专题报告3 中国新工业产业体系及其发展战略

[**提要**] 在新工业革命中，新工业产业在新科技革命的促进中形成，它是继采猎业、农业、工业之后崛起的新的物质生产业，是新工业时代的主导性物质产业。新工业产业具有完整的生产体系，主要包括信息智能产业、纳米产业、生物产业、新材料产业、新能源产业、生态产业、太空产业、先进制造产业等。我国必须走新工业化的产业发展道路，制定切实可行的新工业产业发展战略，大力推进新工业产业的发展，加快实现新工业化，真正实现中华民族的伟大振兴。

[**关键词**] 中国；新工业产业体系；发展战略

一 新工业产业的内涵与特征

(一) 新工业产业的内涵

什么是"新工业产业"？这需要给出一个明确的定义。为了回答清楚这个问题，我们需要简单回顾一下人类历史上产业发展的过程与规律。

众所周知，人类最早的主导性生产活动是采猎活动，即采集野果、猎取野兽和捕捞鱼虾等，我们也可以把它叫作采猎业。正是采猎业作为主导性的社会生产活动，这才形成了人类历史上最早的文明时代即采猎时代。采猎活动经历了漫长的演进后，逐渐产生了新的分化和社会分工，出现了农牧生产活动和农牧产业，即种植庄稼、养殖牲畜的生产活动，并且逐渐成为新的社会主导性生产活动和生产方式，于是人类进入了农业时代。在农业时代，采猎活动并未消失，只是失去主导地位并渐渐缩小其规模，所以，农业时代的物质产业就形成了两个层次，即采猎业和农业。此外，还有建立在物质生产业之上的各种社会服务业，如商业、文化、管理等多种社会部门和行业。当工业革命之后，社会又分化和生成了崭新的物质产业即近代工业，工业逐渐取代农业成为新的社会主导性生产活动和生产方式，于是人类又进入了工业时代。在工业时代，采猎活动虽未消失但萎缩的规模很小，其中只有渔业还稍有发展，采猎业不再作为一个独立产业层次存在而归属于农业，所以，工业时代的物质生产业主要仍是两个层次，即农业和工业。但工业时代的社会服务业却日益发达起来，尽管如此，它们仍需依赖农业、工业等物质产业而存在和发展。从总体上看，工业社会的产业结构划分为三个层次，即农业、工业和服务业。从产业发展的历史过程中，可以得出这样几点规律性认识：（1）物质生产活动和物质产业的发展是社会发展的根本，不同的物质生产活动和物质产业本质上是不同层次和形态的物质生产方式；（2）物质产业的发展是进化与分化的统一，是由单一到多样化的演讲（尽管古老的产业几乎消失）；（3）社会服务产业一直是建立在物质产业基础之上的，并与物质产业具有对应性，它不可能脱离作为基础的物质产业而独立发展，而只会依赖于物质产业的变化而变化。

目前，人类社会的物质生产方式又在发生新的转变，新工业革命正在导致形成新的更深层次的物质生产方式。伴随物质生产方式的突破，新的物质产业又在进化与分化中生成，形成不同于农业、工业的新物质产业即"新工业产业"。显然，"新工业产业"是在新工业革命中继采猎业、农业、工业之后而出现的崭新的物质生产活动和物质产业。正像农业、工业是由众多产业分支和部门组成的产业体系一样，新工业产业具有更加复杂更加丰富的产业体系，我们把这个新的产业体系就叫作"新工业产业体系"。

(二) 新工业产业的特征

新工业产业是不同于采猎业、农业、工业的新的物质产业，必然具有自身的本质特征，准确地认识这些特征是深刻全面把握新工业产业及其体系结构所必需的。新工业产业具有如下主要特征。

1. 物质生产性。这个特征表明，新工业产业是物质产业，或者说"新工业产业"指的是新工业时代的新物质产业，不包含新工业时代所产生的非物质产业。伴随新工业革命，人类社会的生产生活活动肯定会更加丰富，产业层次与结构也会更加复杂。但是，作为文明进步和社会发展的本质和根本动力的仍然是物质生产活动和物质生产方式的变化。从这个意义上讲，新工业产业作为物质生产性产业乃是新工业时代的基础和决定性力量，它制约和决定着其他物质产业和非物质产业。没有新工业产业，就没有新工业文明。

2. 新兴性。新工业产业是新兴起的物质产业，是在工业化充分发展之后并在工业化创造的科技、经济、社会基础之上新崛起的产业。新兴性是新工业产业的时代性特征，这表明它不属于传统产业（如农业），也不属于工业，而是继农业、工业之后新兴起的物质产业。"新工业产业"不是新"工业产业"，而是"新工业"产业。"新工业产业"是一个专门的统一名词，指的是比工业产业更高级更进步的新一代物质产业。"工业"与"新工业"之间的关系就像"采猎业""农业""工业"之间的关系，是不同时代的社会主导性物质产业。

3. 新型性。新工业产业归根到底是一种全新类型的物质生产业即物质生产方式，它与采猎业、农业、工业都不相同，是物质生产方式发展的最新形态。新工业产业也不是一种普通的新产业或产业分支，而是一种社会主导性的产业新形态。新工业产业作为一种新类型新形态的生产方式，具有五个显著特点：第一，新工业生产是比工业化生产更深层次的物质生产，是从小分子、原子乃至亚原子层次开始进行的生产，是"人工创造和利用化学物质"的生产；第二，新工业生产是深层循环式生产，它克服了工业化"资源—产品—废品"的单向生产模式，形成了"资源—产品—废品（再生产资源）—再生产产品"的循环式生产新模式；第三，由于深层生产和循环生产，在新工业生产中不再有废弃物质，不再有资源短缺和环境污染，因而这是真正生态化的生产；第四，新工业生产作为实现了人工创造化学物质和人工创造生命的生产，这必然使新工业化生产在空间尺度上实现了新突破，形成太空化生产，这就是说，新工业化生产不是只在地球上进行的生产，而且是在太空中进行的生产；第五，新工业生产不论在微观领域进行还是在太空领域进行，都不再是直接的人工生产，而是依赖高度智能化手段进行的智能化生产。新工业产业在生产方式上的这五大特点，使它成为一种比采猎业、农业、工业更高级更进步的物质生产方式。

4. 高科技性。一方面，这指的是新工业产业是以现代科学技术作为支撑的，是高新科技的应用化产业化。另一方面，这指的是新工业产业是科技含量高的物质产业。作为高新科技的应用化产业化，新工业产业的各大分支几乎都有与之对应的高新科技分支，新工业产业作为完整的新生产体系也是与完整的新科技体系相对应的。作为科技含量高的物质产业，新工业产业具有研发投资密度高、科技人员比重高、技术复杂度高、创新性高等特点。因此，这导致了新工业产业的产业层次高，居于农业、工业等物质产业之上。

5. 主导性。新工业产业的主导性表现为：第一，新工业产业是对国民经济发展和产业结构优化升级起着导向、促进作用的领航产业，传统产业如农业、工业都已逐渐失去在国民经济中的主导作用，经济社会发展的新方向要由新工业产业来体现；第二，新工业产业是未来国民经济的支柱产业，社会物质财富主要由新工业产业来创造，社会经济发展主要靠新工业产业来拉动，非物质产业的建立、活动与发展也主要依赖于新工业产业，这就像工业时代的庞大服务业主要是依赖于工业产业体系来建立的一样；第三，新工业产业具有超强的渗透和扩散作用，会对传统产业发挥积极的改造提升作用，使它们发生新工业化转变，成为被新工业化武装和改造的农业、工业和服务业。总之，新工业产业的作用是宏观的、根本的、带战略性的。

6. 替代性。这是新工业产业的一个非常重要的特性。新工业化作为"人工创造和利用天然化学物质"的生产方式是比"采掘和利用天然化学物质"的工业化生产方式更深层次的生产方式，但它们又都同属于化学文明，因此，新工业化生产对工业化生产具有巨大的替代作用，这正像同属于生物文明的农业生产对采猎生产具有巨大的替代作用是一样的。例如，新工业化的主导能源是核能、太阳能等物理能源，这些新能源产业的兴起必然会取代作为工业化生产主导能源的化学（矿物）能源产业。再如，新工业化的新材料是从小分子和原子层次开始制造的人工合成材料，它们既具有新颖的结构和独特的功能，又是通过对资源不断深层循环利用制造出来的，这样的新材料产业的兴起必然会取代依赖采掘天然资源的传统工业材料产业。此外，以新材料为原料的新兴精密制造业和现代制造业也会逐步取代传统的工业制造业。总之，新工业产业是可以和必然大幅度取代工业产业的新兴产业。

7. 全球性。在历史上，采猎业是部落性的生产活动，农业是地域的生产活动，工业则是国家性的或局部国际性的生产活动，只有新工业产业才是真正全球化的生产活动。新工业产业的全球性表现为：第一，新工业产业的兴起是在经济全球化的背景下出现的，它是依赖全球范围的新科技革命的促进而形成的；第二，新工业产业将引起全球性的产业结构变动，引起全球性的产业分工，并加速经济全球化进程；第三，新工业产业将能源、材料、生态、空间等众多问题变成全球性问题，把全球人类的命运牢牢地拴在一起，加速全球人类的统一发展，同时也会对全球人类的传统社会体制提出尖锐的挑战。

8. 新价值性。任何物质生产活动都包含着价值追求。新工业产业将成为真正实现"物质极大丰富"的生产，这将拓展人们的视野、提升人们的精神境界，从"生活为本""享乐为本""个人为本"的价值观转向"创造为本""以（人）类为本"价值观。因此，新工业产业将凸显人类的创造本性，拓展和升华物质生产的价值追求。

9. **系统性。**新工业产业是一个完整的生产体系，比农业生产体系和工业生产体系都更为丰富和严密。原因主要有两个。一是因为新工业产业是由完整的新科技体系的应用化产业化转变而来的，新科技体系的完整性严密性决定并促成了新工业产业形成了有机的产业整体。二是因为只有具备高度的系统性，新工业产业才能克服工业生产方式造成的危机和困境，才能在更深更广的物质层次上形成强大的生产力，推动人类开拓出更高形态的文明。所以，新工业产业不是普通的物质产业，而是能够把人类引向比工业文明更高级的新文明的物质产业，新工业产业引发的产业革命是一场文明形态的大革命。

我们在这里所论述的新工业产业的主要特征和性质，一方面是根据对当前新科技革命和新产业革命中兴起的新工业产业的实证分析得出的；另一方面则是根据新工业化生产的一般理念（主要是新工业化作为一种"人工创造和利用化学物质"的新物质生产方式的理念）而进行的逻辑分析得出的。这些关于新工业产业主要特征和性质的分析，对于深入认识新工业产业体系的结构以及进一步全面考虑中国新工业产业的发展，都是很重要的。

二　新工业产业体系的结构

（一）确定新工业产业的主要原则

认识新工业产业体系的结构，实际上就是确定新工业产业的基本产业分支。但是，当代社会的产业结构十分庞杂，传统产业不断被改造，众多新兴产业的性质也不清晰，如何确定哪种哪类产业属于新工业产业，并不是一件容易的事。另外，还需要具有前瞻性，必须充分估计到一些目前尚未完全显露而未来又必然十分重要的新产业，这就更加困难。所以，我们必须首先确定新工业产业的划分原则和标准，然后再按这些基本原则和标准来分析确定新工业产业的范围和主要分支。

有人说新工业产业具有高技术特征，那么，高技术产业就是新工业产业。但是，目前确定高技术产业主要看其研发投入密度，许多新科技产业并未列入，而新工业产业可能会更广一些。因此，至少目前确定高技术产业的标准不完全适用于确定新工业产业。

确定新工业产业的原则与确定一般性战略产业也不一样。确定一般性战略产业，主要着眼于当前和今后一段时期内的国际发展态势和具体的国内形势，着眼于国家当前的经济社会发展任务。新工业产业则是由于当代工业危机、新工业革命兴起而必然产生和发展起来的新产业，它是基于社会发展大趋势而确定的，有时会与一般性战略产业相重合，有时则会超越一般性战略产业的范围，是更为根本更为前瞻因而也更具战略性的产业。

具体地讲，确定新工业产业的基本原则主要有五条：（1）能否形成从小分子、原子乃至亚原子层次进行生产的微观生产力（即人工创造和利用化学物质的生产力）；（2）能否形成深层循环式生产的生产力；（3）能否开发利用比工业化主导能源（即化学能源）更深层次的新能源（即物理能源，如太阳能、核能）并使其成为主导能源的生产力；（4）能否形成开发太空的生产力；（5）能否形成高度信息化智能化的生产力。显然，确定新工业产业的标准归根到底就是一条：是否形成了比"采掘利用天然化学物质"的工业化生产方式更高级的"人工创造和利用化学物质"的新工业化生产方式（详见韩民青：《中国必须走向新工业化—新工业革命与中国 21 世纪发展战略》）。

（二）新工业产业的主要分支

1. 信息智能产业。信息科技及其产业化是目前最火爆的新兴产业，对于当代社会经济的拉动是巨大的，并正在向各个产业及社会各个领域广泛渗透，造成了整个社会的信息化。因此，不少人认为取代工业时代的可能是信息时代。但仔细分析之后就可明白，信息活动的作用主要是沟通和整合人与人、机器与机器、人与机器，在物质生产活动中的作用主要发生在控制环节上，而不直接参与物质生产作用，也不直接决定生产方式。例如，运用信息手段既可从事农业生产，也可从事工业生产，还可从事新工业生产，这说明单凭信息科技及其产业化还不可能形成独立于工业生产方式的更高级的生产方式。但是，离开信息化手段及信息产业的发展，也不可能形成新工业生产方式，它是构成新工业生产的重要因素。从这个意义上讲，信息产业是新工业产业体系的重要分支产业。还要看到，信息科技将进一步向智能科技推进，信息手段及信息产业将进一步向智能产业推进，这更是新工业化生产所必需的，也是新工业化进程所必然促使发生的。2001年年底，美国商务部与国家科学基金会曾联合召开研讨会，讨论四大技术即纳米技术、信息技术、生物技术、认知科学（包括神经科学在内）的融合问题，认为这四大技术的有效融合可使人类的健康、工作能力、工作效率有巨大提高，从而对人类社会发展产生深远影响。其实，最重要最深远的影响将是高度集成的智能化技术的出现及其产业化对人类社会发展的促进作用，其直接表现将是转变人类的生产方式，即促进工业生产方式向新工业生产方式的转变。例如，深层微观生产及太空生产都不可能由人直接参与，而必须依赖高智能化手段（智能化工具和智能化通信方式）来进行。

2. 纳米产业。它是由纳米科技催生的产业。纳米科技是在纳米尺度空间内进行操作的生产方式和工作方式，从物质层次上讲就是小分子、原子乃至亚原子层次。所以，它是能够实现人工创造和利用化学物质生产的关键科技，由此形成的产业化也必定是新工业产业体系中最核心的产业（当然，它离不开信息智能科技及产业化的配合和参与）。纳米科技是具有强大渗透力和扩张力的新科技，它的应用扩展到几乎所有新工业产业领域，例如，纳米信息技术、纳米生物技术、纳米材料技术、纳米环保技术、纳米太空生产技术等等。因此，纳米产业也不是一个孤立的领域，而是与新工业产业各领域具有较大的交叉性，例如，纳米材料业就既属纳米产业又属新材料产业，纳米电子元件就既属纳米产业又属电子信息产业，等等。这种渗透性、交叉性，不是表明纳米产业不存在，而是表明它的作用无处不在，它的确是新工业化生产中的主导科技和产业。

3. 生物产业。基因工程技术、蛋白质组技术等生物科技正在飞速发展并形成了大规模的产业化。生物科技离不开信息科技、纳米科技，它在本质上也属深层物质（分子、原子、亚原子）生产，是从深层上控制生命、创造生命、改造生命，是从化学层次入手向生命层次的转变，是人工化学、人工生命的生产，因此也属新工业产业的范畴。生物产业涉及的面也很广，农业、环保、医药等是其主战场，它还会影响到新材料、信息产业、太空开发等领域。生物科技及产业的最终目标是要达到创造生命、改造生命，这也会在新工业化进程中实现。所以，生物产业是新工业产业中的一个很重要的分支产业，具有远大的发展前景。但是，单纯靠生物产业还不能形成一场新产业革命，更不能形成一种新的生产方式和文明形态，在本质上它属于人工化学生产方式即新工业生产方式，它将与其他新科技新产业一起形成新工业化范畴的科技革命和产业革命。

4. 新材料产业。新材料是新工业化生产的物质基础，更准确地说，是新工业化生产的关键点。劳动对象和劳动产品的变化是物质生产方式转变的客观标志。在采猎时代，天然存在的动植物本身就是人类劳动的对象，而到了农业时代，动植物（粮食和牲畜）则成了劳动的产品，劳动对象发生深层次化转变，土地、草原成为劳动对象即生产粮食和牲畜的资源。同样道理，在工业时代各种天然化学物质材料（矿物原料和能源）是劳动对象，各种生产生活器具是劳动产品，而到了新工业时代，劳动对象又发生了深层次化转变，人们以亚原子、原子的微观粒子为劳动对象，实现了化学物质材料的人工创造和生产。这就是说，在新工业化生产中，化学物质材料不是生产的原料而是初级产品，并进入多级加工制造才最终生产成宏观器具。据一项权威性调查报道，在未来技术80个课题中，有关材料方面的课题在60%以上，这足以说明新材料在未来技术及其产业化中的突出地位。从这个意义上讲，新工业生产是十分凸显材料生产的，包括以各种先进方法生产出各种优异材料以及在深层循环生产中实现废弃物与资源的不断转变。材料生产的创新，从根本上创新了新工业化的物质生产。所以，新材料产业是新工业产业体系中的基础性产业，没有它就不会有新工业化生产。目前，新材料产业有一个庞大的阵容，如微电子材料、新型光电子材料、稀土功能材料、生物医用材料、先进复合材料、新型金属材料、先进陶瓷材料、高温超导材料、环保材料、能源材料、先进高分子材料、纳米材料、智能材料等等，在这些新材料的研发、生产中，涉及的物质层次日益深化，大都属于新工业生产范畴的新材料生产，属于新工业产业体系。从原则上讲，新工业化生产将把一切废弃物质作为再生产资源纳入循环生产，这需要从原子层次进行分解与合成。因此，新工业化生产中运用的材料大都要经历人工生产环节，包括新材料在内的人工材料产业将是最基本也是最大的新工业产业。

5. 新能源产业。新工业化生产的主导能源是比工业化生产主导能源（化学能源）更深层次的能源即物理能源，主要是太阳能和核能（太阳能也是核能），同时还包括水能、风能等，二次能源的电能也在其中。所以，新工业能源产业主要是太阳能产业、核能产业等。作为终端能源的电力产业也很重要，不仅水能、风能等不太重要的物理能源要转变为电力，就连太阳能、核能的利用主要也是转变为电力再进入生产生活的，因此，电力产业在新工业化生产中还会持续发展。我们应重视太阳能、核能的开发利用，并逐渐使其成为主导能源（在一次能源中物理能源比重＞50%），对此必须有清醒的认识，决不可固守于矿物能源的使用。还应看到新能源科技与太空科技的集成作用，看到太空能源的开发利用前景。各种资料表明，太阳能、核能的最理想开发地是在月球上，从新工业化能源发展战略看，建立月球能源基地在所必然。美国等发达国家已有所筹划，我国的能源发展战略也必须把建立月球能源基地放在突出的位置。可以这样说，中国乃至全球能源问题的最终解决，要依赖于月球能源基地的建立。

6. 生态产业。新工业化生产是生态化生产，主要依赖深层循环式生产来彻底克服废气、废水、废物造成的污染，并通过循环利用在一定程度上解决资源匮乏。生态化作为新工业化生产方式的基本特征，主要体现在各种生产活动中和各个生产环节上，此外，也需要专门的生态产业来彻底实现生产生活的生态化。从宏观上讲，生态产业包括环保产业和生态建设产业，前者的产业功能在防治各种污染以保护环境，后者的产业功能在加强生态建设、促进生态环境的优化即向积极的方向进化。目前，环保产业的发展是重点，这是因为工业化造成了严重的环境污染和生态恶化。环保产业包括以环境污染防治、资源综合利用为主要内容的环保设备和材料制造、技术开发、工程设计、咨询服务等相配套的产业体系。大力发展环保产业，重点在开发先进环保设备和技术，为实现清洁生产、清洁生活创造良好条件；其次要着力建设治理污染的各种企业，如废水处理厂、垃圾回收加工厂等，逐步实现废气、废水、废物的循环利用。生态建设产业也会发展起来。例如，对中国西部荒漠化的治理就需要专门的建设队伍、专门的投入，其产品与回报就是生态环境的优化，这也是可用货币计算的财富，可纳入GDP的增长之中，就像生态恶化应从GDP中减去相应损耗一样。从长远看，环境保护、生态建设不应成为新工业产业体系中的独立分支产业，而应使所有新工业产业的生产方式都实现生态化，资源深层循环利用率 > 50%。所以，生态产业既是新工业化生产中的"朝阳产业"，同时又是"流星产业"，作为独立产业的生命应该不会太长。否则，新工业化就不是真正的完全的生态化。

7. 太空产业。新工业化生产使人类物质生产活动从地球拓展到太空。在新工业时代，真正的世界强国，其标志主要体现在太空开发上。这就是说，21世纪及其以后的世界强国必定是太空强国，在太空开发中没有作为的国家，在地球上也不再具有突出地位。从物质生产的角度讲，太空资源主要包括轨道资源、环境资源和物质资源，太空产业就是围绕开发利用这些资源而形成的，包括航天工具的研制、航天活动的开展、太空生产的进行。太空产业一方面需要其他产业的支持，是各种技术的高度集成，同时又将促进其他产业的发展，形成太空产业与其他产业的有机结合。例如，太空新材料产业、太空新能源产业、太空生物产业、太空信息产业、太空制造产业等等。太空的开发不是一般空间的拓展，对于人类生活的发展和转变具有极深刻的蕴含，其中之一就是人类在太空的足迹已落在了智能机器的后面，高智能化机器将代替人去完成人所不能直接完成的很多事情。所以，太空产业的发展也包含智能产业的大发展，我们不要只盯在人的直接参与活动上，而应大力发展信息化智能化的太空事业。

8. 先进制造业。制造业伴随人类诞生而产生，但真正的大规模制造业是工业化的产物。从某种意义上讲，"工业"指的就是"加工制造"。新工业化并没有抛弃制造，而是使制造深层化，在微观层次开始制造：先是人工制造出各种优异材料或深层循环利用（分解合成）各种材料，然后再把它们制造成丰富、复杂的宏观物品，不论在制造的层次上、结构上、性能上、规模上都远远超越了工业化生产。我们所说的"先进制造业"，指的就是新工业化的制造业。先进制造业既存在于各种新工业产业之中，作为它们的小分支产业或基本生产环节，同时又会有专门的先进制造业领域，提供着共性技术和共性设备，或者某些共性的关键技术及其产业化发展成专门的先进制造业。例如，纳米制造就是先进的微观制造技术，它就会成为各种微观生产中的共性技术及产业。再如，利用新材料进行的宏观生产是先进的宏观制造技术，它们可能成为各种宏观生产的共性技术及产业。离开先进制造技术及产业，就不会有新工业化生产，我们必须高度重视智能化、深层化、循环化、太空化、主导能源物理化、新材料化的先进制造技术及其产业的发展。

三　中国新工业产业体系发展的战略对策

（一）确立新工业产业发展战略

要以新工业产业发展为动力，全面促进产业结构优化升级和国民经济的快速发展。确立宏观发展战略关键在于要有科学的进步的发展观，新工业化发展理论就是一种全新的发展理念、全新的发展思路。大量事实证明，新工业革命正在全球兴起，许多发达国家的发展步伐已迈入新工业化进程，它们并不是在工业化框架内寻求发展，而是突破了工业化而进入了新工业化。我们的发展观也必须走出工业化的桎梏，必须建立和坚持新工业化的发展观。近年来，正在发生全球化的产业转移与分工，日本的许多传统产业被转移到许多发展中国家从而发生了本国的"产业空心化"。起初，日本国内许多政治家、企业家感到十分恐慌，提出不少应对"产业空心化"的办法，其核心是防止和阻止传统产业转移。但后来逐渐意识到，这是全球产业重新大分工的必然，日本的正确抉择不是阻止这种转移，而是应大力开拓新兴产业、高科技产业，以新兴产业来重新充实国内的产业，从而调整国内的产业结构并提升日本在全球产业分工中的层次。这个事实表明，我们要想真正发达起来，决不能满足于搞传统产业，更不能满足于全球产业分工中的低层次化转移，要大力推进新产业革命。虽然我们还没有力量在短时期内摆脱产业结构落后的局面，但我们必须在发展战略上充分认识到新兴产业的重要地位与作用，宏观发展战略的制定必须要以推进新兴产业为主导，要尽快地使我国的经济结构、产业结构优化升级，以达到国民经济在数量和质量上都有大幅度的快速发展。对新兴产业要做深入分析，要充分认识它们与传统工业产业在性质上的根本不同，要从新工业化理念上把握新兴产业、新型产业、高科技产业，要具备新产业革命意识。在近代以来的三次工业化范畴内的产业革命中，我国失去了发展机遇，其根本原因就在于我们满足于农业文明而看不到新的文明革命展现的宏伟前途。目前正在发生的新工业革命不再是工业化范畴内的产业革命，而是突破工业化的新工业化变革，是更宏大的发展空间和历史机遇，我们切不可错失良机，以免重新落伍。实施新工业产业发展战略，需要制定新工业化产业指标，主要包括：（1）新工业产业产值占社会物质产业总产值比重＞50%；（2）资源深层循环利用率＞50%；（3）一次能源总量中物理能源比重＞50%；（4）物质生产业、生活服务业、科教文化业的劳动力各占社会总劳动力的1/3或物质生产业劳动力＜1/3；（5）逐步把太空开发能力作为新工业化的一个重要指标。

（二）政府推动战略

虽然确立新工业产业发展战略和走新工业化产业发展道路是全社会的事情，但要有效地实施新工业产业发展战略，则必须在政府的主导和积极推动下进行。这是因为，新工业产业往往是一些基础性、长期性、前瞻性的战略产业，它们的重要意义主要体现在国家层面上，即关系国家的发展前途及国家在全球竞争中的地位，而不一定在短期内直接影响到企业或个人层面的利益。美国政府和产业界曾把"关键技术"分为两大类，即"服务于国家利益的关键技术"和"服务于企业利益的关键技术"，同时，对这两大类关键技术的范围也在不断调整之中。这个事实表明，由于宏观领域的科技与产业是在国家层面上表现出战略重要性，往往市场机制不能完全发挥作用，这就需要政府进行积极干预，形成统一的坚定的国家目标和国家意志。新工业化范畴的科技体系与产业体系的发展都是事关国家宏观长远发展利益的，必须具备全球眼光和世纪眼光，如果不能形成明确的国家目标，缺乏长远规划和积极的战略安排，这就很难在全社会得到重视和发展。因此，发展新工业产业必须实施政府推动战略，要在国家层面上给予高度重视，要有全面的战略安排和运作框架，要有国家的持续支持和有效投入，要大力推动科技创新、产业创新和体制创新，要有积极的法规和政策引导与保障。只有在政府的积极推动下，新工业产业才会得到较快的发展，并逐渐得到社会尤其是企业界的认可，并最终成为全社会的关注热点。

（三）市场拉动战略

在新工业产业的开拓发展中，政府的作用在推动，但不能只有这一种动力，还应积极发挥市场机制的作用，这就是市场的拉动力。市场的拉动作用一方面需要政府的宏观调控去发掘；另一方面也来自新工业产业自身的巨大发展潜力，尤其是其市场潜力和经济效益潜力。所以，新工业产业的开拓与发展应以市场为导向（包括现实市场和未来市场），以创造财富为动力，积极推动社会经济的发展。在发挥市场的拉动作用中，要着力促进消费结构的优化。一切生产最终都要走向消费，这才会促进再生产，新工业产业的发展也不例外。优化消费结构，能有效扩大新的消费需求，特别是对高层次发展资料的消费需求，形成新的消费热点和经济增长点，促进产业结构优化、升级，即向新工业化转变，促进新工业化经济增长。

（四）科教兴产战略

新工业产业是高新技术产业，它们是以科技为先导的产业，没有科技创新、没有相应的新科技成果作支撑，就不会有新工业产业的发展。所以，必须大力发展科学技术尤其是新工业化科技体系，以科技兴产业，这才会真正保障新工业产业的不断开拓与发展。科技兴产，一是要重视新工业产品的研发，不断加大研发投入；二是积极推进科技产业化，保障知识产权，使新科技成果尽快商品化；三是大力倡导产学研结合，推动企业成为研发创新主体，尤其要大力推动高技术企业迅速壮大，成为发展新工业产业的支撑力量。要把新工业化科技体系的发展与新工业产业的发展密切结合起来，在产业发展中促进科技进步，在科技进步中促进产业发展。同时，必须重视教育的发展。教育是人力资源的开发与建设，只有国民素质的不断提高才能保障科技事业的发展，才能进而推动产业的发展。教育是科技与产业发展之基。所以，推动新工业产业的发展必须重视教育，要走教育兴产、人才兴产的道路。目前实施的科教兴国战略，包含科教兴新工业。兴国，在当今的时代就是兴新工业化，没有新工业化就没有国家的发达与富强。

（五）分层发展与跨越发展战略

中国的新工业产业发展要受到两方面因素的制约，一是中国目前尚未完全实现工业化，仍需建设工业化；二是世界上已兴起新工业革命，中国不能只局限于工业化进程，也不能等完全工业化之后再去建设新工业化，必须尽快走上新工业化道路。这两方面的国情决定我们必须实施分层发展战略，这就是一方面继续推进工业化；另一方面积极开拓新工业化。从产业结构上讲，工业化与新工业化是两个不同的产业层次，工业产业是低层次产业，新工业产业是高层次产业，我们应该根据产业结构的总体布局，采取分层发展的方法，有所选择地同时推进工业化与新工业化。在那些仍具生命力的工业领域，如钢铁产业、汽车产业、飞机产业等，继续谋求工业化发展。在那些失去或即将失去生命力的工业领域，如许多矿产业、旧材料产业、落后制造业，要积极开拓新工业产业，如大力发展新材料产业、先进制造业。在许多已经兴起的新工业产业部门，也应积极跟上，决不可落后。在许多关键性的前沿领域，我们则必须积极开拓，争取和保持领先水平。例如，太空开发一时难以成为具有较大经济效益的产业，但它事关大局，必须放在重要位置，决不能落后。从我国具体国情出发，可对工业化和新工业化的分层发展做如下安排：（1）21世纪前20年，是工业化实现期和新工业化开拓期；（2）2021—2050年，是工业化持续期和新工业化发展期；（3）21世纪后50年，是工业化转变期和新工业化实现期。分层发展的本质在于选择，选择的本质在于有的必须去做，有的可以减少或省略，这也就是跨越式发展。在历史上，采猎业的发展是一个重要的历史时期，随后是农牧业的发展，二者有联系，但也有断裂，发展农牧业不一定必须有发达的采猎业，采猎业的发展对农牧业的开拓主要在于积累经验，而不在于积累财富。从工业向新工业的发展也是如此。在今天的时代，工业在世界上已获充分发展，后发展国家可以通过学习而加快发展工业化，也可通过学习而对工业化进行选择，跨越一些不重要不必要甚至有害的工业化内容，直接奔向新工业化。西方国家在开拓工业化之初，也并未实现最发达的农业化（当时最发达的农业化国家是中国）。工业化更类似采猎业，是一种过分依赖自然资源的生产方式，更容易陷入生存危机与困境，我们选择新工业化也有防止陷入工业化危机的作用。所以，跨越式发展不仅具有必然性也具有不可忽视的必要性。

（六） 新工业园区示范战略

在具体实施新工业产业发展战略中，应采取建立新工业产业园区的方法，充分发挥示范作用，采取由点到面的步骤逐步推进新工业化。例如，目前许多生态工业园区就具有新工业产业园区的性质，它们大都采取循环生产方式，以克服资源匮乏和环境污染。但由于技术上的原因，目前还不能实现彻底的循环生产。待深层微观生产技术成熟时，它们能从微观深层次上实现循环生产，那就属于新工业化生产了。工业园区建设已经历了三代发展，目前已进入了新工业产业园区的阶段。我们应积极采取这种方式推进新工业化进程，这将是一种稳步可靠的，既有示范作用又有开拓作用的新工业产业推进模式。

　　新工业产业的发展过程是一个开拓创新的过程，是中国新工业化进程的核心。我们必须以与时俱进的精神状态和时不我待的紧迫感，积极探索新工业产业发展的新道路新方法，加快中国的新工业化进程。只有这样，中国才能在 21 世纪完成新工业化建设，最终实现民族振兴的伟大历史使命。

［参考文献］

〔1〕韩民青：《论新工业革命》，《光明日报》，2002 年 5 月 11 日。

〔2〕韩民青：《中国必须走向新工业化》，《科技日报》，2003 年 05 月 20 日。

〔3〕周光召，朱光亚主编：《共同走向科学》，北京：新华出版社 1997 年版。

〔4〕宋健：《制造业与现代化》，《光明日报》，2002 年 9 月 26 日。

〔5〕《2002 高技术发展报告》，北京：科学出版社 2002 年版。

〔6〕《2003 高技术发展报告》，北京：科学出版社 2003 年版。

专题报告4 中国新工业化循环经济发展战略

[提要] 资源匮乏、环境污染、生态恶化的工业危机，归根到底是由工业的"资源—产品—废物"的单向生产模式造成的，要克服工业危机，必须建立起"资源—产品—废物—再生资源—再生产品"的循环生产模式。完善的彻底的循环生产是新工业化的深层循环式生产，真正的循环经济属于新工业化的经济体系。新工业化循环经济的结构，包括循环生产技术体系、循环生产组织体系和社会循环经济体制。必须把建设循环经济纳入中国新工业化发展进程，确立中国新工业化循环经济发展战略，加强宏观调控，抓住关键环节，有计划有步骤地积极建设新工业化循环经济。

[关键词] 中国；新工业化循环经济；发展战略

一 新工业化循环经济的由来

（一）工业危机的表现与根源

自从 20 世纪 60 年代以来，人们就一直在反思工业生产方式的局限性。归根到底，工业生产方式给人类文明造成的危机和困境主要原因有两个：第一，资源日益匮乏与枯竭，包括原材料和能源；第二，环境污染日益严重，包括各种大量的废气、废水、废物对环境造成的污染和破坏。资源枯竭与环境污染导致了生态恶化，直接威胁着人类的生存和发展。

　　造成工业危机的原因，主要是工业生产方式自身的缺陷，首先是工业生产过程的单向性。工业生产是一种大量消耗自然资源、大量生产消费品并大量形成废弃物的生产，即"自然资源→产品→废物"的单向流动过程。在这个单向生产过程中，对自然资源的采掘和消耗日益增多，而自然资源毕竟是有限的，一旦生产所消耗的自然资源的数量和速度达到较高程度时，自然资源的储存量及再生过程就难以适应工业生产的需求，这就必然出现资源短缺乃至枯竭。在生产过程中以及生活消费中大量生成的副产品、废弃物则迅速增多并被抛弃到自然环境中，而自然环境又不能在短时期内消解这些废弃物质，这必然又对环境产生严重的污染。

　　目前，人们对工业生产单向性问题已有了较深入的认识。但是，我们在这里需要指出的是，对于工业危机的形成原因还不能停留在对工业生产单向性的认识上，我们还需要做更深入的分析与挖掘，这就涉及工业生产的根本性质问题。什么是"工业生产的根本性质"？这是一个至今未被人提及的问题，需要我们从更深的认识层次着手分析。

　　历史表明，人类是循着由浅入深的方向不断深化对自然物质层次的认识与改造，不同的文明形态归根到底是不同层次的物质生产力和物质生产方式。自然物质层次是自然界长期演化的结果，它有由低到高、由内到外的四个层次：基本粒子的物理物质→原子、分子的化学物质→细胞、机体的生命物质→人类。人类直接生存在生命物质层次上，人类生产活动的第一个历史时期就是在生命物质层次上展开的即生物文明时期。这个时期又形成了初级和高级两个阶段：初级阶段是"采猎天然动植物的时代"即采猎时代；高级阶段是"人工生产动植物的时代"即农业时代。人类生产活动的第二个历史时期是在比生命物质更深一个层次的化学物质层次上展开的，即进入化学文明时期。化学文明时期也有初级与高级两个阶段：初级阶段是"采掘利用天然化学物质的时代"，高级阶段是

"人工创造和利用化学物质的时代"。"采掘利用天然化学物质的时代"就是工业时代，它的本质特点是：对天然化学资源即矿物原材料和矿物能源的采掘、冶炼、加工、制造。没有对天然化学资源的采掘和利用就没有工业生产和工业文明。所以，工业危机中的"资源匮乏"并不是一般意义上的"资源匮乏"，准确地讲应是"天然化学资源（化学原材料与化学能源）的匮乏"；工业危机中的"环境污染"也不是一般性的"环境污染"，而主要是"化学污染"，包括化学性质的废气、废水、废固体物所造成的污染。通过对工业生产根本性质的分析即通过对工业生产所属物质层次的分析，可以更深入、更准确、更清晰、更具体地认识工业危机的实质与原因。

（二）工业危机的解决途径：深层循环式生产

弄清工业危机的实质与原因，对于如何解决工业危机也就有了比较明确的方向。

第一，建立循环生产模式。上文的分析表明，造成资源匮乏与环境污染的主要原因在于工业生产的"自然资源→产品→废物"的单向生产模式。显然，克服资源匮乏与环境污染的重要途径就是改变工业生产的传统单向生产模式，使其转变为"资源→产品→废物→再生资源→再生产品"的循环生产新模式。在这个循环生产过程中，生产和生活中的各种废弃物质都可经过再生资源环节而进入再生产。由于资源的循环利用，这就部分地或较大地克服了资源匮乏问题。同时，由于作为污染源的各种废弃物质进入再循环利用，也较大地克服了环境污染问题。然而，循环利用有一个层次问题，例如，一件废器具的循环利用，就可分为从整体到零件、再到仅作为一堆原材料，从宏观集合材料到分子、再到原子乃至更深层次的众多层次。分解的层次越深循环利用就越彻底，但在原子等微观层次上进行的循环生产已超出了工业性质的循环利用，所以，在工业生产的框架内还不可能建立起彻底的循环生产。

第二，建立人工创造和利用化学物质的深层生产方式以及相应的深层循环式生产模式。工业危机的彻底解决，必须依赖于建立比工业生产更深层次的物质生产方式，这就是"人工创造和利用化学物质"的生产方式。按上文所讲，它是比"采掘利用天然化学物质"的工业生产方式更深层次的生产方式，是化学文明的高级阶段，而工业生产方式是化学文明的初级阶段，因此，我们可以把"人工创造和利用化学物质"的生产方式叫作"新工业生产方式"。新工业化生产是比工业化生产更高级更深层次的物质生产方式：(1)它是从小分子、原子乃至亚原子层次开始进行的生产，它的劳动对象比工业生产的劳动对象（各种化学物质宏观集合物，如矿石、煤炭、石油等）处在更深层次上，由于它可以从原子乃至亚原子层面来利用各种资源，因而它所面对的资源更深入也更宽广，包括各种从工业生产层面已成为废弃物质的东西也都能成为新工业化生产的有用资源；(2)新工业化生产先是从微观层次生产各种人工化学材料，然后或把它们加工制造成微观器具，或把它们再集合成宏观材料以进一步加工制造成宏观器具，例如，纳米生产就属于这种深层化的新工业化生产。新工业化生产的根本特点是比工业化生产层次深，它所面对的资源（包括原材料和能源）更宽广，这就从根本上解决了工业生产的资源匮乏问题。但是，仅凭深层化生产还不能解决环境污染问题。环境污染的要害在于环境中增多了不该有的物质（主要是化学物质），只有把这些多余的物质纳入再生产过程才可能克服污染。所以，循环式生产模式仍是不可缺少的。但这不再是工业化的表层循环生产，而是深层化生产与循环式生产有机结合起来形成的新工业化的深层循环式生产。深层次、循环化的生产新模式，将彻底克服工业生产所陷入的危机与困境。

（三）真正的循环经济属于新工业化经济

循环利用的确有一个层次问题，只有深层次（从分子、原子乃至更深层次）循环利用，才能真正建立起循环利用体系，实现把各种废弃物质都作为原材料投入再生产之中。由此可见，只有深层循环式生产才是彻底的循环生产。但是，深层循环式生产不再属于"采掘利用天然化学物质"的工业化生产范畴，而是属于"人工创造和利用化学物质"的新工业化生产范畴。新工业时代，从一定意义上就是一种"循环生产""循环经济"和"循环型社会"，但这不是普通的"循环"，而是"深层次循环"，即从小分子、原子乃至亚原子层次进行的循环。这是因为，只有这种深层循环式生产才能真正实现"人工创造和利用化学物质"的新工业化生产。所以，能否大比例（高于50%）地深层循环利用各种资源乃是是否进入新工业化生产的最突出标志。

彻底的循环利用也不仅仅是一个生产过程问题，而是一个广泛的社会过程，是一个经济体制问题。从原则上讲，必须建立起完整的循环经济体制，形成一个自我完善的物质、能量循环运动过程，才能彻底克服工业危机。所以，循环经济属于新工业化经济体系，它是比工业经济体系更完善更进步的经济体系。事实表明，必须把建立循环经济纳入新工业化进程，明确提出建立新工业化的循环经济。新工业化的循环经济在克服工业危机的同时实现了真正的生态化，是发展与环保的统一、经济效益与生态效益的统一，也是资源综合利用、防治环境污染、可持续生产与消费的统一。

二　新工业化循环经济的结构

新工业化循环经济的结构有三个层面，即循环生产技术体系、循环生产组织体系以及社会循环经济体制。

（一）循环生产技术体系

建立循环经济的最基本环节是形成循环生产技术体系，没有能够实现循环生产的技术就不可能进行循环生产，更不可能建立起循环经济体系。循环生产技术，从根本上讲就是可以把各种废弃物质都能运用于再生产过程的技术，具体地讲应包括：（1）对废弃物质进行分解的技术（其分解的层次有浅有深，因此有浅分解技术与深分解技术）；（2）把分解成的要素重新生产成原材料的合成技术；（3）把再生资源进一步加工成各种生产生活器具的制造技术。在分解、合成、再制造过程中，需要针对废弃物质的不同性质而形成不同的分解、合成、再制造技术。当然，循环生产技术中也有共性技术、关键技术、专门技术的区分。循环生产技术并不等同于环保技术，尽管它们具有环保功能并在环保产业中广泛运用，这是因为，循环生产在新工业化生产中是一种新型的生产模式，普遍存在于各个产业、各种生产活动中，它是新工业生产技术的广泛集成和组合。例如，纳米技术、生物技术、新材料技术、新能源技术等等，都要参与到循环生产技术的集成中，才能形成彻底全面的循环生产技术体系。目前，循环生产的技术要素并不缺乏，主要是缺乏自觉的组合与使用。许多高效的循环生产技术也不断涌现出来。例如，据美国《发现》月刊2003年5月号文章介绍，在美国费城的一处试验工厂中已发明出一种高效率的高温解聚程序，可以把多种多样的生产生活废品研磨、加热、分解、制造成油、燃气和矿物质，目前已建立起一个商用规模的高温解聚工厂。循环生产技术的基本工艺过程是：制造易循环利用的产品→回收废弃物→高温解聚→高温焦化→制造出各种化学材料→再生产新产品。显然，这是典型的人工生产和利用化学物质资源的新工业化生产。在这种生产工艺中，实现了清洁生产、废物再利用以及大幅度减少天然化学资源消耗的生态化生产。

（二）循环生产组织体系

循环生产组织体系即循环生产体系，是对循环生产技术的应用和对循环生产活动的组织。循环生产体系是新工业化的生产组合，包括企业集团、企业之间、地区之间乃至整个社会产业体系和生产体系。循环生产体系的组合是按生态工业的基本原理进行的。生态工业的基本原理是工业生态学，它把生产体系和过程视为一种类似自然生态系统的封闭物质能量体系，其中一个单元产生的"废物"成为另一个单元的"营养物"。按这种原理建立的企业、企业集团就可以形成一个相互关联、类似于生态食物链过程的"工业生态体系"。生态工业追求生态效率，关注最大限度提高资源投入的生产力，努力降低资源消耗和污染物排放，实现环境和发展的"双赢"。循环生产体系以物质、能量梯次和闭路循环使用，把生态工业、资源综合利用、污染低排放乃至零排放等融为一体。

循环生产体系有多层次结构，从企业、企业集团、企业之间到地区之间、整个社会生产体系。目前，比较成熟的生产形式主要是生态工业园区，它是依据循环经济理念和工业生态学原理建立起来的一种新工业化生产组织。生态工业园区实际上是一个企业集团，在园区内一个工厂产生的废物或副产品被用作另一个工厂的投入或原材料，通过废物交换、循环利用、清洁生产等方法，最终实现园区的污染"零排放"。在发达国家，从 20 世纪 90 年代开始规划建设生态工业示范园区。美国的生态工业园区建设比较普遍，美国政府甚至成立了"生态工业园区特别工作组"。在我国，生态工业示范园区的建设也受到重视，并已建立起许多颇具特色的园区。生态工业的发展有一个深化过程，目前有的生态工业园区从事的仍属于工业层面的循环生产，这是尚不彻底不完善的循环生产技术及生产体系。只有运用新工业化的深层循环生产技术建立的循环生产体系，才能真正实现全面彻底的循环生产和生态化生产。所以，在建立循环生产体系中，务必注意其深层化水平，要努力建设新工业化水平的循环生产体系。

（三）循环经济体制

循环经济体制是在国家或社会层面上建构循环经济。它不仅包括生产环节，还包括流通、交换、消费环节，以及与生产、消费相关联的资源回收与再生产环节。它不仅体现在经济活动中，还体现为一系列政策、法规，体现在政治、思想观念、社会管理的各个领域。循环经济体制是一种经济大循环，包含产品、企业、社会多个层次。作为一种经济体制，循环经济是新工业化的经济活动体制，是社会大生产流程和生态化经济体制。循环经济的建立有一套基本原则，人们目前比较认同"3R原则"，即减量化、再使用、再循环，具有低投入、高利用、低排放、低开采等特征。在社会规模上贯彻循环经济原则，就要倡导把整个社会经济活动流程变成一个循环流程，形成一个相对闭路的物质能量流，倡导绿色消费，倡导减少对自然资源的开采与消耗，并把自然资源消耗减量化作为重要的经济社会发展指标。循环经济不是不谋求经济发展，而是不过度谋求经济的纯数量增长，注重经济质量，注重创造性价值的提高，努力实现社会进步与环境保护的双赢。例如，德国推行循环经济的结果，使GDP在增长两倍的情况下，主要污染物减少了近75%。在美国，钢的循环利用率已达较高水平，1999年生产的钢58%是来自废钢，制造业中使用钢最多的是汽车制造业，美国近乎所有废弃的汽车都被再循环利用。近年来，日本社会各界更是形成了共识，明确提出了"环境立国"、建立"循环型社会"的发展新理念新战略。1999年，日本内阁会议通过的《环境白皮书》提出了"环境立国"，表示要将21世纪定位为"环境世纪"以努力提高环境质量。2000年5月，日本参议院表决通过了《循环型社会基本法》，以立法的形式明确提出建立"循环型社会"。"循环型社会"的理念认为，世界上没有无用之物，一切废弃物都应被利用起来，要建立起与工业社会"大量开采、大量生产、大量消费、大量废弃"的生产生活模式不相同的"最佳生产、适量消费、最少废弃、循环利用"为特点的新型生产生活模式。应当说，建立"循环型社会"是具有极其深远意义的革命性观念，如果按这种观念去建立新的生产生活模式，必将导致社会的根本性变化。

从根本上看，新工业化生产和新工业化经济并不是一个绝对封闭体系，它的循环性主要体现在生命物质和化学物质层面上，重点在保护地球生态系统的安全与发展。新工业化作为"人工创造和利用化为物质"的生产方式，它将实现对生命物质、化学物质的创新，推动自然物质的积极演化，包括对地球之外天体的生态化改造，这就不是单凭在化学物质范围内的循环利用就能达到的，而需在更深物质层次的开放性生产与发展。热力学第二定律表明，封闭系统只能走向无序化，只有开放系统才能走向进化与发展。新工业化要从物质生产方式上提高人类的能力与发展水平，也离不开对自然物质系统的开放性吸收、改造和提升。

三　建设中国新工业化循环经济的战略对策

（一）坚定地选择新工业化循环经济

循环经济之所以会出现，首先是由于工业生产方式形成了资源匮乏、环境污染、生态恶化的严重危机与困境，中国作为一个后发展人口大国，工业危机局面更加严峻。事实表明，难以有充足的资源支撑中国的庞大工业经济，环境污染和生态恶化也要比其他国家严重得多，这决定了中国的发展必须摆脱传统工业化的单向生产方式而必须选择循环经济。其次，新工业化的深层生产为形成真正的循环生产、循环经济奠定了技术基础与产业基础，工业生产方式造成的危机和新工业化开拓的深层生产力必然导致人们选择建构深层循环式生产和循环经济，处在新工业革命兴起中的中国，要想克服工业危机和实现现代化发展，也必然会选择走新工业化的循环经济道路。在这里，没有别的选择，也不允许动摇，中国必须坚定地建设新工业化循环经济。

（二）确立建设循环经济的总体规划

第一，把建设新工业化循环经济纳入整个新工业化进程，作为新工业化经济体系建设的基本任务。新工业化建设有科技、产业、经济体制、政治体制、思想观念等多方面的任务，在经济体制建设中必须树立循环经济观念，走重质量、重生态、重创造、深层化、效率化、循环化、减量化的经济发展之路。第二，从中国国情出发，分阶段逐步实施循环经济战略。循环经济的实质是对自然资源（主要是化学资源）的减量化、限量化开发利用，如何建设循环经济要视国情而定。在工业化发达的国家，经济中的自然资源使用量已达到很高水平，资源存量基本上趋于稳定，对资源的循环利用基本上可以满足经济发展的需要，实行循环生产和建立循环经济也就容易得多。而处于工业化建设之中的发展中国家，由于需要进行大规模的基础设施建设，资源存量不足，可循环利用的资源也是有限的，单纯依靠循环生产满足不了经济发展的需要。目前，中国仍处在工业化建设之中，不可能完全依靠循环生产来满足经济发展对资源的需求。所以，中国还不能立即着手全面建设新工业化的循环经济。但是，这决不是说要等到完全工业化之后再去建设循环经济，而是应该逐步实施循环经济战略：（1）大力倡导循环经济，在一些污染严重的领域应马上着手建立循环生产体系，重点放在以循环利用来防治污染；（2）在一些自然资源紧缺而开发较大、社会中资源存量已较多、依靠循环利用可较好满足经济需要的领域，应坚决走循环生产的道路，重点放在以循环利用来满足经济需求；（3）随着新工业化科技生产与产业的发展以及工业化的基本实现，资源的社会存量已趋于稳定，就应毫不动摇地全面建设新工业化的循环经济；（4）新工业化循环经济要求资源深层循环利用率达到50%以上，必须努力达到这个基本指标，并不断提高到新的水平。

（三）强化科技支撑和确立建设重点

建设新工业化循环经济要有先进的科技支撑，这包括深层微观生产技术、清洁生产技术、资源综合利用技术、资源回收和再循环技术、资源重复利用和替代技术、环境监测技术，等等。必须抓住科技创新的环节，以科技突破来推动循环经济建设与发展。要抓好产业结构的优化升级，尤其要重视新工业产业的发展，从产业变革上大力降低化学资源的消耗和深层次资源的开发，实现少投入、高产出、无污染。例如，太阳能的开发利用属于深层化的物理能源，扩大对太阳能的使用和减少对化学能源的消耗，既可降低化学能源危机，又可减少使用化学能源形成的严重污染。还要抓住一些紧缺资源领域，加快循环生产、循环利用体制的建设。例如，淡水资源是我国经济发展中的紧短资源，目前对天然淡水的开发利用率已很大，污水废水排放量巨大，水环境污染很严重，因此，应大力实施水的循环利用战略，以循环利用的方式坚决克服水污染，并可在一定程度上缓解水资源紧缺。

（四）政府推动与市场拉动相结合

政府的推动作用主要表现为：（1）加强宏观调控，倡导循环经济观念，推动社会经济的循环化；（2）加大对建设循环经济的投入，尤其是科研投入，推动循环生产技术的研发与产业化；（3）建立和完善政策法规体系，健全激励机制，改革经济核算体系，建立"循环经济核算制度"，为循环经济的发展创造良好环境。在发挥政府推动作用的同时要积极发挥市场的拉动作用。要以市场为导向，大力推进循环生产的产业化和市场化，通过提高循环生产的经济效益来拉动循环经济。例如，污水的治理与循环利用可与自来水并入一套水产业体系，把污水的循环利用产业化、市场化，既可保障水污染的治理和循环利用，又可实现节约用水。

（五）积极发挥生态产业园区的示范作用

建设生态产业园区（或生态工业园区）是研发推广循环生产技术、建设循环生产体系的成功模式，要大力建设生态产业园区，充分发挥它的示范作用，积蓄经验，推广到社会，由点到面地建设循环生产、循环经济。生态产业园区的产业内容、具体运行模式应该多样化，要积极开拓新的建设思路和实践，扎扎实实地推进循环经济建设。

循环经济是新工业化建设的重要组成部分，必须从全面推进中国新工业化发展的高度加强循环经济的建设。要以循环经济的新生产方式和新经济发展方式来克服资源匮乏、环境污染、生态恶化的工业危机，并最终建立起包括循环经济在内的新工业化的完整经济体制。

[参考文献]

〔1〕韩民青：《论新工业革命》，《光明日报》，2002 年 5 月 11 日。

〔2〕韩民青：《中国必须走向新工业化》，《科技日报》，2003 年 5 月 20 日。

〔3〕莱斯特·R. 布朗：《生态经济学》，北京：东方出版社 2002 年版。

〔4〕王格芳，王成新：《循环经济推动可持续发展》，《学习时报》，2003 年 3 月 11 日。

〔5〕《2002 中国可持续发展战略报告》，北京：科学出版社 2002 年版。

专题报告 5　中国新工业化水资源发展战略

[提要]　中国的水资源问题主要有两个，一是淡水资源严重匮乏，二是水环境污染严重，它们已成为影响和制约中国经济社会发展的重大问题。我们必须从新工业化水资源观考虑水战略问题。新工业化的中国水资源战略，包括从新工业化视角所考虑的近、中、远期水资源战略。近期水资源战略是从目前就需要开始的，中远期战略也应从目前着手考虑，并逐步予以实施。总的讲，可分为四大水资源战略对策：(1)高效节水战略；(2)适度调水战略；(3)水循环利用战略；(4)海水淡化及其远程调用战略，最终要靠这个战略完全解决中国水资源匮乏问题。前两项本属工业化水资源战略，但本报告把它放在新工业化理念下予以审视，形成了有所调整充实的"适度工业化水资源战略"，后两项则完全属新工业化水资源战略。

[关键词]　中国；新工业化水资源观；发展战略

一　中国面临的水资源问题

淡水是一种有限的资源。淡水仅占全球总水量的 2.5%，而能开发利用的淡水仅占全球总水量的 0.1%。进一步讲，可利用的这点淡水单从总量看也是可以满足全球用水需求的，其主要问题在于水在世界各地的分布极不均匀。约 65% 的水资源集中在不到 10 个国家，而约占世界人口总数40%的80多个国家和地区严重缺水。水资源紧缺主要发生在人口压力过重、经济发展需水量超过水的自然供给能力，以及降水不足而形成的自然环境恶化的地方。在一个世纪的时间里（这是一个工业化飞速发展的时期），全球的淡水消耗增加了5倍，而更新的含水层只增加了2倍，含水层的更新速度远低于人口和经济增长速度。膨胀的人口需要大量的水，经济社会的发展需要大量的水，与提高人们生存质量相关而需要进行的大规模生态建设也需要水，显然淡水的紧缺将日益严重。据联合国统计，全球目前有14亿人缺乏安全清洁的饮用水，即平均5人中就有1人缺水。估计到2025年，全球将有近1/3的人口缺水，波及的国家和地区达40多个。所以，早在1972年，联合国第一次环境与发展大会就提出："石油危机之后，下一个危机是水。"1977年联合国大会进一步强调："水，不久将成为一个深刻的社会危机。"1997年联合国再次呼吁："目前地区性水危机可能预示着全球危机的到来。"这些事实充分表明：21世纪将是水的世纪，水是最紧缺的资源。

中国是被联合国认定为世界上13个最贫水的国家之一。我国淡水资源总量居世界第六，但人均占有量仅为世界平均值的1/4，位居世界第109位。有10个省市、自治区的水资源已经低于起码的生存线，有300多个城市缺水，其中110多个城市严重缺水。据估计，2010年后，我国将进入严重缺水期，2030年前的缺水量将达到600亿立方米。我国水资源的时空分布差异较大，加剧了一些地方水紧缺的严重程度。从我国水资源总的分布看，南方丰富，北方贫乏。长江流域及其以南的河川径流量占全国7大河流总径流量的84%，人均水资源高于全国平均水平。而黄淮海流域河川径流量只占全国的9.9%，人均水资源只有全国平均水平的15%，仅为世界平均水平的1/16。目前，北方地区河流断流现象普遍，就连中华民族的母亲河黄河从1972年至1998年的26年间就出现了21次断流，断流时间最长达到200多天；地下水严重超采，大面积的地下水位下降现象日趋严重。联合国亚太经合会的《2000 年亚太地区环境状况》报告，把我国北方地区与中亚的里海盆地并列为严重缺水地区。

我国尤其是北方地区水资源问题的表现及原因是多方面的。(1)天然水资源缺乏，降水量太少。北方地区属于半湿润、半干旱、干旱地区，大多数地区的多年平均降水量在 400～600 毫米，新疆地区多在 200 毫米以下。(2)经济社会发展、生产生活用水需求日益扩大，而水资源严重不足。中国是一个发展中人口大国，经济处于快速增长时期，GDP 的增长率将在一个较长的时期保持在 7% 以上，人口增长在 2030—2050 年间将达到最高峰的 16 亿—17 亿，这需要巨大的水资源作为不可缺少的保障。目前，全国缺水 300 亿立方以上，主要在北方。华北和西北地区耕地占全国 60% 以上，人口占 45% 以上，但水资源总量不到全国的 20%，水资源的紧缺正在严重制约着华北和西北地区的工农业生产和人民的生活。一般认为，由于缺水造成工业产值损失近 2000 亿元人民币，农业灌溉每平方米缺水也要损失 1 元，经济损失是巨大的。(3)水资源匮乏加之水资源开发利用率过高，致使生态环境严重恶化。生态环境和社会经济系统的耗水以各占 50% 为宜，但北方地区由于水资源匮乏而必然出现超量开发利用。目前全国水资源开发利用率平均为 20%，西北地区为 53.3%，其中甘肃、新疆的一些地方超过 70%，有的甚至超过 100%。北方尤其是西北地区已出现干旱缺水、河湖干涸、水土流失、植被退化等生态恶化现象，其综合表现就是土地的严重荒漠化。1999 年全国荒漠土地总面积已达 267.4 万平方公里，西北地区约 218.3 万平方公里，大面积的区域已不适合居住，更不用说发展。(4)水污染严重。目前中国工业和城镇生活的污水排放量已达 600 亿立方米，其中超标污水直接排放到江河湖海约有 300 多亿立方米，引起大范围污染现象，造成水质恶化和生态破坏。

总之，中国的水资源问题主要有两个，一是水资源严重匮乏，二是水环境污染严重，它们已成为影响和制约中国经济社会发展的重大问题，成为影响中国生态环境保护和优化的重大问题。我们审视中国 21 世纪的现代化发展，必须把水资源问题置于十分突出的战略地位。

二　新工业化的水资源观

面对水资源问题，我们既可以从传统的工业化视角去观察它，又可以从新工业化水资源观去审视它。

用工业化思路考虑水资源问题，主要有四个办法。其一是扩大采水，在降雨量不足的情况下，只有扩大开采地下水，但实践证明这种办法是无效的，甚至是有害的。其二是调水，先是从近处调水，然后是从远处调水，实践证明这种办法在短期和小范围内是有效的，但长远效果难以保障，更难以彻底解决水资源紧缺。例如，1983 年引滦入津，2001 年又引黄入津，结果仍是不能解决天津缺水。由于大规模的截黄、引黄，黄河已面临断流而演变成一条季节河、内陆河。现在的南水北调工程浩大，可在很大程度上缓解北方的水危机，但可以肯定地说，这种引水的作用也是有限的，既不能根本解决北方的缺水问题，又可能引来长江流域的一系列社会与生态问题。其三是节水。节水是对的，但经济社会的发展离不开增加对水资源的利用，节水始终是有限的。我国尤其是北方地区的水利用量在一个较长时期还要有较大提高，西北地区的生态建设、生态优化需水更是巨大的。所以，节水的办法也不可能解决水资源不足的问题。其四是水的污染治理。目前的水污染治理是一种被动行为，主要是由于水污染影响了社会生活而不得不治。这种污水废水治理行为肯定是有限的，难以从根本上改变水环境污染。此外，单纯的水污染治理往往不重视水的循环利用，只是"达标排放"而已，没有真正纳入水资源的开发视野。这些事实表明，在工业化思路中不可能彻底解决水资源问题，我们必须寻找新的思路。

新工业化水资源观就是一条考虑水资源问题的新思路，为了把握新工业化水资源观，我们必须先弄明白新工业化生产的一般特点和原则。新工业化作为一种不同于并且高于工业化的生产力和生产方式，其特点主要有四个。第一，新工业化生产是从小分子、原子乃至亚原子层次入手进行的物质生产，是实现了人工创造和利用化学物质的生产，是比工业化生产更深层次的物质生产方式，因而也是把更广大的自然资源作为生产资源的生产。第二，新工业化生产是深层循环式生产，它把工业化的"资源—产品—废品"的单向生产模式转变为"资源—产品—废品—再生资源—再生产品"的循环生产模式，整个新工业化经济体系也是循环经济体系，在新工业化生产中没有废弃物、没有污染，因而也是真正的生态化生产。第三，新工业化生产是太空化生产。第四，新工业化生产是智能化生产，它把工业时代的信息化推进到智能化水平。从这里可以看出，新工业化生产的一般原则是人工化学化、深层循环化、生态化、太空化、智能化，直接与水资源问题相关的主要是人工化学化、深层循环化和生态化的生产原则。

从新工业化水资源观认识水资源问题，首先，看到了水需求的进一步扩大。第一，社会用水要有大幅度地提高，不论是生产用水还是生活用水都会如此，这符合社会发展的一般规律。第二，生态建设用水成为新的重要用水项目。生态建设有时直接与人的生存环境相关，有时则是为了抵御自然本身的退化而采取的生态优化措施。例如，中国西北荒漠化的改造就需要大量的水，这是一种生态优化建设，并不完全是社会生活的直接需要。新工业化生产的生态化原则，并不简单局限于社会生活，而是参与自然演化的积极行动。显然，新工业化对水的需要会比工业化对水的需要增大得多。

其次，看到了水的新来源。水的传统来源主要有三个，一是收集地表水，二是采挖地下水，三是从外地水源调水。这三种水的来源都是天然存在的，对人而言都是从自然界现成取来加以利用的。但新工业化生产是深层次的人工化学生产，它将利用人工手段去开拓和创造新的人工资源和材料。从新工业化生产的这个基本原则来看，新工业化时代的淡水资源就不再局限于现成的自然淡水资源，而是拓展到人工创造淡水资源。"人工造水"并不是用氢和氧的合成来造水，而是把其他资源加工成可使用的淡水，显然，海水淡化应属"人工造（淡）水"的范畴。地球上的水主要以海水形态存在，海水淡化可以成为无限的淡水资源。从这个意义讲，海水淡化应是新工业化性质的淡水新来源。在新工业化视野里，我们应该把视线转向海水淡化这个无限的水资源，而不是只盯在天然淡水上。

再次，看到了水的利用新方式。新工业化生产是一种深层循环生产，在这种生产方式中，一切生产生活的废弃物都可以也都应该作为再生产的资源而不断进入循环生产，并作为再生产的新产品而被不断地循环利用。按这个思路看，对水的深层循环利用也是必然的。水的深层循环利用不是简单的污染治理，更不是"达标排放"，而是：（1）高循环利用率，使可以回收的废水污水的循环利用率达到80%以上；（2）高资源率，通过把废水污水作为生产资源加工生产成新的卫生用水以及相应的其他产品（如肥料等）。水的循环利用，一方面成为新的水资源，可以减少对自然水资源的开采，另一方面又防治了水污染，把废品变成了新的财富。

三　新工业化的中国水资源发展战略对策

新工业化的中国水资源战略，包括从新工业化视角所考虑的近、中、远期水资源战略。近期水资源战略是从目前就需要开始的，中远期战略也应从目前着手考虑，但可逐步予以实施。总的讲，可分为四大水资源战略对策，即"高效节水战略"、"调水战略"、"水循环利用战略"和"海水淡化（包括海水淡化及其远程调用）战略"。前两项本属工业化水资源战略，但本报告把它放在新工业化理念下予以审视，形成了有所调整充实的"适度工业化水资源战略"，后两项则属新工业化水资源战略。总之，它们都是在新工业化思路主导下确立的水资源战略。

（一）高效节水战略

目前，主要矛盾是水资源紧缺，但同时又存在严重的用水浪费。用水浪费的现象表现为：（1）农业用水方式落后，许多地方仍以大水漫灌为主，水的投入产出比较低；（2）工业用水效益偏低，与发达国家的工业用水效益差距仍较大；（3）城市生活用水浪费严重，许多地方几乎毫无节制，单单旧的西式马桶就浪费了巨量的水资源。所以，当务之急应实行高效节水战略，通过"节流"来增加水资源。高效节水的战略措施是：（1）要大力宣传高效用水节水的战略意义，在社会中普遍树立起高度的节水意识，倡导建立节水型生产生活方式，积极建设节水型社会；（2）加强节水科技研究，开发高效用水节水的生产生活器具；（3）建设高效节水的现代农业体系，改变传统的农业用水方式；（4）建设高效用水节水的企业，制定用水的技术指标；（5）制定高效用水节水的政策，以有效的制度保障高效节水战略的实施。一方面，我们要大力倡导高效节水，另一方面，也要认识到高效节水战略的局限性。从社会生产生活不断发展的大趋势看，对水的消耗总量只会提高不会降低，倡导高效节水的目的在于提高用水效率、减少不必要的浪费以及应付水资源的短期紧缺，而并不是从总量上减少用水。

（二）适度调水战略

从"开源"的角度，克服局部地区水资源不足的重要方法就是调水，通过改善水资源分布不平均的状况，把富水区的水调引到贫水区。但是，实施调水战略要通盘考虑，悉心规划，既要保障用水区确有水可用，又要保障调水源头区有水可调并维护其经济社会生态效益不受干扰和破坏。能够向外地调出的水是有限的，这不仅取决于源头地区的水资源总量，也取决于水资源的时空变动情况，更取决于长期形成的生态环境需水情况。因此，调水战略应是

"适度调水战略"，我们要牢记黄河过度用水、调水而造成的灾难性后果。具体地讲，适度调水的战略措施是：（1）实行多头调水工程，既有东北局部地区的北水南调、山东地区的西水东调，又有全国的南水北调，既有江（长江）、河（黄河）之间的调水，又有"江"（西部"四江"）、湖（黄河源头"两湖"）、河（黄河）之间的调水；（2）以南水北调为全国调水的骨干工程，这将较大改善华北和西北地区的严重缺水局面，提高资源的配置效率，促进该地区经济社会发展以及全国的协调全面发展，并在一定程度上缓解人与环境争水的紧张关系；（3）调水工程的重要性已被人们认可，但仍需进行科技创新，要科学调水，以便提高调水的经济社会生态效益，尤其要把调水、节水、防治污染诸环节工程统一协调抓好；（4）加强调水用水的科学管理，要实行产业化、市场化运作；（5）要尊重自然规律，尽量降低调水的负效应。

（三）水的循环利用战略

目前对水的循环利用是极有限的，主要是出于治理污染的考虑，因此这还不能算水的循环利用战略。深层循环式生产是新工业化生产的基本原则，一切物质资源与废弃物都应纳入深层循环生产，对作为紧缺资源的水的利用更不能例外。水的循环利用战略措施是：（1）充分认识深层循环式生产的必要性和必然性，积极建设循环经济和循环社会；（2）把循环生产模式运用于水资源的利用，切实建立起水的循环利用体系，不仅实现废水污水的清洁再利用，还要把其他废料转变成高效肥料等有用产品；（3）抓好水的循环利用科技创新，加大这方面的研发投入，努力把水的循环利用成本降低；（4）实现水循环利用的产业化和市场化，把被动污染治理变成能动的新工业化生产；（5）制定切实可行的用水政策，推动水的循环利用，逐步提高水的循环利用率，争取实现工业用水、生活用水的完全循环利用和零排放。

（四）海水淡化及其逐步西调战略

新工业化水资源战略的核心是海水淡化工程，海水储量对于人类生存和发展（包括生态建设用水）而言可以说是无穷尽的，要彻底地解决水资源紧缺，最终的办法只有走海水淡化之路。我国实行海水淡化战略的理由和条件是：（1）海水淡化是"人造淡水"，完全符合新工业化的生产方式和经济模式，是人类用水的必由之路，不是可利用可不利用的问题；（2）在我国，地下取水已受到越来越多的限制，跨流域调水则随着距离延长而成本变高并有其他诸多负面影响，最根本的是这些措施并没有增加淡水总量，全国淡水紧缺的问题仍不可能解决，相反，我国属海洋大国，海岸线总长32647公里，海水资源极为丰富，开发海水淡化可以彻底解决我国淡水资源紧缺的问题；（3）目前，利用海水淡化来解决水资源问题已成国际共识，无论是中东产油国家还是西方发达国家都建有相当规模的海水淡化厂，沙特、以色列等中东国家70%的淡水资源来自海水淡化，美国、日本、西班牙等发达国家为了保护本国的淡水资源也竞相发展海水淡化产业，世界上海水淡化市场的成交额已达数百亿美元；（4）我国是继美、法、日、以色列等国之后研究和发展海水淡化先进技术的国家之一，已拥有较成熟的海水淡化技术，如蒸馏法、膜法，有的企业还开发出太阳能海水淡化装置，使水价大大低于自来水成本，沿海地区现已涌现出一批效益较好的海水淡化企业；（5）海水淡化市场广阔，国内外市场规模巨大，水业将是21世纪最大的行业，是全球范围的朝阳产业。我国海水淡化战略的措施是：（1）充分认识走海水淡化之路的必然性与必要性，把海水淡化放在21世纪中国水资源战略中的突出位置；（2）进一步推进海水淡化的关键科技创新，改革工艺，降低成本；（3）制定政策，加大投入，保护和推进海水淡化产业，努力提高淡化水在水市场中的份额；（4）制定切实可行的海水淡化及其逐步西调的长远发展规划，到2020年沿海城市要依靠淡化水基本解决水资源紧缺问题，到 2040 年沿海省份要广泛利用淡化水，到 2060 年华北内陆省份要广泛利用淡化水，到 2080 年后，淡化水在西北地区达到广泛使用，并最终通过"海水淡化、逐步西调"来改善西北地区的自然环境，再造西北秀美山川。总之，利用一个世纪的时间，主要通过海水淡化战略的实施而彻底解决中国水资源匮乏的问题。这也是 21 世纪中国新工业化进程的一项重大战略任务。

[参考文献]

〔1〕韩民青：《中国必须走向新工业化》，《科技日报》，2003 年 5 月 20 日。

〔2〕《中国环境与发展评论》第 1 卷，北京：社会科学文献出版社 2001 年版。

〔3〕钱正英：《关于西北地区水资源配置、生态环境建设和可持续发展研究项目成果的汇报》，《光明日报》，2003 年 2 月 27 日。

〔4〕安叙伦，解利昕：《21 世纪的朝阳产业——海水淡化》，《给水排水杂志》，2001 年第 27 卷网络版。

〔5〕《我国海水淡化技术获新进展》，《科技日报》，2002 年 4 月 23 日。

专题报告6 中国新工业化能源发展战略

[**提要**] 面对严重的能源问题制定可靠的能源发展战略，要求我们必须在能源观上有所创新，能够更深刻地揭示和把握能源发展的根本趋势。工业化能源观的主要特点就是把视野始终局限于化学能源范围内，看不到主导能源的新转变，也不积极地变革主导能源。正确的选择是，树立新工业化的能源观，在新工业化能源观指导下考虑和制定我们的新的能源发展战略。新工业化的中国能源发展战略，最终是要建立以物理能源为主导的新工业化能源体系，但是这需要一个过程。所以，新工业化中国能源发展战略是从解决当前中国能源问题开始而逐步向新工业化能源目标推移的，它包括五项战略对策：(1)节能治污战略；(2)能源多元化战略；(3)太阳能开发利用战略；(4)核能开发利用战略；(5)月球能源基地开发战略，这是最终解决中国乃至世界能源问题的根本途径。

[**关键词**] 中国；新工业化能源观；发展战略

一 中国面临的能源问题

能源是支撑人类文明大厦的重要支柱。人类文明形态是不断演进的，能源形态也是不断演进的，不同的文明时代开发和利用不同的能源。这是一条客观的历史发展规律。

当代人类仍处于工业时代，并正向新工业时代转变。与此相对应，当代人类的能源也出现了复杂的情况：第一，由于仍处于工业时代，所以，今天的人类使用的主导能源也仍然是工业化能源（即化学能源，主要有煤、石油、天然气）；第二，又由于人类已开始向新工业时代转变，因此，工业化的主导能源出现了危机（表现为化学能源匮乏及其造成的严重污染），新工业化的主导能源（即物理能源，如核能、太阳能等）开始崛起，已显示出巨大的潜在生命力，但远未成为主导能源。这就是目前全球面临的能源问题的实质，也是中国面临的能源问题的实质。

从目前世界能源消费结构看，在一次能源中石油约占1/3，煤约占1/4，天然气约占1/5，这就是说，人类目前的能源消费3/4以上是矿物燃料（化学能源）。其次是传统燃料，如木材、畜粪、秸秆等约占10%，水电约占8%，核电约占7%，其他能源如太阳能、风能、地热能等仅占2%。可见，至今世界经济的持续发展实际上是建立在矿物燃料尤其是石油的稳定供应上。然而，矿物燃料尤其是石油储量有限，这必然走向能源危机，从而引起经济衰退。这是目前世界能源的最大隐患。另外，矿物燃料引起的环境污染也日益严重，废渣、废水、废气严重污染了大地和天空，并造成了可怕的温室效应，迫使人们不得不投入大量资金来治理污染，但这并未有效地扼制住生态恶化的趋势（当然并非只是能源污染造成的）。

中国面临的能源问题更加严峻。

首先，中国属于能源匮乏的国家，人均能源不足、能源消费量低，随着经济社会的发展，能源紧缺日益严重。世界煤炭储量为9842亿吨，中国为1145亿吨，占世界储量的11.6%，居世界第3位。世界石油探明可采储量为1434亿吨，中国为38亿吨，占世界储量的2.6%，居世界第10位。世界天然气可采储量为146.4万亿立方米，中国为1.37万亿立方米，仅占世界储量的0.9%，居世界第18位。此外，我国水能资源丰富，居世界第1位，但大部分集中于西南部较难开发的地区。按煤炭、石油、天然气和可开发水能资源这几项常规商品能源资源折算成标准煤量，世界的能源总量大约是 1.45 万亿吨标准煤，中国是 1551 亿吨标准煤，占世界总量的 10.7%，但中国的人均能源占有量只有 135 吨标准煤，只相当于世界平均数的 1/2。我国人均商品能源消费极低，约为世界平均值的 1/2，美国的 1/10，人均生活用电仅为美国的 2%。由于经济的快速发展，能源紧缺状况越来越严重。我国自 1993 年从石油净出口国变为净进口国以来，石油进口依存度呈上升趋势。1993 年石油净进口量为 920 万吨，2000 年已达到 7000 余万吨，进口依存度达到 30%。各种预测表明，在 2030 年—2050 年，我国人年均能源消耗达 2000—3000 公斤以上，只是目前英、德、法等国家的 1/2 以下，即使这样，全国能耗总量也将高达 40—50 亿吨标准煤以上。显然，我国的资源难以支撑这样的能源消费，我国的环境容量也难以"消化"这样庞大的能源系统排放。

其次，能源消费造成的污染日益严重。我国是世界上少数几个能源以煤为主的国家之一，世界一次能源消费结构中煤仅占 26.7%，而我国则达 71.6%（1998 年），比世界平均值高出近 45 个百分点。煤的开发利用给环境带来严重的污染。电力工业每年将约 200 万吨的粉煤灰排放进江河湖泊中，电力工业与蒸汽热水供应业以及矿业占全部工业固体废物的 60% 左右，主要是煤矸石、炉渣和粉煤灰。我国二氧化硫的排放量居世界第 1 位，酸雨的覆盖面积已达国土面积的 40%；二氧化碳的排放量仅次于美国，占世界第 2 位。在这其中，燃煤造成的二氧化硫及总悬浮颗粒物的排放量分别约占 85% 和 70%。就对人们的健康以及造成的损失而言，空气和水污染的代价已达数百亿美元，占全国国内生产总值的好几个百分点。

总之，中国面临的能源匮乏和用能污染形成的能源问题是严重的，它已成为影响我国经济社会持续、快速、稳定发展的巨大隐患。这迫使我们不得不认真考虑我国切实可行而又富有远见的能源发展战略。

二　新工业化的能源观

面对严重的能源问题制定可靠的能源发展战略，要求我们必须在能源观上有所创新，能够更深刻地揭示和把握能源发展的根本趋势。能源问题，从根本上讲是一个文明演进和生产方式变革的大问题，这是不依人们主观意志为转移的。例如，在开发新能源问题上，到底能否开发新能源？什么是新能源？应该如何开发新能源？要回答这些问题，必须在正确的能源观指导下，具体而又深入地分析科技发展水平、生产力形态及其相适应的能源形态、能源开发方式等问题。随机的猜测、假象的掩盖、迫于眼前形势的压力、传统的生产方式和能源对象等，都阻挡着我们难以看清当前能源问题的本质和解决的正确办法。所以，我们必须坚持正确的进步的能源观。

就能源观而言，目前有工业化的能源观，也有新工业化的能源观，前者倾向于保守，而后者倾向于开拓。工业化本质上是"采掘和利用天然化学物质（原料与能源）"的生产方式，在能源上，工业化的主导能源是化学能源，煤、石油、天然气等各种矿物能源都属化学能源。所以，工业化能源观的主要特点就是把视野始终局限于化学能源范围内，看不到主导能源的新转变，也不积极地变革主导能源。显然，工业化能源观已经落后于时代的步伐，它不利于我们制定积极的开拓性的能源发展战略。正确的选择是，树立新工业化的能源观，在新工业化能源观指导下考虑和制定我们的新的能源发展战略。那么，新工业化能源观是一种什么样的能源观呢？

为了准确把握新工业化能源观，我们必须先弄清楚新工业化生产的一般特点。新工业化生产的一般特点是：第一，新工业化生产是人工创造和利用化学物质的生产，是比工业化生产更深层次的物质生产力和生产方式，这既包括更深层的物质原料，又包括更深层次的能源；第二，新工业化生产是深层次循环式生产，也是真正生态化的生产；第三，新工业化生产是太空化生产；第四，新工业化生产是高度智能化的生产。总之，新工业化生产是比工业化生产更高级的生产力和生产方式，新工业时代是比工业化时代更高级的文明形态。事实证明，工业化生产方式已陷于资源日益匮乏、环境污染日益严重的发展困境，新工业革命已经兴起，新工业化生产力和生产方式正在蓬勃崛起。

从新工业化生产方式的上述基本特点看，新工业化能源观应该包含如下内容和原则。第一，新工业化生产的主导能源是比工业化生产的主导能源更深层次的能源，既然工业化生产的主导能源是化学能源，那么新工业化生产的主导能源就应是物理能源，如核能、太阳能等。按这个原则看，是否开发和利用新能源，并不完全取决于旧能源资源是否已枯竭，新的生产方式必然开发和利用新的能源，这是生产方式变革在能源形态上的表现。例如，农业生产的主导能源是柴草等生物质能源，当农业化生产向工业化生产转变时，即使有再丰富的柴草，工业化生产也必然会开发和利用煤炭、石油等化学新能源，而决不会仍停留在只烧柴草的能源水平上。这就告诉我们，走新工业化道路决不可满足于化学能源，必须开发物理新能源，核能、太阳能等物理能源是比煤炭、石油、天然气等化学能源更高级的能源形态。在中国 21 世纪的新工业化进程中，一次能源总量中物理能源比重应逐步超过 50%，最终成为主导能源。第二，新工业化生产作为深层循环式生产和生态化生产，它所利用的能源必然是洁净能源，必然在循环生产中高效率地利用能源，不再存在能源浪费和用能污染。第三，新工业化生产作为太空化生产，它的能源开发和利用也不再局限于地球上，开发和建立太空能源基地是必然的也是必要的和完全可能的。第四，新工业化生产作为比工业化生产更高级的生产力和生产方式，还必然会开拓出更新更高级的用能方式（包括用能技术、用能工具和用能方法），这必将会形成社会生活的更大变化和飞跃，形成全新的人类文明。

三　新工业化的中国能源发展战略对策

新工业化的中国能源发展战略，最终是要建立完善的新工业化能源体系，但是这需要一个过程，需要从目前的工业化能源基础逐步走向新工业化能源目标。所以，我们下面所阐述的新工业化中国能源发展战略对策，也是从解决当前中国能源问题开始而逐步向新工业化能源目标推移的。

（一）节能治污战略

面对当前严重的能源匮乏和用能污染问题，应实施节能治污战略，大力倡导节约能源和积极防治污染：（1）从中国的国情出发，要十分珍惜各种资源，不能简单模仿发达国家的生活方式和用能方式，要大力提高用能效率，坚决克服各种浪费能源的现象，从保障能源安全的战略高度坚持不懈地抓好节约用能；（2）努力克服能源生产和消费中的污染现象，尤其要重视清洁用煤，应该发展以电气化为中心的一次能源转化道路，把煤高效、洁净地转化为电、油、气终端能源，建构资源—能源—环境一体化的循环生产体系，使发电、化工产品生产、液体燃料生产、供热、供煤气有机地结合起来，大幅度地降低煤炭消耗和污染物排放。

（二）能源多元化战略

矿物能源尤其是石油资源已面临枯竭，应该努力探索新的能源。从根本上讲，新的主导能源将是核能、太阳能等物理能源，它们将清洁、高效、持久地满足社会用能的需要。但是，从以石油为主导的时代到以物理能源为主导的时代将有一个过渡期，在这段过渡期中将出现能源多元化的局面。所以，面对全球石油即将枯竭尤其是我国石油资源紧缺的严峻形势，我们必须努力开发新的能源，并在形成新的主导能源之前实行能源多元化战略：

（1）大力开发和利用各种能源，如煤炭、天然气、氢、水能、风能、太阳能、核能、生物质能等，不要局限于少数甚至一种能源上，尤其不要只盯在石油上，以防石油危机而引发经济社会危机；（2）根据我国实际情况，可把清洁、高效用煤和开发水力发电放在侧重的位置上，还应重视我国天然气的勘探、开发和利用，但不要期望把天然气作为独立的新主导能源，应坚持过渡期的能源多元化；（3）要重视和积极开发利用太阳能、核能，在过渡期内，它们还只是众多能源中的一员，并且至今仍不突出，但应看到它们的远大发展前景。

（三） 太阳能开发利用战略

（1）太阳能具有清洁、持久的特点，在节能治污战略中和能源多元化战略中也都有重要位置和作用，因此，实行太阳能开发利用战略首先应重视和继续发挥太阳能在上述两个战略中的重要作用，实际上，太阳能的开发利用在初期也主要是从节能治污、能源多元化的角度考虑的，真正的太阳能开发利用战略是在化学能源逐渐失去主导地位时才开始被认真考虑的；（2）从新工业化的能源观看，物理能源肯定会继煤炭、石油、天然气等化学能源之后成为新的主导能源，这是新工业化生产方式在能源形态上的根本标志。从目前的科技水平看，新工业化生产中发挥主导作用的物理能源将主要是太阳能和核能，太阳能实际上也是核能（太阳中的核聚变释放出的能量）。核能是亚原子层次物质释放的能量，处在比矿物燃料分子释放的能量的更深层次上，因而是人类开发使用的更高级能量形态，是与新工业化生产方式相对应的主导能源，我们必须从工业文明向新工业文明演进的历史大趋势上认识太阳能的重要地位与作用；（3）太阳能是地球上资源最丰富的能源，既无污染又是持久的，但缺点是能量密度太低，只有 $1kw/m^2$，还要受气候影响。因此，对太阳能的有效开发和利用需要一个过程，要广泛拓展利用太阳能的方式，在日照时间长、居民分散的地区适合发展太阳能电站，在居民集中的地区则可倡导"阳光屋顶工程"，如美国的"百万屋顶"计划、德国的"十万屋顶"计划以及日本"1600个屋顶"太阳能电池系统。最有前途的可能是在太空建立太阳能发电系统，这也是我们必须考虑的。在太阳能的开发利用上，我们必须要有战略眼光，要盯住国际上先进的太阳能开发利用技术，抓好引进、吸收以及自身的创新，决不能在战略性的新能源开发上落伍，这会影响我国的新工业化进程。

（四）核能开发利用战略

对于核能的重要性，人们是有共识的，但对它能否成为主导能源，人们至今仍不能确定。原因主要有两个，一是目前核能开发利用技术还不成熟；二是核能利用的安全隐患招致人们的担心。我们认定核能必将成为新的主导能源，既是从新工业化生产的本质和能源发展规律上来审视的，也是从对目前工业化能源危机、新能源发展趋势以及核能开发利用的现状与潜力的具体分析中得出的。我们要积极稳妥地实施核能开发利用战略：（1）充分认识核能开发利用的必然性、必要性和紧迫性，富有远见地制定好核能开发利用规划。目前，世界核电的发展已具相当规模，发电量已占全球发电总量的1/6。到1999年年底，世界上有433座核电厂在运行。西欧150座核电厂所生产的电力占该地区电力供应的30％，北美118座核反应堆提供了美国20％、加拿大12％的电力供应。中国发展核电起步于20世纪80年代，目前我国核电的运行机组已发展到7台，装机容量540万千瓦，在建4台机组，2005年前投产使用，届时核电总装机容量将达870万千瓦，占全国总发电量的3％左右。同时，从这里也可看出我国核能发展还比较落后，与发达国家还有较大差距。在发展核能上，我们决不可犹豫，更不能满足于矿物能源的开发利用，必须下大气力发展核能，力争尽快成为核能开发利用强国；（2）努力研发先进的核能开发利用技术，争取在热核聚变技术的研发上有突破性进展，要关注这方面的国际动态和成果，并积极参与国际合作。据估计，核能的开发利用将在 2050 年前后实现大的突破，21 世纪下半叶将逐步成为主导能源，我国的核能发展必须赶上这个全球大趋势，并力争居于领先地位。

（五）月球能源基地开发战略

新工业化的能源发展战略应以建立月球能源基地为最高目标。这是因为，作为新工业化生产主导能源的太阳能、核能资源在地球上都不太理想，一是地球上的太阳能密度太低，二是最理想的核能资源 3He 在地球物质中浓度极低；与地球相反，在月球土壤中含有丰富的 3He 资源（$1km^3$ 月壤中的 3He 就可超过地球天然气中的全部 3He），月球从太阳获得的发电能力高达 13000 垓瓦（而 2050 年时的地球人类只需 20 垓瓦）。所以，在月球上建立太阳能发电厂和核能发电厂来满足地球人类的能源需要是再理想不过的新能源开发方案。这并不只是一个理想，而且是切实可行的。美国科学家对此已研究多年，美国的重返月球计划也重在探测月球的各种资源，并试图加以开发利用。可以肯定地说，人类在 21 世纪必定建成月球能源基地，并必定以此来彻底解决人类的能源需求问题。对于这个能源发展的大趋势，我们决不能无动于衷，我们必须做到：（1）尽早把探测和建设月球能源基地纳于我们的能源开发战略和太空开发战略，作为实现新工业化的重大工程和能源开发的最高工程确定下来；（2）积极开展建设月球能源基地的研究，把新能源科技、新材料科技、太空科技、信息智能科技、纳米科技的研发有机结合起来，实现联合攻关，把建设月球能源基地直接纳于月球探测的太空计划中，使月球探测更具实用价值和效益；（3）积极开展国际合作，建设月球能源基地不是一个国家的事情，要倡导多国合作，努力实现国家利益与全球利益的统一。

（六）终端用能方式开发战略

开发能源不是目的，目的在利用能源于生产生活之中。如何使用能源，包括用能技术、用能工具、用能方法的发展，是涉及社会生活、文明水平的大问题。目前，不论是使用煤、石油、天然气，还是使用水能、太阳能、核能，最主要的方式都是通过把它们转变为电能之后再加以利用，因此，从用能方式的实质上讲这都属于"电器时代"，就连"信息化"的关键技术电子计算机也是一件"电器"。可以预想到，随着新工业化主导能源的开发，用能方式也会出现变化，比"电器化"更高级的用能技术、用能工具、用能方法也必然会被开拓出来，而这会带来一系列更大的社会变革。关注和重视用能方式的变革与创新，也应成为新工业化能源发展战略的重要内容。

（七）实施新工业化能源发展战略的主要措施

为了保证新工业化能源发展战略的成功实施，必须积极地采取以下措施：（1）大力推进自主科技创新，努力使我国能源开发利用科技居于世界前列，以科技创新来克服能源开发利用中的技术瓶颈，要把科技创新置于实施各项能源战略的首要位置，要不断加大能源发展中的科技创新投入；（2）要重视科技集成，充分发挥各种高新技术在能源开发利用中的作用，开发利用新能源决不仅仅是能源科技的任务，尤其像建设月球能源基地这样的事情，更离不开各种科技的集成；（3）要充分发挥政府的作用，政府在开发利用新能源上担任着关键角色，政府要通过制定政策框架、市场框架和技术框架来促进新能源的开发利用，保障新工业化能源发展战略的实现；（4）积极推进新能源开发利用的产业化、市场化，使新能源产业成为新的经济增长点和支柱产业，并以市场化拉动新能源的开发利用；（5）积极开展国际合作，包括科技合作、开发合作、经济合作，这是顺利实现新工业化能源发展战略的一个重要条件。

[参 考 文 献]

〔1〕韩民青：《中国必须走向新工业化》《科技日报》，2003 年 5 月 20 日。

〔2〕《中国环境与发展评论》第 1 卷，北京：社会科学文献出版社，2001 年版。

〔3〕《2002 高技术发展报告》北京：科学出版社，2002 年版。

〔4〕范维唐：《我国能源新世纪面临的挑战》，《光明日报》，2001 年 11 月 19 日。

〔5〕周光召、朱光亚主编：《共同走向科学》，北京：新华出版社 1997 年版。

专题报告 7　中国新工业化材料发展战略

[提要] 人类生产中的资源是随着物质生产方式的发展而不断变化的，其规律就是循着作为劳动对象的自然物质层次由浅入深的变化。在新工业化生产中，原材料从工业化生产时的天然矿物质向元素物质深化。中国材料资源的问题不是孤立的，它是当今世界资源匮乏、环境污染严重的一部分，属于工业危机的范畴。新工业化的中国材料发展战略，包括矿产资源合理开发与节约战略、材料资源循环利用战略、深层原材料资源开发战略以及人工新材料发展战略。

[关键词] 中国；新工业化材料观；发展战略

一　新工业化的材料观

材料和能源是人类物质生产的两大要素。工业生产方式造成的资源危机，包括能源枯竭、水资源短缺，也包括原材料匮乏。《增长的极限》一书在 30 多年前就提醒人们：地壳含有大量原料，但不是无限的，现在我们已经看到，一个按指数增长的量多么突然地接近确定的上限。工业生产对资源的利用方式，还造成了另一种危机，这就是环境污染严重。还是《增长的极限》说得对：人类文明的废料可以在环境中集结，直到它们变得可以看见，令人烦恼，甚至有害，于是，污染成为这个世界系统中另一个按指数增长的量。

资源危机的本质是物质缺乏，环境污染的本质是物质多余，这一多一少实际上只是工业化生产方式视野中的变化，若从物质深层组合元素和总量上看并没有什么变化。而这从更深层次看到没有变化的视野就是新工业化生产方式的视野。《增长的极限》的不足之处，就在于没有历史地认识资源，没有看到人类生产中的资源是随着物质生产方式的历史发展而不断变化的，其变化的规律就是循着作为劳动对象的自然物质层次由浅入深的变化（见下表）。

人类文明及生产方式的演进

时代\内容	生物文明		化学文明	
	采猎时代	农业时代	工业时代	新工业时代
主要特点	采集果实、捕鱼、狩猎	种植庄稼、养殖牲畜	采掘矿藏、制造机械	微制造、循环生产、太空开发
生产方式	劳动对象： 野果、野兽、水生物 劳动方式： 采集、渔猎 劳动产品： 果实、猎物	劳动对象： 土地 劳动方式： 种植、养殖、手工制作 劳动产品： 粮食、牲畜、手工器具	劳动对象： 自然矿藏 劳动方式： 采掘、冶炼、制造 劳动产品： 天然化学材料和能源及加工制造产品	劳动对象： 循环利用的原子小分子材料 劳动方式： 微制造、深层循环生产、航天 劳动产品： 人工化学材料及加工制造产品、太空开发
生产技术	石器、骨器；人力	金属工具；畜力、薪柴	机械；化石能源	智能化机械；物理能源

　　从表中可以看出，在生命物质层次上人类建立过两种文明形态即采猎文明和农业文明，在化学物质层次上人类已经建立了工业文明，还将建立新工业文明。工业化生产本质上是"采掘和利用天然化学物质"，工业文明之后的人类文明新形态是新工业文明，它的物质生产本质上是"人工创造和利用化学物质"。虽然工业文明和新工业文明都属于化学文明，但二者触及的物质层次还是有差别的，新工业化生产是在比工业化生产更深的物质层次上展开的。在工业生产中，天然化学物质（各类矿物）是劳动对象，工业生产就是把各类矿物作为生产的前提和开端的，经过采掘、冶炼、加工、制造等环节，最后生产出各种工业产品。工业生产中出现资源匮乏，实际上就是作为生产前提和开端的天然化学物质（包括化学能源和原材料）发生短缺。其实，历史上人类的采猎生产之所以转变为农业生产，根本的原因也就在于作为采猎对象的野生动植物因环境的变化和人类生产能力的提高而发生短缺，人类才把生产的链条向前推进了一步，从而发明了农业生产。显然，按照这个规律，在工业生产资源发生匮乏时，人类的生产链条也应该和必须继续向前推进。新工业化生产就是工业化生产向前推进而形成的，表现在劳动对象上就是物质层次更加深入了。在工业生产中作为劳动的前提和开端的是天然化学物质，而在新工业化生产中，由于生产的链条向前推进，它们不再是开端而是初级产品（当然，既然是初级产品，也就不再是天然化学物质而是人工化学物质了）。在能源上，这表现为从化学能源向物理能源的深化，主要是太阳能、热核聚变能的开发。在原材料上，则表现为从矿物质向元素物质的深化，主要是小分子原子乃至亚原子层次的物质。

　　新工业化的生产材料可以归结为两个层次。第一个层次是原始材料，即新工业化生产的起始点，它是元素化材料，不再是现成可用的宏观矿物质。元素化的原材料大多还不能直接进入产品制造尤其是宏观制造，还必须经历一个加工过程形成第二个层次的材料，这就是直接生产材料。这个直接材料层是人工产品。原始材料元素化、直接材料人工化，这说明新工业化的生产本质上是人工创造和利用化学物质的生产。具体地讲，新工业化的生产材料具有五个特点。第一，微观化和深层化。工业化生产从宏观矿物质开始，而新工业化生产是从微观的小分子原子乃至亚原子层次开始，材料的物质层次更加深化。第二，广泛化。材料由于微观化就必然造成广泛化，因为既然能从微观层次上成为材料，那么我们能接触到的几乎所有物质都可以成为生产材料，包括造成污染的各种废弃物质和通常我们认为无用的物质，也就是说，在新工业化生产中几乎没有废物和无用之物。第三，循环化和生态化。真正的物质循环化必须从物质的深层次开始，仅仅把一件物品从整体拆分成零件和部分，这远不能实现彻底的循环，仍然会有大量的废弃物存在，更不用说大量的废弃物质如废水、废气本身就是小粒子物质，不能从微观层次开始治理就不能资源化。所以，材料的微观化深层化也必然保障材料的循环利用，从而成为可循环化的材料、不再污染环境的生态化材料。第四，太空化。微观化深层化的小分子原子和亚原子是从物质个体形态上讲，从对应的群体形态上讲就是太空物质。《增长的极限》反复讲经济增长的极限，但归根结底讲的是资源的极限，是地球的极限。地球资源的确是有限的，即使完全进入人类文明过程（何况这是不可能也是不可取的）也是有限的。但人类面对的资源决不仅仅是地球，在新工业化进程中，人类必然要走向太空开发，太空物质要广泛地进入人类实践范围。尤其需要指出的是，在太空开发中，并不是只有生命存在的天体才能成为人类的探索开发对象，人类将从物质的微观层次对太空天体进行改造，形成太空天体的高化学化和生态化。第五，创新化。创新化表现在材料的两个层次上。在原料创新上，表现为不断地把各种物质元素都纳入生产活动中，充分发挥它们的作用。在直接生产材料创新上，则要不断发明创造出新的人工材料。新工业化时代在一定意义上就是一个人工材料时代，依赖人工新材料，人类就能生产出品种多样性能优异的新产品，人类社会生活就会更加丰富多彩。这也是新工业文明比工业文明更为进步的一个重要原因。

二　中国材料资源的问题与原因

中国材料资源的问题不是孤立的，它是当今世界资源匮乏、环境污染严重的一部分，属于工业危机的范畴。

我国材料资源存在的突出问题有两个，第一个是原材料严重短缺问题。中国矿产资源总量虽然比较丰富，但由于人口众多，人均占有量不到世界水平的一半。据有关材料估计，到 21 世纪初，国民经济发展所依赖的 14 种重要矿产，如煤、石油、天然气（这些资源不仅是能源，也是重要的工业原材料）、铀、铁、铝、铜、铅、锌、金、硫、磷、钾、盐，除煤和盐外，其他均不能满足需要；储量较大，但不能满足 21 世纪前期经济发展需要的矿产有 11 种，如铁、锰、铝、锌、铅、硫、磷、铀、石棉、海泡石和凹凸棒石，其中铁的缺口很大；有一定潜力，但目前探明的储量不能满足经济发展需要的矿产有 5 种，如石油、天然气、铜、金、银；储量远不能满足经济发展需要的也有 5 种，如钾、铬、铂族、硼、金刚石。大约估计，到 2010 年，中国 45 种主要矿产资源中可以保证需要的只有 23 种，到 2020 年，可以保证需要的仅有 6 种。

当然，在当今世界上没有一个国家尤其是主要经济大国能做到矿产自给自足，世界矿产贸易额已近万亿美元，中国的矿产进出口贸易也是进大于出，每年的贸易逆差已高达几百亿美元。问题的要害是，世界的矿产资源也是极其有限的，它并不能成为中国经济发展的可靠支撑。现在的状况是，许多发展中大国都处于快速发展之中，对资源的需求日益膨胀，而经济发达的国家对资源的需求丝毫也没有减少，总体上看，世界资源形势日益紧张。实际上，目前我国已经陷入和世界主要经济大国的资源争夺之中，如和日本的东亚石油之争，美国也有人发出警告要中国不要和美国争夺世界资源，可以预言这种争夺将愈演愈烈。尤其因为我国是一个人口超级大国，等于 10 个日本或 7 个美国，毋庸讳言，中国的经济崛起必然加深世界性资源短缺。有证据表明，我国对石油的进口已直接影响到世界石油价格的波动。总之，世界矿物资源的耗竭和中国几乎同步，中国的长期发展决不可能依靠世界的工业性资源来支撑。

特别需要注意的是，我国近期经济发展对矿产原材料的需求急剧增大。在铁、钢、铜的消费方面，我国已经超过美国成了世界第一消费国。近年来，我国钢、铁、有色金属、水泥等主要原材料消耗增速加快，并且消耗弹性系数正呈不断扩大趋势，即 GDP 每增加一个百分点所消耗的原材料逐渐增多。生铁、钢、钢材、十种有色金属、水泥的消耗弹性系数，已分别由 2000 年的 0.563、0.425、0.850、1.913、0.538 上升到 2003 年 9 月的 2.224、2.541、2.859、2.235、1.812。按照 GDP 7.3% 的年增长速度，到 2005 年，我国生铁、钢、钢材、十种有色金属、水泥的消耗量，将分别达到 2.7 亿吨、3.1 亿吨、3.9 亿吨、1576 万吨、10.3 亿吨；到 2010 年，将分别达到 5.7 亿吨、7.2 亿吨、10.9 亿吨、3353 万吨、19.1 亿吨。显然，靠消耗如此巨量的原材料来支撑经济发展，将是很难做到的。不难断言，资源的短缺会日益严重，阻滞经济发展的资源瓶颈会很快出现。从根本上说，工业化生产方式是不可持续的，在任何国家都是如此。

我国材料资源存在的第二个问题，是材料的使用造成的环境污染非常严重。首先，是大气污染。中国的大气污染是典型的煤烟型污染，总悬浮颗粒物、二氧化硫、氮氧化合物是主要污染物。近几年，随着城市汽车的大幅度增加，以汽车尾气为主要来源的空气污染也急速上升。中国的大气污染尤其是城市的大气污染相当严重，而且加重的趋势依然看不到遏制迹象。其次，是固体废弃物污染。中国工业固体废弃物的大量堆放对环境已经造成很大危害，尤其是危险固体废弃物的处理和管理亟待加强。城市垃圾已经演化成严重的社会问题，处理和管理能力严重不足。目前，固体废弃物的堆积日益严重，尤其是处理不当，将造成深远的潜在危机。再次，是海洋污染。中国近海海域的污染一直呈逐步加剧的趋势，近几年的恶化速度加快，以赤潮为代表的区域性灾害不断发生，近海生态系统明显退化，而造成海洋污染的主要是汞、铜、铅、镉、油类、硫化物、难降解有机物等废弃物质。

我国材料资源匮乏以及材料使用造成的环境污染都是严重的，其原因主要有四条。一是工业化资源客观上是有限的。《增长的极限》对地球资源的有限性作了极其全面的分析，它做出的社会经济增长有限性的结论，其依据主要就在地球资源有限。二是中国工业化发展的具体限制，中国是一个后发展人口大国，其工业化发展所需要的资源不仅数量巨大，而且遇到了发达国家的遏制，困难是必然的。三是新工业化理念和政策相对落后，不能运用新工业化方法开拓资源的利用。例如，对污染的有效治理和资源的循环利用在日本美国等发达国家已比较先进，既治理了污染又在一定程度上缓解了部分资源的短缺（如对废纸和废钢材的循环利用），而我国对资源的循环利用还缺乏应有的开发。四是新材料科技和新材料产业与世界先进国家相比还存在较大差距，不能适应经济快速发展的需要。

三　新工业化的中国材料发展战略对策

材料问题与能源问题一样，都是工业化生产方式发展到一定阶段必然要遇到的问题，是工业危机的表现，它们的解决，最终要靠开拓新工业化道路。新工业化的材料发展战略，最终是要建立起新工业化材料体系，这需要一个逐步的发展过程，需要一些中间过渡环节和措施。

（一）矿产资源合理开发与节约战略

面对当前严重的资源匮乏问题，对矿产资源要合理开发和保护，实施资源节约战略。（1）从中国的国情出发，要十分珍惜各种资源，不能简单模仿发达国家的生活方式，要大力提高资源利用率，坚决克服各种资源浪费现象，从保障资源安全的战略高度坚持不懈地抓好矿产资源合理开发和保护。（2）在继续合理开发利用国内矿产资源的同时，积极利用国外资源，提高资源的优化配置和合理开发水平。（3）在加强地质勘探和开发的同时，必须尽力减少矿产开发造成的环境代价。

（二）材料资源循环利用战略

目前世界再生资源利用发展迅速，再生资源占消费的比重越来越大，正在抑制对一次矿物原料需求的增长。有些国家金属回收利用价值已超过这些金属的开采价值。近几年，我国重工业增加值相对提高加快，说明我国经济发展已进入新一轮重化工业时期，主要原材料的增速较大地超过了 GDP 的增速。前几年，曾有专家根据国外经验预言，到 2020 年我国对钢的需求量将达到 1.45 亿吨，对十种有色金属的需求量将达到 800 万吨，对水泥的需求量将达到 7 亿吨。而根据最新预测，到 2010 年我国对钢的需求量就将达到 7.2 亿吨，对十种有色金属的需求量将达到 3353 万吨，对水泥的需求量将达到 19.1 亿吨，大大超过了原先的预测。这个事实说明，像我们这样的后发展人口超级大国的经济发展是史无前例的，世界过去的经验有可能失灵，世界的矿产资源远远不能允许中国、印度、印尼、巴西等这样的人口大国同时在工业化框架中发展起来。所以，对原材料的单向开发是根本不可能满足需求的，必须积极实施循环利用战略。在有限的地球资源范围内，只有凭借资源循环利用才可以最大限度地提高资源利用量和利用率。另外，循环利用有层次性，逐步做到深层循环才是彻底的循环利用。对原材料的深层循环利用属于新工业化的材料资源，在新工业社会，物质资源的深层循环利用率要达到 50% 以上，并逐步提高。所以，要做到深层循环并不是一件容易的事，需要新材料科技的突破性发展，如纳米科技、生物科技的发展。务必认识到，我国现代化建设所需要的材料资源必须走深层循环利用的道路才能较好地得到解决。同时，由于深层循环利用把废弃物质当作资源，这也解决了对环境的污染问题。

（三）深层原材料资源开发战略

物质资源的存在是有层次性的，对物质资源的开发利用又是有历史性的，人类在一定的历史发展时期只能开发一定层次的物质资源。工业化生产开发的是天然化学资源，而新工业化生产将开发更深层次的物质资源，这就是小分子原子和亚原子层次的物质资源。如果从这样的微观层次看，世界上还有什么物质不能成为生产的原材料呢？物质资源还会短缺吗？所以，我们进行新工业革命的一项重要任务就是开拓出物质资源的新层次，创造出物质生产的新产品。新工业化将打开物质资源的更深的新层次，工业化形成的资源匮乏将得到彻底解决。我们看到，由于纳米技术、生物技术等微制造技术的发展，人类已经能够在小分子原子层次上进行加工操作，这不仅打开了物质生产的深层次，也打开了物质资源的深层次。随着人类微制造技术的迅速发展，物质深层次的原材料资源也将迅速打开，我们不仅要从生产的视角把握微制造技术的作用，还必须从物质资源开发的视角把握微制造技术的作用，在大力研发微制造技术的同时大力开拓深层物质资源。对于材料资源的这项发展战略，我们必须予以充分关注。这是因为，一定的历史时代与一定的资源是有相关性的，农业时期有农业化的资源，工业时期有工业化的资源，新工业时期也必定有新工业化的资源，在资源选择上滞后必然会影响到社会生产的整体发展水平。例如，停止在使用石器上就不能顺利进入农业时代，停止在草木作燃料上就不能进入工业化。农业化对采猎业有替代作用，新工业化对工业有替代作用，由于新工业化资源的开发，工业化资源将逐步被替代，如果还停留在工业化资源上就必然会在社会发展上落后于时代。所以，随着新工业化进程的发展，即使工业化资源不发生短缺，也应积极利用新工业化资源而不是据守在旧的工业化地盘上。

（四）人工新材料发展战略

在工业时代，化学物质资源是大自然提供的生产原材料，它是工业生产的起点。但是，在新工业化生产中，化学物质资源是人工创造的新材料，人们将利用它进一步加工制造出丰富多彩的物质产品。其实，在工业化发展中，人工新材料就已大量涌现，只是在新工业化时代人工新材料将获得飞跃性发展，各种物质成品的生产将直接依赖对新材料的加工制造，而不再是对天然材料的直接加工制造，人类也将因此而创造出无数的新物质产品奇迹。现在，新材料的发明创造已经成为一个国家科技经济发展水平的重要标志，今后将会更加如此。我国已经成为一个材料大国，但在新材料领域与发达国家仍有较大差距，如何赶超并实现跨越式发展，是我们目前的重要任务。必须制定有力措施，尤其是加大新材料科技投入，选准目标，有所为有所不为，争取在关键技术和关键领域有所突破有所前进。目前，新材料产业有一个庞大的阵容，如微电子材料、新型光电子材料、稀土功能材料、生物医用材料、先进复合材料、新型金属材料、先进陶瓷材料、高温超导材料、环保材料、能源材料、先进高分子材料、纳米材料、智能材料等等。在这些新材料的研发和生产中，涉及的物质层次日益深化，大都属于新工业化生产范畴的新材料生产，我们都必须高度重视，从跟踪发展、自我创新发展直到实现超越发展。

（五）新工业化材料发展战略的保障措施

必须积极采取以下措施：（1）不断加大研发投入，大力推进自主科技创新，努力使我国材料资源开发利用科技居于世界前列；（2）充分发挥政府的主导作用，政府要通过制定政策框架、市场框架和技术框架来促进新材料的开发利用；（3）实施新材料基地建设工程，积极推进新材料开发利用的产业化、市场化，使新材料产业成为新的经济增长点和支柱产业；（4）积极开展国际合作，包括科技合作、开发合作，尤其要重视太空资源的联合开发利用。

[参考文献]

〔1〕《增长的极限》，成都：四川人民出版社1985年版。

〔2〕韩民青：《中国必须走向新工业化》，《科技日报》，2003年5月20日。

〔3〕《中国环境与发展评论》第1卷，北京：社会科学文献出版社2001年版。

〔4〕《2002高技术发展报告》，北京：科学出版社2002年版。

〔5〕周光召，朱光亚主编：《共同走向科学》，北京：新华出版社1997年版。

〔6〕辛欣：《"粗"增长已到红灯处》，《瞭望新闻周刊》，2003年第48期。

专题报告 8 中国新工业化太空发展战略

[提要] 目前，世界主要大国都积极展开了太空探索和开发。新工业化生产方式包括太空开发，太空开发的实质也是人工创造和利用化学物质和生命物质，新工业化社会的一个重要方面就是太空社会。我们必须从新工业化的视角把握太空发展战略，积极实现社会价值观的转变，真正重视太空事业；要有计划分步骤地积极展开太空探索和开发，重点建设月球基地、火星基地和太阳系探索体系；要抓住运载技术、人工智能技术、太空网络技术等重点环节，努力实现关键技术创新，努力建设航天强国。

[关键词] 中国；新工业化太空事业；发展战略

一　全球太空探索与开发趋势

1957 年苏联发射第一颗人造卫星和 1961 年第一颗载人飞船"东方号"的升空，被认为是人类太空时代的开始。此后，20 世纪太空开发最为重要的事件是美国在 60 年代开始实施的"阿波罗计划"。从 1969 年 7 月阿波罗 11 号终于在月球着陆到 1972 年12 月阿波罗计划的最后一次飞行——阿波罗 17 号登月止，先后有 12 名宇航员登上月球表面。阿波罗计划之后，人类对月球的探测进入了一个宁静期。直到 1994 年和 1998 年，美国成功发射"克莱门汀"和"月球勘探者"号月球探测器，对月球形貌、资源、水冰等进行了探测，标志着月球探测新时代的开始。与此同时，对火星的探测也获得了长足的发展。1997年美国"探路者"号顺利登陆火星，标志人类对火星探测进入了实质性时期。

进入21世纪，人类对太空探索开发的步伐越来越快，进入了一个蓬勃发展的新时代。这主要表现在许多大国的太空探索和开发活动上。

1. 美国的太空探索。一段时间以来，美国的太空活动主要目标放在深空探索上，火星和木星是主要目标。2004年1月4日，美国火星探测器勇气号在火星表面软着陆成功，很快发回一批照片。1月25日，另一个美国火星探测器机遇号也在火星表面软着陆成功，并很快发出一系列数据。目前，两个探测器工作顺利，获得了许多探测研究成果，尤其是获得大量证据表明火星曾经有过液态水，这确实令人振奋。在这些成果的鼓舞下，布什总统于1月14日宣布了雄心勃勃的新太空计划。布什把他的太空计划分为三大目标或阶段。第一阶段从现在到2010年，主要目标是完成国际空间站建设，运载工具仍然是现有的航天飞机。第二阶段是研制出名为载人探索航天器的新一代航天系统，大约在2008年左右进入开发测试阶段，在2014年以前完成载人航天飞行。第三阶段是2020年重返月球，并在月球建立航天基地，以便在月球基地上发射飞向其他天体的航天器。从2008年开始，美国航空航天局将向月球发射一系列机器人探测器探测月球表面，在2015年左右把宇航员和科学家送往月球，为2020年在月球上建立航天基地做准备。布什总统特别强调，建立月球基地对于进一步探索地外天体至关重要。显然，美国是把发向火星等地外天体载人航天器列为太空计划的长远目标。所以，在这期间，美国还将发射一系列火星等天体的探测器。例如，有消息报道，美国计划2005年8月发射一种多用途卫星，进一步认识火星、探测登上火星的可能性和提供高精确通讯传递等。另有报道，美国航空航天局火星科学实验室即将推出新一代火星探测器，这种由核燃料钚推动的探测器约有一辆吉普车大小，它将于 2009 年 10 月从地球出发，对火星上一些"死角"进行考察，进一步探索火星上是否有生命存在。

2. 俄罗斯的太空探索。俄罗斯是一个航天强国，整体实力可以和美国一争高下，部分领域甚至优于美国。当前，主要是由于经费的原因，俄罗斯的航天活动远没有美国活跃。作为世界载人航天强国，俄罗斯走了一条与美国不同的道路。虽然它的宇宙飞船不像航天飞机那样能重复发射，但具有简单、实用、安全性高等特点。目前，俄罗斯专家正在参与欧空局新型货运飞船"自动转移飞行器"的建造工作，定于 2004 年 9 月发射，用于给国际空间站运送补给。俄罗斯在对地外天体的探索上也居于世界前列，对月球、火星和木星都做过科学探测。最近，在火星探索热的鼓动下，俄罗斯航天官员宣布，俄罗斯将在 2015 年前派人登上火星。根据计划，俄罗斯航空航天部门届时将派一个 6 人小组登上火星。如果这一宏大的太空计划能够如期实现，这将是人类太空探索和国际合作中的一个里程碑。

3. 欧洲的太空探索。欧洲航天局在 1980 年曾制订了长期载人航天计划，总投资 220 亿美元，到 2010 年实现载人航天。"冷战"结束后，欧洲航天局调整了载人航天计划，加强了空间探索和开发步伐，特别是法国一直把开发空间技术作为国家重点发展战略之一，多项空间计划陆续出台。虽然欧洲的第一个火星登陆器"猎兔犬 2"号登陆火星失败，但 2 月 3 日欧洲航天局还是宣布了新的探测计划，按照这一计划，欧洲航天局将在 2020 年到 2025 年实现载人登月飞行，并将在 2030 年到 2035 年间把宇航员送上火星。这个计划比布什总统宣布的在 2020 年前载人重返月球以及在 2030 年登陆火星的新太空计划更加精确。

4. 日本的太空探索。日本拥有以本国技术发射各种卫星的能力，发射各种卫星的数量仅居美俄之后，目前正参加国际空间站的工作。2000 年日本制定了《宇宙开发中长期战略》，2001 年又制订了《宇宙开发基本计划》。日本负责研发的"希望"号宇宙空间实验舱将于 2004 年或 2005 年发射，与国际空间站对接。载人航天飞行是日本航天计划的最重要内容，计划在 2020 年发射载人宇宙飞船，这种宇宙飞船具有往来于月球等近地天体的能力。

5. 印度的太空探索。印度已拥有多种类型的本国运载火箭，掌握了制造和发射运载火箭、卫星、地面控制与回收等技术，已具备了一套完整的空间技术开发和应用体系。印度计划在 2008 年向月球发射"月球飞船"1 号探测器，此外，还将把机器人送上月球以及向其他行星发射探测器，并宣称 2015 年前实现载人登月。

从世界主要大国的太空探索开发活动和计划中，可以看出如下趋势和问题。第一，21 世纪将是一个太空大开发的世纪，人类将进入名副其实的太空社会。第二，在 21 世纪，真正的世界强国必须是太空强国，太空开发能力已成为综合国力和国家竞争力的重要标志，国家在太空开发中的地位将决定其在地球上的地位。第三，尽管太空属于全人类，但在可见的太空开发中，国家之间既有合作也有竞争，国家利益在太空开发中仍然具有决定意义。第四，尽管世界主要大国都积极投入了太空开发，但仍然存在较大的盲目性，对太空开发的实质、目的、基本走向等根本问题尚不很清晰。

二　新工业化的太空开发观

人类对太空的探索和开发，有一个从自发到自觉的过程，这包括对太空探索开发的目的、方向、途径等不断深入的认识。在今天，我们必须从新工业革命的视角来深入把握对太空的探索和开发。

（一）新工业化生产与太空开发

我们必须深入分析新工业化生产与太空开发的内在联系，才能揭示出太空开发的本质和必然性。

新工业化作为一种比工业化更高级更深层次的生产力和生产方式，具有五个突出特征。第一，劳动对象（生产原材料）的微观化深层化。新工业化生产是从小分子、原子乃至亚原子层次入手进行的生产，是人工创造和利用化学物质的生产。也只有在这种科技和生产能力的条件下，才能最终实现人造生命。第二，主导能源的物理化。新工业化的主导能源从化学层面推进到物理层面，主要是核能、太阳能等，而开发热核聚变能、太阳能的最理想地是建立月球能源基地，这些能源几乎是无限的，既干净又不会枯竭。第三，生产和消费方式的深层循环化和生态化。在新工业化生产中，生产和生活中的废弃物品都可从原子小分子层次作为资源进入再生产，从而把工业化的单向生产方式转变成深层次循环式生产方式，这也是真正的可持续性生产和生态化生产。第四，新工业化生产是太空化生产。人类的生产活动不再局限在地球上，将在大尺度的太空中展开。第五，新工业化生产也是高度智能化的生产。信息化发展到智能化，不论微观层次的生产还是太空中的生产，都不再是简单的直接的人工生产，而是依赖高度智能化手段进行的生产。这五个主要特征集中表明，新工业化是一种"人工创造和利用化学物质的文明"。任何物质形态都有个体与群体两种存在形式，例如，物理物质是个体的基本粒子与群体的宇宙弥漫物质的统一，化学物质是个体的原子分子与群体的恒星行星的统一，生命物质则是个体的细胞生物体与生物圈的统一。任何特定方式的生产活动，都是在一定物质层次的个体与群体两种形式上展开的。新工业化的"人工化学生产活动"，在个体形式上表现为从小分子原子乃至于亚原子层次上开始进行的物质生产，在群体形式上则表现为在太空层次上进行的物质生产，即超越地球生态系统而走向太空的物质生产。显然，从群体形式上看，新工业化生产也就是太空生产，当然还不是在无限的宇宙空间中的生产，而主要是在太阳系范围内的太空生产。

由此可见，新工业革命的兴起必然导致人类走出地球，必然在太阳系的范围内展开广泛的物质生产。也就是说，太空开发势在必然。

（二）新工业化社会是太空社会

新工业化生产具有太空化生产的特征，这进一步决定了新工业化社会必然具有太空社会的特征。新工业化社会作为太空社会，必须具有太空化发展的指标，即在太空开发上的指标，这与工业化社会具有工业化、城市化的发展指标是一样的。这也就是说，不能在太空开发上有所作为的民族和国家，就不能说进入了新工业化社会。

首先，太空开发指标表现在社会经济上，包括太空开发的投入水平、太空开发的时空尺度和生产水平等。物质生产方式的演进，表现为旧生产力向新生产力的转移，如农业生产力向工业生产力的转移。同时，还表现为消费结构的升级和消费力的转移。随着工业生产力的提高，社会经济从短缺经济转变为剩余经济，依靠过度消费拉动经济发展实际上是一条歧路，消耗掉的往往是人们的创造力，使有效创造力白白浪费掉。太空开发需要大量的投入，而同时往往又没有生产出日常生活消费品，因而常被人们认为是不值得的，甚至是一种浪费。实际上这是一种传统的工业化文明观和生活观，但若从新工业化的文明观和生活观来看，太空开发就是不可缺少的，因为它是一种比工业化生产方式更为高级的生产方式即人工创造化学物质和生命物质的生产方式。所以，从工业化向新工业化的转移，包括从地球生产向太空生产的转移。

其次，太空开发指标表现在社会价值观上。传统工业化的流行价值观崇尚的是个人价值和享乐价值，或者说崇尚个人至上和享乐至上。在新工业化的太空开发面前，在太空的大尺度时空活动中，凸显的是人类作为一种特殊物质形态的类价值，以及认识自然改造自然的创造价值。所以，从工业化到新工业化要实现一场价值观的重大革命，这尤其突出地表现在太空开发上。布什总统在宣布新太空计划时，曾大力主张弘扬人类的探险精神、强调探索未知的重要性，这就充分体现了崇尚创造的价值观。有人指出，布什总统选择的不是宽带通信，也不是生命科技，而是看起来离经济发展比较远的太空计划，充分体现了一种明确的科技政策导向。显然，太空开发凸显的是人类的求知欲和创造欲而不是享乐价值，同时，在太空的大时空尺度里个人价值也不再重要，甚至民族和国家的价值也都不再重要，唯一重要的是人类的整体类价值。所以，在新工业化的太空时代里，太空开发的指标不仅表现在社会经济上，更重要地表现在社会价值观上，是类价值至上和创造价值至上主宰着人们的思想和行为。

（三）太空开发的基本方向

为了深入讨论太空开发的方向问题，我们需要先讨论一下人类的根本追求问题。人类是一种具有两重性的物质形态，既具有生物性又具有文化性。所以，人类的根本追求或者说终极追求也具有两重性，一方面是生物性的谋生存追求，另一方面是文化性的谋自由的追求。人类的一切活动都是为了谋生存——保持生存、扩展生存和提升生存，以及谋自由——从社会和自然的关系中解放出来从而成为社会和自然的主人。人类的这两项根本追求，将决定着人类对太空开发的大方向。

具体地讲，太空开发有三个基本方向和途径。

第一，资源利用型开发。从本质上讲，这种类型的太空开发是为了地球文明即地球人类生活而获取有用资源，如空间资源、能源、原材料等。当然，这其中也包含探索太空奥秘的科学研究。例如，目前的月球探索就可能发展为资源利用型开发。现有的材料已经表明，月球是一个有着丰富资源的特殊星球，这些资源是地球人类社会发展的十分重要的补充乃至支撑。如月球上的钛、铁、铀、稀土、磷、钾等资源的富集几乎超出人们的想象，尤其是月球土壤含有丰富的 $3He$ 资源。$3He$ 是可控核聚变的主要原料，而地球上 $3He$ 的储量非常稀少，月球上的 $3He$ 储量完全可以为地球人类社会提供上万年的能源需求。新工业化社会需要消耗比工业化社会更多的能源，需要实现能源物理化，这就必须依赖于建立月球能源基地。此外，更远的太空开发需要以月球为中转站。所以，对月球的资源利用型开发不可避免。资源利用型开发有一个突出特征，这就是要受到空间距离的限制，所以，这种开发的太空资源地应该是距离地球比较近的天体。

第二，生存扩展型开发。这种类型的太空开发表现为地球移民，把地球上的人类文明扩展到其他适宜生存的天体上，这种开发和资源利用型开发一样，都是满足人类谋生存即维持和扩展生存的需求而进行的太空开发。在这种开发中，被开发的天体要经历一番人工改造，主要是高化学化（从小分子物质到大分子物质）、生态化（从无机物到生物、从不太适宜人类生存到基本适宜人类生存）的转变。这些改造活动基本属于人工创造和利用化学物质的生产活动，因此属于新工业化生产方式和新工业文明。例如，目前人类进行和设想的火星探索就属于生存扩展型开发。火星是离地球最近的一颗行星，长期以来一直被人们认为是自然环境最接近地球的星球，所以也被认为是最适合人类移民的星球，飞往火星是人类多年的愿望。这种开发也有一个特点，这就是被开发的天体必须具备初步适宜生存的条件。所以，这种开发的天体一般距离地球也不会很远，并且必须是类似地球的天体，主要是太阳系内的行星或卫星。一旦这种开发获得初步成功，太空移民就会出现，地球文明就会快速扩展，形成地天文明网络。

第三，非生存拓展型开发。这种开发既不是为了获取资源，也不是为了地球移民，而是为了深入认识宇宙和改造宇宙，它是缘起于人类谋自由的终极追求。在宇宙中，人类并不是一种普通动物，它远远不会满足于生物式的生存，它追求的是彻底地认识自然和改造自然，以便从社会关系和自然关系中获得完全彻底的解放。因此，这种超生存的太空开发不再限于寻找资源和寻找移民地，而是走向无垠的宇宙，不断推进对宇宙的认识和改造，这个过程是永无止境的。在这个过程中，人类将开拓出超生物的人工智能和超生存的活动方式，不仅卫星、行星，就连恒星和漫漫的无垠宇宙都会成为研究和实践的对象。只有这种开发方式才能最终满足人类的终极追求，实现人类的终极价值和使命。

在太空开发活动中，还会有一种副产品，这就是太空开发科技在地球社会生活中的广泛深入应用。众所周知，伴随太空探索的发展已经对其他领域的研发起到了巨大的推动作用，例如气象、通信以及卫星定位系统的应用，高性能计算、微电子领域的诸多成果，甚至医学检测设备中的计算机断层扫描、磁共振成像等技术也都源自航天领域的研发。所以，对太空开发中获得的科技成果务必要广泛深入地应用于地球生活中，这也是太空开发中一个不容忽视的发展方向，也是新工业化发展的重要内容。

三　新工业化的中国太空开发战略举措

从运载能力、航天器性能和研制、生产、开发、服务、测试的能力看，尤其是 2003 年 10 月 "神舟" 五号成功载人上天，都表明我国已经是一个航天大国。但与美俄等航天强国相比，我国还有较大的差距。2000 年 11 月，我国政府发表了《中国的航天》白皮书，提出载人航天工程的目标：实现载人航天飞行，建立初步配套的载人航天工程研制试验体系；发展空间科学、开展深空探测；最终建立中国的载人航天体系。随着技术的不断成熟和经济实力的不断增强，将积极参与对月球和火星的探索。为此，我国已经启动了对月球进行探测的 "嫦娥工程"。

为了更自觉地加快太空探索和开发步伐，我们必须实施新工业化的太空开发战略。

（一）从新工业化视角把握太空发展战略

从新工业化的角度看，太空开发本质上也是人工创造化学物质和生命物质的生产活动。这是因为，在太空开发中人类认识和改造的物质形态将主要是低水平的化学物质和非生命物质（原子和小分子物质），人类接触和应用的能源将是物理能源（太阳能、核能）。所以，在太空开发中不要过度期望寻找到生命物质，人类到太空中不是去搞农业（种植庄稼和养殖牲畜），也不是去搞工业（采掘矿物能源和资源），而是利用物理能源和低水平的化学物质加工制造高级化学物质和生命物质，使之高化学化和生态化，也就是说，依靠人类的力量改造太空天体。也正是从这样的角度看，太空探索和开发活动应该广泛展开，多元化地利用各种太空资源，尤其是不应低估像月球这类近地天体的开发，不要一味寻找生命物质。在今天，中国要成为一个居于世界前列的先进国家，必须走新工业化道路，必须从新工业化的角度去积极投入太空开发，必须把太空事业的发展作为提高综合国力和国家竞争力的重要指标。在太空探索开发中，政府应该也必须是运作主体，包括制定战略、投资、研发、探索、开发等。

（二）积极实现价值观的转变

不要低估太空开发的阻力，尤其是落后观念的阻碍作用。这是因为，太空开发要有巨大的投入，而这往往又不能直接回报地球上的生活，太空开发越远越是如此。实际上，人类文明的演进过程就是一个不断实现转移的过程，其中包括生产力的转移即生产活动内容、层次和方向的转变，同时还包括价值观的转移即人类价值取向的转变。工业化创造了剩余经济，生产力超越了生活消费力，形成了消费不足从而缺乏生产发展的拉动力。其实，这从生产与消费的角度表明工业化生产方式已经步入衰落，生产力和消费力都应该寻求新的发展方向。事实证明，太空开发投入巨大，是一种比生活消费更高级的消费方式，也是一种更高级的生产方式。太空开发的高级之处就在于它是一种创造性极高的生产活动，是人类文明走出地球而向太空的拓展，比迄今为止的所有文明创造都更加辉煌，因而具有最高的价值。中国是一个后发展的人口大国，有许多社会问题需要解决。正确的抉择是必须及时解决重要的社会问题，同时又必须重视太空开发，努力加大投入，确保成为世界航天强国。在这一点上不能有任何犹豫。

（三）分层次有步骤地实施太空开发

1. 大力开发月球，尽快建立月球基地。目前，世界航天大国都十分关注月球的探索，包括未来对月球的开发利用。然而，月球对人类的重要作用还远未被人们充分认识到。在我国对太空的近期开发中，月球基地的建设应该放在最重要的位置。月球基地建设的任务，主要是建立月球能源基地、月球原材料基地以及月球航天基地。月球能源基地对地球的社会生活将是不可缺少的。地球的化学能源如石油、煤炭、天然气等都是十分有限的，开发利用物理能源势在必然，但是，地球上的主要物理能源如太阳能、核能都不太理想（或者能量密度低或者污染严重），而月球的热核能源和太阳能源都是极其丰富的。可以毫不夸张地说，不仅中国的能源需求要依赖开发月球能源基地来解决，而且全球的能源危机也要依赖月球能源基地来解决。月球能源的开发主要是建立太阳能发电厂和核能发电厂，并以微波的形式传输到地球。

2. 积极开展太空探索，逐步建立火星基地以及太阳系的完整探索体系。对火星的探索和开发要依情况而定，建立火星基地是必需的，但不再是资源基地而是研发基地，短时期内主要应以研究为主，移民式的开发意义并不太大。要大力开发人工智能型的探索方式，多用人工智能机器代替人去工作。到21世纪末，人类将有可能登上更多的天体，但难以也没有必要建立较大较多的太空移民社会，人工智能机器将大量取代人的实地探测，人工智能机器将建立起有效的联系网络。同时，要大力建设地天信息网络，形成太空网络社会，以更多的有效信息活动取代过多的实地活动。总之，中国的太空探索和开发应走信息化、人工智能化的发展道路。

（四）努力实现关键技术创新

1. 运载技术创新。运载技术是航天活动的基础环节和基本技术，必须不断创新才能提高太空活动的效率。运载技术的关键又在动力技术，从趋势上看，应大力开发高效的核动力技术，特别是远距离太空飞行更需要强大的动力系统，这也符合物理能源是主导能源的新工业化潮流。

2. 人工智能探测技术创新。如果说月球探测是人与机器一起登上了新大陆，那么火星探测则是机器跑在了人的前头。2004 年 2 月 6 日，欧洲"火星快车"与"勇气"号在火星上又实现了"打招呼"，人们说，这是人类首次在外星球实现了国际联系。然而，这却是由机器来完成的，的确意味深长。这个事实表明，在人类的太空开发中，智能机器将发挥越来越重要的作用。所以，我们的太空探索和开发一定要重视人工智能的研发和应用，切实把人工智能技术创新放在关键位置。

3. 太空网络技术创新。太空网络技术的最高境界就是建立太空网络社会，实现地球与太空天体的信息化密切接触，使地天融为一体，而不是人类满天飞。太空网络是地球网络的延伸，但不是简单的空间扩张，而是质的提高，例如它肯定不是有线网络而是无线网络。所以，在太空开发中必须十分重视太空网络技术的创新和建设。

4. 人工化学和人工生命技术的创新。在太空中难以找到另一个地球，即使找到了，人类也不能满足于只在类地球的天体上活动，必然要广泛开发各类天体，这就需要能够使各类天体上的物质发生高级化转变，主要是高化学化和生态化，这就离不开人工化学和人工生命技术。所以，新工业化的地球生产技术在太空开发中具有不可或缺的作用，同时太空开发也必然会促进物质改造技术的加速发展及其在地球上的应用。

新工业化包含太空化，建设新工业化社会的一个重要方面就是建设太空社会，各种太空探索和开发的目的都是为了建设太空社会。在建设中国的新工业化进程中，对太空探索和开发的重要地位和作用决不可低估。

[参考文献]

〔1〕韩民青：《中国必须走向新工业化》，《科技日报》，2003 年 5 月 20 日。

〔2〕《2002 高技术发展报告》，北京：科学出版社 2002 年版。

〔3〕周光召，朱光亚主编：《共同走向科学》，北京：新华出版社 1997 年版。

附录1 日本的新工业化发展趋势

[**提要**] 日本自20世纪90年代陷入工业危机，这表明工业生产方式的发展已达顶峰，接下来应是新工业生产力和生产方式的崛起。日本提出了"知识价值社会"、"循环型社会"、"环境立国"、"生物产业立国"、"纳米科技立国"等许多社会发展新理念，其本质是新工业化思想萌芽。日本建设"循环型社会"以及实行的一系列新科技革命、新产业革命战略，启动并推进了日本的新工业化进程。但是，日本的新工业化发展至今仍缺乏充分的自觉性和能动性。从日本的新工业化发展中，我们获得了许多重要启示。

[**关键词**] 日本；新工业化；发展趋势

日本是一个高度发达的工业化国家。目前，日本一方面陷入了严重的工业危机，另一方面也在苦苦探索新的发展道路，提出了许多发展新理念，开辟了许多发展新思路，包含着突出的新工业化发展趋势。认真分析日本的新工业化发展趋势及其经验，对于我们思考中国新工业化发展战略具有很重要的借鉴意义。

一 日本的工业危机及其深层原因

日本从20世纪50年代开始到80年代末，迅速崛起为世界第二经济大国。然而，在20世纪90年代泡沫经济破灭后便一蹶不振，陷入10多年的经济持续低迷期。对于这种"日本现象"究竟如何认识，一直是众说纷纭、莫衷一是。尽管人们的具体意见不同，但从根本上讲都有一个共同的认识前提，这就是认为工业化的经济会无限发展，日本之所以出现经济停滞其原因并不在工业化经济本身，而在具体的经济体制如金融体制上。

在这里，我们想提出一种不同的说法，这就是：日本经济的低迷归根到底是工业危机的表现，不仅日本经济会走进低迷，美国经济以及其他工业经济高度发达的国家都会这样。工业危机本质上是工业生产方式的危机，是高度发达即过度工业化造成的危机。从世界范围讲，工业危机的表现应是：工业生产资源匮乏乃至枯竭，环境污染严重、生态恶化。这些危机的出现必将阻止工业化经济的发展，形成工业化的极限。但世界范围上的发展是不平衡的，工业化发达的国家能过度地占用世界资源，过度地生产和消费工业化产品，并过度地污染全球环境和破坏全球生态。在不同发展水平的国家中就会有不同的表现：在发展中国家，表现为工业生产不发达、占用资源少、生活水平低；在发达国家中，则表现为生产力过剩，生活过度富裕，消费不足，从而使生产及经济发展逐渐失去消费、投资不足的拉动作用而陷入低迷，越发达的国家越容易陷入这种工业危机之中。具体地说，在日本尚处于发展巅峰的 20 世纪七八十年代，美国经济已陷入工业危机之中。美国是怎样走出经济低迷而进入 90 年代的"新经济"的呢？其中一个很重要的原因就是把工业危机转嫁到了日本。目前，日本许多学者认为，1987 年 10 月 19 日的"黑色星期一"之后，对"华尔街基准"唯命是从的日本，与同为二战战败国的德国相比缺少了一种自主健全的思考能力，为了维护作为"价值基准"的华尔街的稳定，采取了促使日本资金继续流向美国的低利率政策，招来了"泡沫经济"这个大祸。具体的表现可以不同，但世界发展的不平衡及少数发达国家的过度工业化已经形成了局部的工业危机。日本的经济低迷是目前工业危机的集中表现。工业危机必定表现为工业经济发展的低迷，不能摆脱工业危机就不可能摆脱工业经济低迷，这也是日本经济持续 10 多年未能走出阴影的根本原因。

日本是一个资源十分匮乏的国家，主要依赖进口资源才建立起高度发达的工业生产体系，同时，日本又是主要依赖产品出口，才维持了工业经济的高速发展。当世界范围中不断涌现出新兴工业化国家之后，资源的匮乏与世界市场的缩小就是必然的，依赖资源进口与产品出口的日本发生工业危机也就是必然的。今后，随着工业化在全球范围的发展，必定会有更多的国家陷入工业危机之中，乃至出现全球性工业危机。从最深层上讲，工业危机是工业生产和工业经济发展已达到顶点的表现。日本的工业危机表明，日本的工业化发展已达到顶点，今后的发展应是一种非工业化的发展即新工业化的发展。

在不采取跨越式发展战略的情况下，只有那些已实现了高度发达工业化的国家才能进一步迈向新工业化。所以，换一个角度看，日本出现工业危机表明的是它的工业化已达到发展顶点，日本已具备了开拓新工业化发展道路的条件。这表现为：第一，日本是一个极其富裕的国家，自 1985 年以来一直保持世界最大债权国地位，2001 年外汇储备高达 4000 亿美元而位居世界首位，日本国民的私人储蓄高达 13 万亿美元，是世界人均存款最多的国家；第二，日本的科技基础雄厚，制造业发达，每年用于研究与开发的费用占GDP 的 3%，位居各国之首，拥有的科技人员高于欧美国家，在微电子、超导技术、纳米技术、光纤通信、机器人、液晶显示和精密陶瓷等行业都居于领先地位；第三，日本民族具有很强的凝聚力、开拓力和坚韧的奋斗精神，一旦方向确定，就能全力以赴，实现预定目标。因此，工业危机阻断了日本的工业化发展，这从可能性上又会孕育出新工业化的发展机遇。我们必须从这个视角去审视日本的工业危机。那么，日本是否已开始走向新工业化了呢？这还需要做进一步考察。

二 日本关于社会发展的新理念
——新工业化思想萌芽

对于日本经济社会的种种预测，大都是从供给角度或需求角度作出的工业经济范畴内的"量的增长"的分析，而不是着眼于日本经济社会可能发生的"质的转变"。日本社会的确在默默地发生着质的变化，首先这突出地表现为各种关于社会发展新理念的不断涌现。这些关于社会发展的新理论新观念，突破了传统发展模式，提出了新的发展方向、目标和价值尺度，其中蕴含着丰富的新工业化思想，具有巨大的思想变革意义。思想和理论的变革是实践变革的先导，是社会发展的晴雨表，值得我们密切关注。下面，我们简单考察一下这些新的社会发展理念。

1. "知识价值革命"和"知识价值社会"。这是前日本经济企划厅长官、著名学者界屋太一提出的理论。界屋太一早在1985年出版的《知识价值革命》一书中就提出："我们认为的'高度发达的工业社会'是'人类最进步的社会'，这种看法是不会永恒不变的。……工业社会之后即将到来的未来社会里，很有可能出现与当代社会不同的另一种信念和社会规范。"他认为工业社会面临着一场"知识价值革命"，取而代之的是"知识价值社会"，但"'知识与智慧的价值'起着重要作用的社会——'知识价值社会'，并不是目前工业社会的延续；换言之，它不是'工业高度发达的社会'，而是区别于工业社会的'新社会'。"界屋太一充分看到了工业社会的局限性，认识到会有更高级的文明形态到来，它不是工业社会的更发达状态，而是工业社会的变革结果。他认为工业社会之后是"知识价值社会"，这是一个知识与智慧有着重要作用的社会。界屋太一后来还运用他的理论分析了日本经济衰退的原因。他说：日本战后40年的发展既不是"日本模式"，也不是"美国模式"，而是"规格大量生产模式"，是现代工业社会模式。他认为，到了八九十年代日本实现了人类社会史上罕见的、比欧美更完善的现代工业体系和大量生产社会，然而，正当日本为自己"通过最初是学习德国、接着学习美国，终于达到了德、美等任何国家都未能达到的高度的工业化水平"而得意的时候，人类文明出现了从大规模大量生产的工业社会向适应多样化智慧时代的结构转变，即进入"知识价值社会"，而日本却落伍了，陷入了长期的经济萧条。界屋太一关于日本经济低迷的分析，跳出了工业化的狭隘框框，看到了日本面临的工业危机的本质，意识到突破工业文明局限的必然性和必要性，这是颇有革命意义的。他所倡导的"知识价值革命"，则从价值观的根本转变上，倡导人们变革工业社会过度崇尚物质财富的价值观，并积极倡导崇尚知识和智慧的价值观，以此来建立"知识价值社会"。

2. "环境立国"和建立"循环型社会"。日本学界有不少学者一直在反思工业生产方式的弊端。著名社会学家见田宗介在1996年出版的《现代社会理论》一书中，十分透彻地分析了现代工业社会的信息化、消费化本质，认为现代工业社会是一个"大量开采、大量生产、大量消费、大量废弃"的社会，而这必然要受到有限的自然资源和环境的限制，形成资源匮乏、环境污染、生态恶化的局面，因此应从根本上反思现代工业社会的生产生活模式，积极寻求新的出路。近年来，日本社会各界形成了共识，明确提出了"环境立国"、建立"循环型社会"的发展新理念新战略。1999年，日本内阁会议通过的《环境白皮书》提出了"环境立国"，表示要将21世纪定位为"环境世纪"以努力提高环境质量。2000年5月，日本参议院表决通过了《循环型社会基本法》，以立法的形式明确提出建立"循环型社会"。"循环型社会"的理念认为，世界上没有无用之物，一切废弃物都应被利用起来，要建立起与工业社会"大量开采、大量生产、大量消费、大量废弃"的生产生活模式不同的"最佳生产、适量消费、最少废弃、循环利用"为特点的新型生产生活模式。应当说，这是具有极其深远意义的革命性观念，如果按这种观念去建立新的生产生活模式，必将导致社会的根本性变化。

3. "创造立国"。日本瞄准科学技术创造立国，通过积极实施"科学技术基本计划"和据此制定具体措施，努力发展科学技术，试图建立"以知识创造和运用为活力的、为世界作出更大贡献的国家"、"具有强劲国际竞争能力和可持续发展的国家"以及"能够使人民过上放心、安全和舒适生活的国家"。这些关于国家发展的新理念，已明显超越了单纯追求 GDP 增长的工业化发展框架。

4. "IT 立国"和建立"高度信息通信网络社会"。日本在进入 21 世纪的第一年，提出"IT 立国"的口号，内阁府内设立了"IT战略本部"，官民联合设立了"IT 战略会议"，并于 2001 年初通过和开始实施"IT 基本法"和"e—日本战略"，提出要建设"高度信息通信网络社会"的宏伟目标。同其他国家一样，日本把信息化技术的迅速发展称为"IT 革命"，认为它"将带来历史性的大变化"，"将产生世界规模的、急剧而广泛的社会经济结构变化"。但需要认清的是，日本在重视社会的信息化发展的同时，还十分重视其他新科技的发展，同时提出了多项依赖新科技"立国"的发展战略。

5. "生物产业立国"。2002 年日本政府制定了"生物产业立国"的发展战略。这个战略的核心是大幅增加生物研发经费，大力发展保健食品、生物新药等许多方面的生物产业，力争使其成为仅次于汽车产业和信息产业的支柱产业。

6. "纳米技术立国"。面向 21 世纪，日本已将纳米技术确定为今后发展的重点，政府制定了"国家纳米技术战略"，并将纳米新材料技术与生命科学、信息通信及环境保护并列为四大关键技术领域，全力开发。日本在纳米技术研发方面一直居于世界领先地位。最近，日本隐然出现"复活"的迹象，但主角不是金融业，更非服务业，而是纳米科技推动的新材料革命。日本学者认为，纳米科技的应用与日本文化的亲和性很高，纳米科技追求的是非常微小的境界，需要精致而不轻易妥协的专业精神、扎实的生产线管理、近乎顽固的坚持态度以及密切合作的团队精神，而这些正是日本民族的特有精神素质。所以，日本有可能利用其制造大国的雄厚技术、优秀人才和追根究底精神，依靠纳米科技而再现"日本第一"。

7. "新阳光计划"与建立"氢社会"。这属于新能源领域的社会发展理念。1974年，日本为应付石油危机曾提出"阳光计划"的新能源技术开发计划。此后，日本又分别于1978年和1989年提出了"节能技术开发计划"和"环境保护技术开发计划"。1993年，日本政府将上述三个计划合并成规模庞大的"新阳光计划"。该计划的主导思想是实现经济增长与能源供应和环境保护之间的平衡，尤其要重视清洁能源和再生能源的开发利用。在再生能源中，最受重视的是太阳能的开发利用。日本政府还特别重视氢燃料电池的开发利用，小泉首相在2002年2月的施政方针演说中明确表示："燃料电池是打开氢能源时代大门的关键。希望能在3年内投入使用。"燃料电池技术是向氢社会过渡的桥梁技术，日本厂家决心在近期跃居世界前列，日本也将在不久的将来进入氢社会。

此外，日本还提出建立"航天大国"等发展战略和发展理念。

对于这些发展新理念，我们不能只从通常意义上的发展战略去解读，应该看到这是日本学界、企业、民众和政府在思想观念上对发展新思路的不懈探索。尽管这种探索可能在刚开始时仍囿于工业化发展的框架内，但工业化的局限及形成的现实危机必然使这种思想观念上的探索逐步打开新工业化的大门，渐渐形成新工业化的发展新理念。应当说，上述发展新理念都包含了对工业化发展框架的突破以及对新工业化大门的开启。这诸多新理念单独看来其革命意义可能还不够大，但它们逐渐形成一个整体，其新工业革命的意义就昭然若揭了。所以，对于这些发展新理念、新思路、新战略，我们必须给予新工业化的解读，必须认识到它们已经是日本新工业化思想的萌芽，并从中看到日本向新工业化转变的内在趋向。

三　日本关于社会发展的新实践
——新工业化大趋势

日本社会不仅形成了许多关于社会发展的新理念从而开启了新工业化的发展新思路，而且在实践探索上也颇有进取。对此，可从两个方面加以考察，其一是日本建设"循环社会"的进程，其二是日本的新科技革命和新产业革命进程。

（一）坚定地建设"循环型社会"

新工业时代，从一定意义上就是一种"循环生产"、"循环经济"和"循环型社会"，但这不是普通的"循环"，而是"深层次循环"，即从小分子、原子乃至亚原子层次进行的循环。这是因为，只有这种深层循环式生产才能真正实现"人工创造和利用化学物质"的新工业化生产，而工业化生产的典型模式则是"自然资源—产品—废弃物"的单向流程。所以，能否大比例（高于50%）地深层循环利用各种资源乃是是否进入新工业化生产的最突出标志。

日本旗帜鲜明地建立"循环型社会"，步伐扎实，独树一帜，取得了世界无二的显著成就。这主要表现在四个方面。（1）制定了建设"循环型社会"的严密法规。1999 年，日本内阁会议通过的《环境白皮书》明确提出"环境立国"新战略。2000 年 5 月，日本参议院表决通过了《循环型社会基本法》，其基本精神是减少废弃物，彻底实现资源循环利用。同时修改后的《废弃物处理法》规定加大对非法丢弃物的处罚力度。同年 5 月，日本环境厅制定颁布了维护环境会计统一性的共同标准。2001 年 4 月，日本一天内同时颁布实施《家用电器再利用法》、《建设再利用法》、《食品再利用法》、《环境商品购买法》等七项资源循环利用法律，旨在实现资源再利用，减少垃圾，奠定"循环型社会"的基础，保护生态环境，促进可持续发展。这些法规的制定，标志着日本在建设"循环型社会"的道路上迈出了决定性的一步。（2）把环保和循环生产纳入科研重点。日本政府 2001 年公布的《关于科学技术的综合战略》把环保列为今后 5 年的重点战略领域之一。国立研究所、大学和企业都已把环保技术作为主要的研究开发对象。土壤、水质和大气净化技术，环境激素、二噁英等有害化学物质的分解技术，工业和生活垃圾处理及循环利用技术等各种环保技术不断涌现，并走向市场。可降解塑料、再生能源、"零排放"技术和工艺、有机农业等"绿色技术"也在迅速发展之中。以循环利用废弃物为前提的"逆生产方式"正在普及。（3）企业成为建设"循环型社会"的主力军。日本获得国际标准化组织的"环境 ISO 14000"认证的企业总数，多年来一直在世界上遥遥领先。随着环保立法的加强，企业不断增加在环保方面的投资，研究开发活动十分活跃。以大企业为主的一批"零排放工厂"已经建成，在这里，从原材料进厂到产品出厂，每道工序的废弃物都被其他工序用作原料，不再产生工业垃圾。许多企业还编制了"绿色采购"标准书，在采购生产资料时实施"绿色采购"。这些措施不仅使生态环境免受污染，还给企业带来了不小的经济效益。（4）国民的环保意识大大提高。在日本，人们对环境问题的关心已经超过对物价、保健卫生、食品等问题的关心程度。市民环保意识的变化已明显影响到市民的购买行为。市民消费观念的具体变化表现在，"不考虑价格、质量和性能，只购买环保型商品"和"在质量能够接受的范围内购买环保型商品"的人已占消费人群的 40% 左右。日本已出现被称作"绿色消费者"的消费群体，他们还确定了"绿色消费者十原则"。另外，日本还开展了各种各样的活动帮助消费者从市场提供的商品和服务中优先购买环保商品，如通过绿色采购网提供商品的环保信息。

日本发展循环经济、建设"循环型社会"的经验表明，这虽然需要一个艰难曲折的过程，但以"最佳生产、适量消费、最少废弃、循环利用"为基本特征的新工业化社会终将到来。当然，彻底的真正的循环型社会必须以深层循环生产为基础，日本目前的循环生产还是较为表层的、参差不齐的，与彻底的真正的循环型社会还有较大距离，这还有待深层生产技术的进一步发展和循环生产、循环经济体制的进一步完善。但是，日本毕竟还是向"循环型社会"迈出了坚定的一大步，今后会更加自觉地向前推进。日本坚定地建设"循环型社会"的实践表明，它已开启了走向新工业化社会的大门。

（二）积极地进行新科技革命和新产业革命

新工业化的核心是新工业化范畴内的新科技革命和新产业革命。新工业化归根到底是要形成"人工创造和利用化学物质"的生产力和生产方式，它不是某一单个领域的变革所能实现的，而是需要一系列的新科技革命和新产业革命，主要包括信息科技及其产业革命、纳米科技及其产业革命、生物科技及其产业革命、新能源科技及其产业革命、新材料科技及其产业革命、环保（生态）科技及其产业革命、航天（太空）科技及其产业革命等。日本在这些领域中，都取得了突出的进展。

1. 信息科技及其产业化。信息科技是日本确定的关键技术之一。日本拥有高度发达的半导体元器件制造业和计算机制造业。2002 年日本研制出全球最快的电脑，它具有 5104 个处理器，能达到每秒 35.6 万亿次浮点运算的速度，其计算能力相当于美国 20 台最快的电脑总和。日本从 20 世纪 80 年代起就高度重视发展信息化技术和建设信息化基础设施，如从 1984 年开始实施"广带域综合数字通信网"建设计划，实际上，美国从 20 世纪 90 年代起制定的"信息高速公路"发展战略还是从日本受到启示的结果。目前，日本社会信息化进展迅速，因特网普及率、电子商务市场、政府网站都达到了相当高的水平。特别是由政府实施的"e—日本战略"，更加快了日本建设信息化社会的步伐。此外，日本的机器人技术一直居世界领先地位。为了开创机器人产业的美好未来，日本有关企业协会在 2001 年拟定了"争取创造 21 世纪机器人社会的技术战略调查报告"，描绘了日本机器人产业的远大发展前景。机器人是至今仍被世界所忽视的领域，日本必将在这个领域有所作为。

2. 纳米科技及其产业化。在世界各先进国家争相发展纳米科技之际，日本纳米科技已悄然世界领先，其后续发展更令人瞩目。从目前的基础研究与应用成绩看，日本的纳米科技总体实力领先欧美，许多领域甚至超过美国。早在 1984 年，日本在科学技术厅（现在的文部科学省）下设了创造科学技术推进事业部，开始研究纳米科技，包括纳米电子学、纳米加工、纳米材料、纳米结构以及纳米生物学等。日本另有两个从事纳米科技研究的重要机构是产业技术综合研究所与理化学研究所，近年来，纳米科技已成为其主攻方向，在单原子操控、纳米电子、纳米材料和纳米生物医学等方面已经取得许多高水平研究成果。此外，日本主要大学都投入了纳米科技的开发研究。日本的许多大企业也都纷纷展开纳米科技产业化的开发与研究，范围涵盖材料、化学、电子、加工技术、机器人、汽车、生物、医疗及制药等，项目包括纳米管、光子材料、生化材料、纳米线、纳米集线、质子导电材料、纳米乳化剂、光触媒、量子点、量子线、量子器件、分子器件、光器件、高性能磁性材料、次世代电池、超微细加工技术、汽车废气净化触媒、生物芯片、DNA 管及蛋白质工程等，其范围之广已充分显示了纳米科技及其产业化的巨大渗透和辐射作用。很多企业预测，日本国内的纳米技术市场在 2010 年将扩大到 10 万亿日元，这将接近目前的钢铁市场规模。面向 21 世纪，日本已将纳米科技确定为今后发展的重点，政府除制定了"国家纳米技术战略"，还从 2001 年起逐年提高纳米科技研究经费（2001 年经费为 382 亿日元，比 2000 年增加 25%）。日本抓住纳米科技，并试图以此再争"日本第一"。但这个"第一"不再是工业化发展中的第一，而是新工业化发展中的第一。

3. 生物科技及其产业化。日本由内阁总理大臣担纲，下设"整合科学技术会议"，1997 年制定"生物科学园区计划"，2001 年制定"整合战略"，由文部省、厚生省、农林省、经济省执行。确定的生物科技发展有三大目标：一是创造新产业及新就业机会；二是维持及增进国民健康；三是调和国民活动及自然环境。在维持及增进国民健康方面，要提升预防及保健水平、医疗品质和健康的饮食生活等。在调和国民活动及自然环境方面，要保护生态系统，降低改善环境负荷较小的生产处理流程，扩大资源利用。为了达到上述目标必须加强基础研究，包括解读微生物、动物、植物基因，解读蛋白质的构造及功能，解读细胞内时间空间的运作，并强化生物遗传资源的收集与保存，开发相关的研究设备。日本先是积极参与了基因组学的研究，当研究热点开始从基因组学转向蛋白质组学，为了在这一领域处于领先地位，日本又加紧研究开发步伐，不断发现与合成出新的蛋白质。2002 年，日本政府明确制定了"生物产业立国"的国家战略，力争把生物产业建成与汽车产业和信息产业并列的支柱产业。日本计划在 2006 年前使生物研发经费提高到 2 万亿日元，这 4 年里以年增 50% 的幅度提高研发投入，重点放在生物基础技术开发和人才培养等方面。日本还争取以国内企业为主，在 2010 年建立规模达 25 万亿日元的生物产品市场，包括相关产业在内，创造 100 万个就业机会。在生物基础研究领域，日本科学家田中耕一因在蛋白质分析技术等方面的研究而获得 2002 年诺贝尔化学奖，这更加鼓舞了日本生物科技研发与投入实用的积极性。

4. 环保（生态）科技及其产业化。日本建设"循环型社会"的国策包括推进环保科技及其产业化，实际上它们是一回事。日本十分重视环保科技，在 2001 年日本文部科学省公布的"技术预测调查"中，"把废弃物数量减少到现在 1/10 以下的处理技术"被列为今后 30 年最重要的科学技术之一。环保科技不是一项专门的科技而是众多科技的集成，日本在这方面的策略是以实用项目的开发促进各种科技的集成研究，生物科技、纳米科技、新能源科技、新材料科技都积极投入到环保项目的研发中。在日本，人们把将废弃物转换为再生资源的企业形象地归入"静脉产业"。日本全国每年产生生活垃圾大约2000万吨，通常采用的处理方法是填埋法和焚烧法，但这两种方法都会对环境造成日益严重的危害。为此，越来越多的日本企业开始积极开发循环利用生活垃圾的技术，"静脉产业"正在日本悄然兴起。"静脉产业"初步形成了三个主要方向，即分别把生活垃圾转换成家畜饲料、有机肥料或燃料电池用燃料。与此同时，专供家用的生活垃圾处理器也应运而生，并在日本成为畅销商品。家用生活垃圾处理器目前在日本主要有加热干燥型和微生物分解型两种，售价在10万日元上下。"静脉产业"等环保产业不仅成为日本建设"循环型社会"的主力军，而且成为扩大就业机会、促进经济发展的新领域，有着广阔的前景。

　　5. 其他新科技及其产业化。除了上述科技领域外，日本还十分重视新能源科技、新材料科技、航天（太空）科技及其产业化。（1）在新能源的开发利用方面，日本由于缺乏矿物能源并为了克服环境污染，十分重视新能源的开发与利用。"新阳光计划"、建设"氢社会"都是新能源开发战略。为了促进新能源的使用，日本在2003年还制定并实施了《新能源特别措施法》。该法规要求电力公司必须以一定的比例使用以新能源生产的电量，其目的是普及和推动新能源的开发和使用。使用的新能源对象有5种，即风力发电、太阳能发电、地热发电、水力发电和生物发电。此外，日本还决定对原子能发电进行重点投资，降低对石油的依赖度。这些能源大都是物理能源，完全符合新工业化的主导能源方向。（2）在新材料科技及应用方面，尤其是在环保材料、高性能结构材料、超导材料、纳米材料等新材料前沿上，日本一直居于领先地位。例如，日本十分重视环保材料的开发利用，日本NEC公司推出的全内置无风扇生态个人电脑，机箱采用的是100%可再生利用的塑料。再如，超导材料的研发是目前全球的新材料开发热点，日本一直是该领域的主导力量。2001 年 1 月，日本青山学院教授秋光纯发现金属间化合物二硼化镁具有超导性。2001 年 3 月，日立公司在世界上首先创作成功长尺寸二硼化镁超导线材和小型超导线圈。2002 年 9 月，日本国际超导产业技术研究中心又成功合成了在 77K 下具有 14T 永久磁性的高温超导体。纳米材料将成为未来新材料的主角并成为推动新工业革命的主导力量之一，日本纳米材料研发也是领先世界的。例如，日本三井物产公司在 2001 年 12 月宣布，该公司将批量生产碳纳米管，从 2002 年 4 月开始建设年产量 120t 的生产设备，9 月投入试生产，这是世界上首次批量生产低价纳米产品。再如，2002 年日本产业技术综合研究所和富士通研究所用纳米碳管制成单一电子活动的单一电子晶体管，比用硅制成的纳米管更为小型化，对开发耗电少、高集成电路元件具有重要意义。(3) 在航天（太空）科技发展方面，日本虽然至今尚未占据领先地位，但近些年发展势头很猛，已形成后来居上之势。在太空开发中，往返天地之间的航天工具处于关键技术的位置，日本近年来十分重视航天飞机的研制。2002 年 10 月 18 日，日本宇宙开发事业团同航空宇宙技术研究所在南太平洋基地巴斯圣诞岛上首次进行了美国航天飞机式的无人试验机飞行试验并获成功，这次试验的目的在于积累经验，以便开发能够多次在地面和太空往返的太空运输机。2002 年日本三个宇航机构还编制了宇宙开发设想，计划在 2020 年度正式发射载人宇宙飞船。迄今为止，日本已有 5 名宇航员上天，但搭乘的都是别国的宇宙飞船，日本希望通过发射自己的载人飞船，跻身宇航大国之列。日本也很关注太空探测与开发。日本宇宙开发事业团在 2001 年就制订了"金星探测计划"，目的是研究金星上的大气运动规律，以开拓"行星气象学"这一新的科学研究领域。

总之，日本在发展实践中的探索，已在新科技革命、新产业革命层面比较全面地推进了新工业化进程。尤其是建设"循环型社会"的战略，把各项新科技新产业都纳入了循环生产、循环经济的生产和经济体制之中，这必然决定了科技、经济、社会发展的总体新趋势即新工业化方向。

四　关于日本新工业化发展趋势的分析

第一，不论从发展理念上还是发展实践上，都可以肯定地说，日本已进入了新工业化发展进程，并且应该说日本的新工业进程是处于世界领先地位的。近年来，人们主要关注的是日本的经济景气，只看到日本 GDP 增长的乏力，而未有注意到日本在新科技革命、新产业革命领域的巨大发展，更忽视了日本提出的社会发展新理念。我们看到，日本的社会发展新理念具有与众不同的鲜明特色，并成为坚定的国策和发展战略，充分显示了日本选择新工业化道路的决心。当然，我们还不能把日本的社会发展新理念和发展新实践统统归于新工业化范畴，但从其内在底蕴上，从其逻辑推演上，从其未来发展的必然性上，我们都可以清晰地看新工业化的因素及其大趋势。决不要被日本在工业化旧框内的经济低迷现象所误导，认为日本已经永远地衰落下去。实际上，这是大变革中的阵痛，是在工业危机中孕育着新工业革命的萌芽，是社会发展的质的新飞跃。

第二，日本的新工业化发展尚具有不确定性，亟须提份高自觉性。这种不确定性的最根本表现是缺乏清晰明确的新工业化理论。日本提出的社会发展新理念内含着统一性，这就是新工业化发展观，然而这一点并未引起日本各界的重视。因此，日本的发展新理念虽然很丰富，但却很零乱，缺乏系统性；日本的新工业化实践虽然很有成效，但却不深入不全面。总之，日本的新工业化发展具有较大的盲目性，缺乏必要的自觉性能动性，这势必影响新工业化的深入全面发展，甚至会出现曲折和局部停顿。所以，日本的新工业化发展亟须形成自觉清晰的新工业化理论，各种社会发展新理念有待于提高、深化和统一。当日本形成了自觉的新工业化理论之后，日本的新工业化发展必定会出现大腾飞的局面。

第三，我们应认真反思日本新工业化发展的经验，从中获取有益的启示。其一，我们应认识到工业生产方式的历史局限性，应看到工业危机的紧迫性和现实性，从而反思我们自己的工业化道路，能动地调整工业化发展模式，正确的抉择是避免高度（过度）发展的工业化及其造成的危害，走适度工业化的道路。其二，要认清工业危机的实质，看到从工业危机向新工业革命转变的必然性，决不要囿于工业化的传统发展框架中，仅仅看到工业社会的量的变化即 GDP 的增长，而应看到社会的质的新飞跃，坚定地走向新工业化。其三，不要也不必等到完全实现工业化之后再去搞新工业化，应在建设适度工业化的同时，抓住关键科技和关键产业，积极推进新工业化进程，努力实现跨越式发展。其四，要充分认识新工业化的特点，协调好工业化与新工业化的关系，坚持学习与创新相结合，用革命的姿态去进行新工业革命。

[参考文献]

〔1〕韩民青：《论新工业革命》，《光明日报》2002 年 5 月 11 日。

〔2〕界屋太一：《知识价值革命》，北京：东方出版社 1986 年版。

〔3〕见田宗介：《现代社会理论》，北京：国际文化出版公司 1998 年版。

〔4〕金熙德等：《再生还是衰落》，北京：社会科学文献出版社 2001 年版。

〔5〕《2002 高技术发展报告》，北京：科学出版社 2002 年版。

〔6〕《2003 高技术发展报告》，北京：科学出版社 2003 年版。

附录 2 18 世纪英国产业
革命的若干启示

[提要] 自 18 世纪后半叶至 19 世纪上半叶，英国发生了生机勃勃的新产业革命即工业革命，从英国的工业革命中我们可以获得许多重要启示：历史性的跨越式赶超式发展必须依赖新产业革命；产业革命是生产方式的全面变革；产业革命离不开制度的变革和创新；要善于确定真正具有历史作用的社会变革种子。

[关键词] 英国；产业革命；历史启示

目前，在全球范围内正在兴起一场由新科技革命和新产业革命组成的新工业革命，中国的现代化建设正是在这样一个时代大背景下展开的，我们不能不深入认识新工业革命对我国现代化建设所必然产生的巨大影响。为此，简单回顾一下发生在 18 世纪下半叶英国的工业革命，无疑会对我们提供若干有益的启示。

一 历史性的跨越式赶超式发展
必须依赖于新产业革命

众所周知，农业文明产生于古埃及，其后，古巴比伦、古印度、古代中国都崛起于农业文明蓬勃发展之时。在农业文明中，西方国家总体上是落后于东方国家的，即使其最发达的古希腊和罗马帝国，也不过是和东方国家处于同等发展水准上，远未超越东方农业文明国家。历史证明，西方国家真正赶超东方国家是在工业革命后实现的，这首先就发生在英国。直到 16—17 世纪，英国还是一个封建农业国，甚至从世界范围看还属于一个边缘性农业弱国。那时的中国却是一个富有竞争力的世界强国（准确地说是一个农业强国）。但自进入 18 世纪，尤其是 18 世纪后半叶至 19 世纪上半叶，英国发生了生机勃勃的新产业革命即工业革命。工业革命首先从毛纺织业开始，推进至丝纺织业、棉纺织业，然后迅速推进到交通、采矿、冶金、建筑、制造等各个工业部门，工业的经济地位迅速超越了农业，英国成为世界上第一个迈入工业化的国家。到1860 年，英国的人口虽然仅占世界人口的 2%，但英国的钢铁产量占全球产量的 53%，煤产量占全球产量的 50%，原棉产量占全球产量的近一半，贸易量占全球贸易量的 20%，拥有全球 1/3 的船舶和 40% ~45% 的工业能力，成为名副其实的"世界工厂"。而这个时期的中国，则逐渐衰落为一个边缘性的农业弱国。

为什么会出现英国如此之快地崛起呢？中国为什么又会衰落得如此之悲惨呢？我们可以从诸多方面去寻求答案，但归根结底就在于英国在 18 世纪下半叶开始了产业革命，从一个农业国转变为一个工业国，而中国却仍然在农业经济中徘徊。所以，英国的崛起从根本上讲是新产业——工业的崛起，而中国的衰落从根本上讲则是旧产业——农业的衰落。不妨假设一下，倘若英国不发生产业革命而仍囿于农业经济之中，它能超越中国吗？倘若中国也在 18 世纪发生了产业革命而进入工业化，中国会衰落为弱国吗？答案是再清楚不过的了。

这个事实告诉我们，历史性的跨越式赶超式发展，必须依赖于新产业革命，必须努力实现产业结构的转型与升级，新产业革命是弱国、落后国家后来居上的历史契机。所以，我们目前的现代化建设，不仅要关注经济数字的增长，更要关注经济数字增长背后的科技发展和产业变革，没有科技的新发展和产业的新变革，经济数字的增长也是难以实现的。萨缪尔森在分析美国 20 世纪的经济发展时就曾说过："从 1900 年以来，真实 GNP 已增长了 15 倍以上。但这个总的统计数字掩盖了经历过演变的各个行业的命运。生产马蹄铁和蒸汽机的产业衰落了甚至消失了。钢铁和纺织工业面对外国生产成本较低的生产者的竞争，正在为自己的生存而斗争。航空和微机业则变成支撑美国工业体系的新堡垒——至少在一段时间里是这样。"（萨缪尔森：《经济学》，北京经济学院出版社 1996 年版，第 1003 页）可以肯定地说，从现在起到 21 世纪中叶实现现代化的半个世纪时间里，我国的现代化建设过程必然也是一个推进科技革命、产业革命的过程。目前正在兴起的世界范围的新科技革命新产业革命，正是我国实现跨越式发展的大好历史机遇。所以，我们必须十分重视新科技革命和新产业革命，必须把加速现代化建设与积极推进新科技革命新产业革命有机地结合起来。尤其要大力推进产业结构的转型与升级，不仅仅是向工业化转型和升级，还要适应产业革命的新趋势，努力建设新型工业化的产业结构。只有这样，我们才能真正实现跨越式发展。

二　产业革命是生产方式的全面变革

18 世纪开始于英国的产业革命，是从农业文明向工业文明的历史性转变，从本质上讲，它是物质生产方式的全面变革。说到这场产业革命，人们往往以蒸汽机的出现为其标志，这并没有错，但决不能因此而忽视了这场产业革命在物质生产方式上造成的全面变革。

工业革命的主要特征在于生产的机械化。保尔·芒图说："从技术观点看，产业革命就在于发明和使用那些能够加速生产和经常增加产量的方法：例如纺织工业中的机械方法，冶金工业中的化学方法。这些方法都在准备商品的材料或决定商品的形式；机械化这个术语只能不完全地表达这些方法的丰富的多样性。"（保尔·芒

图:《十八世纪产业革命》，商务印书馆 1997 年版，第 386 页）机械化的过程，首先发生在各种工作机的发明和发展上，如各种纺织机械。最后发生在动力机的变革上，这主要就是蒸汽机的诞生。

机械化的生产，带来了生产方式的一系列革命。首先，运用大机器生产造成了物质生产方法的转变，即从农业生产的种植养殖方法以及简单的手工制作方法转变为大规模的采掘、冶炼、加工、制造、建筑等工业生产方法。其次，新的物质生产方法的出现又开拓出新的劳动对象。农业生产的劳动对象是土地、草原：农民们在土地上耕种，牧民们在草原上放牧。工业生产则开拓出新的劳动对象：矿藏成为采掘、冶炼的劳动对象，毛、丝、棉以及钢铁则成为加工制造的劳动对象。采掘、冶金工业的崛起成为英国产业革命中继纺织工业之后的重点，实际上也是整个工业的重点，它们对大工业机械、交通设备的生产发挥了决定作用。再次，新的物质生产方法需要并开拓出新的动力和能源。农业生产运用的是生物能源：草木、牲畜。工业生产则把矿石燃料（煤炭、石油）作为新的主导能源。英国在产业革命中，由于钢铁冶炼业的发展而使大量森林被砍伐殆尽，即使这样也满足不了需要，于是煤炭成为取代木炭的冶炼新能源。煤炭的开发使用，又进一步为蒸汽机的发明、使用和普及奠定了基础。最后，新的物质生产方法创造出全新的物质产品。工业产品与农业产品不论在形式上还是在功能上都是完全不同的，这最终创造出全新的社会生活方式。由此可见，产业革命带来的不仅是生产效率在量上的巨大提高，而且主要是生产方式在质上的根本转变，包括生产工具、生产方法、生产动力（能源）、劳动对象（材料）、劳动产品的一系列变革。所以，英国产业革命所带来的工业化并不仅仅是"蒸汽时代"，也是"采掘时代"、"制造时代"、"煤炭时代"、"钢铁时代"，等等。

固然，在 18 世纪英国产业革命中，商业、交通促进了工业，市场也促进了分工，这都是推动产业革命的重要力量。但是，产业革命的最终实现却必须依赖于技术革命，产业革命本质上是对一系列新技术的应用。在技术的促进下，现代科学也发展起来并成为推动技术和生产的重要力量。在英国产业革命过程中，新技术的推动作用无所不在。正是在一大批天才的发明家和富有远见、重视新技术应用的企业家的共同推动下，英国的产业革命才能在一个世纪的时间内取得了如此惊人的成就。

这些事实告诉我们：第一，在当今的新产业革命中，我们必须格外重视新科技革命，只有依赖新科技革命才能实现新产业革命，才能实现经济的新飞跃；第二，新产业革命不是某一方面或某一领域的单独变革，而是物质生产方式的全面革命，我们要切实关注物质生产领域中的新能源、新材料、新工具、新方法的一系列深刻转变。具体地说，信息科技、生物科技、纳米科技、新能源科技、新材料科技、生态科技、太空科技等一系列高新科技将形成一种整体的力量，推动并产生一场物质生产方式的新变革。这也就是说，当今的新产业革命决不是某一学科如信息科技或生物科技的单独发展所能完成的。从这个意义上讲，中国的现代化建设就是在新科技革命推动下所实现的一场物质生产方式的全面变革。

三　产业革命离不开制度的变革和创新

产业革命虽然从实质上讲是生产力和生产方式的飞跃与变革，但它却一点也离不开制度的转变尤其是经济体制的变革。18 世纪的英国产业革命，一方面推动生产方式发生了质的飞跃，另一方面也推动经济体制发生了重大转变和创新。

自由、完善的市场经济体制，是英国实现产业革命的原动力。商品的生产，或者说那些不是自然界直接提供的消费品的生产，是各种工业的目的。各种工业制成品必须出售，出售可以获利并可以扩大再生产，所以出售是各种工业生产的最终目的，而出售就需要商业和市场。所以，在英国的产业革命中，作为原动力的并不是技术的变革而是商业和市场，最初的工厂主也是由商人转变而来的。

英国一直重视自由贸易尤其是世界市场的开拓，这无疑成为推动产业革命的巨大动力。人们公认，重农轻商则成为抑制中国工业因素发展的重要原因之一。18 世纪的英国产业革命是一种内生性的工业革命，更是离不开追逐利润的商人精神的推动，自由的生产与贸易体制则是不可或缺的经济体制因素。

18 世纪英国产业革命在经济体制上的最大创新，就是资本的集中和大企业的形成亦即现代工厂制度的诞生。大工业集中了生产资料，运用了机械化生产，并结集了大量的男工、女工和童工，越来越复杂的设备以及越来越多而又有组织的人员便构成了大企业，即真正的工业王国。把近代生产的全部设备包含在墙垣之内并把近代生产原则本身表现为显著形式的特有建筑物，这就是工厂。工厂化生产是与农户生产完全不同的生产组织和生产制度，工厂化生产也不同于手工作坊和手工工场，它是真正的工业化生产组织和制度。工业化生产是机械化生产与工厂化生产的统一，没有机械化不会有大工业生产，没有工厂化也不会有大工业生产。工厂化生产作为一种新的生产和经济制度，其本质就在于实现了劳动要素的集中，包括资本、技术和劳动力。

在生产方式和经济制度变革的推动下，英国的政治法律制度也发生了相应的转变，尤其是建立起完善的法律体系，以进一步维护和推动经济的发展。例如，在产业革命中，英国制定了完整的专利体系，正是完善的专利制度激发和保护了人们的发明创造热情，使喷泉般涌现的新发明新创造不断地转化为新的生产力，极大地促进了产业革命的发展。

当代正在兴起的新科技革新产业革命，也决不仅仅是科技与生产领域的事情，同样必然会需要并造成生产和经济制度的变革和创新。例如，在高新技术产业化的过程中出现的高新产业开发区、为克服环境污染而建立的生态产业园区等，就是一种突破传统工厂模式的新式生产组织，它们实现了产学研的紧密结合、不同生产活动的紧密结合，并获得了经济效益、文化效益、生态效益、社会效益的高度统一。再如，高度灵活、分散的柔性生产也打破了传统的单一工厂生产模式。随着新科技革命新产业革命的发展，还会形成更加新颖、更具活力的生产、交换方式，还必将进一步促进全球经济的一体化。在这种时代大背景下建设现代化，就决不能只是盯着传统工业化道路所形成的各种经济模式和制度，必须适应新科技革命新产业革命的需要而大力推进制度创新。当然，至今我们还没有完全实现工业化，工业化的成功经验仍需要我们借鉴。但是，我们今天所走的已不是传统工业化的道路而是新型工业化道路，它是新科技革命新产业革命所形成的新工业化模式，这其中必然包含不同于传统工业化模式的新的制度创新。否则，就不可能真正开拓出新型工业化道路。

四　要善于确定真正具有历史作用的社会变革种子

在 18 世纪的英国发生产业革命，有其历史的必然性，它决不是突然从天上掉下来的，而是多种因素长期孕育的结果。正如保尔·芒图所说："我们没有发现一个现象是奇迹般一下子出现的，也没有发现一个现象是老早就准备好了的、是预报出来的、早就有了轮廓的。……我们知道在机械化以前就有了机器，在工厂以前就有了手工工场，在工业资本主义的到来和工厂无产阶级的形成之前就有了同盟和罢工。"（保尔·芒图：《十八世纪产业革命》，商务印书馆 1997 年版，第 388 页）那么，这是否就说明产业革命没有任何预兆呢？是否说明人们没有任何主观能动性去发挥呢？决不是。那么人们的主观能动作用在哪里呢？

保尔·芒图说："在活动如此缓慢的社会的总量中，一个新成分的作用并不是从其一出现时就可以感觉到的。我们不仅要注意它的存在，而且要注意它所占的与周围事实相比较的位置和历史地位。产业革命正是那些以前还未发展起来的力量的发展，正是那些直到彼时仍然潜伏着的或者睡着的种子骤然萌发和突然开花。"（同上书，第388—389 页）英国产业革命的事实清楚地表明，在产业革命到来之前已经孕育了革命的种子，它们会在时机成熟的时候骤然萌发和开花结果。但是，并不是所有社会事物或新事物都是具有发展前途的，只有那些真正具有历史地位与作用的社会因素和事物才会成为产业革命的种子。人们的能动性就在于，要善于从纷然杂陈的社会现象中分析和确定出真正具有历史进步作用的社会变革种子，并推动它们萌发、开花、结果。例如，在产业革命之初，英国的手工毛纺织业十分发达，因而得到格外的器重和保护，实际上这十分不利于产业革命的发展，但在外来的丝、棉纺织业的冲击下，英国纺织业的机械化得到了发展，同时推动了钢铁、煤炭等采矿业、冶金业的发展，进而又推动了机械制造业的发展，这才最终形成了工业化的产业革命。现在看来，在18 世纪英国产业革命中，只有机械化的新生产工具、矿产化的新生产材料和能源、采掘和制造化的新生产方法以及工厂化的新生产组织等，才是工业化革命的真正种子。

在今天的新科技革命新产业革命面前，我们同样要认真分析各种社会现象，要善于把真正具有历史作用和发展前途的事物发掘出来，使它们充分发挥社会变革的种子作用，最终结出新时代的产业革命果实。同时，必须善于认清那些只有表面繁荣而没有真正历史前途的事物，切莫让它们误导和耽搁了我们的现代化事业。例如，片面强调发展生活服务业就不可取，因为生活服务业始终是依赖物质生产业的发展而发展的，它不可能脱离物质生产业而单独发展起来，更不可能成为独立的经济形态和文明形态。为此，我们务必注意如下四点。第一，在发展观上，我们要始终坚持物质生产方式的发展是社会发展的本质的马克思主义基本观点。第二，必须确定跨越式发展战略，充分利用新科技革命新产业革命的历史契机，大力推进产业结构的转型与升级，决不可循规蹈矩地误失发展良机。第三，必须集中力量、重点突破，抓住信息科技、生物科技、纳米科技、新能源科技、新材料科技、生态科技、太空科技等关键科技，大力开拓并推进其产业化进程，努力实现新的产业革命。第四，必须从生产方式全面变革的视野把握新科技革命和新产业革命，努力寻求和开拓真正具有历史进步意义的新生产工具、新生产方法、新生产材料、新生产能源、新生产产品、新生产组织、新生产制度以及新生产空间，真正展开具有新产业革命意义的现代化建设。

[参考文献]

〔1〕韩民青：《文明的演进与新工业革命》，《光明日报》，2002 年 4 月 11 日。

〔2〕韩民青：《论新工业革命》，《光明日报》，2002 年 5 月 11 日。

〔3〕萨缪尔森：《经济学》，北京：北京经济学院出版社 1996 年版。

〔4〕保尔·芒图：《十八世纪产业革命》，北京：商务印书馆 1997 年版。

文化的转移

一　文化发展与文化转移

说"文化是发展的",似乎很少有人持异议。这是因为,"现时,发展观念,进化观念,几乎完全深入社会的意识"①。

但是,文化的发展是怎样实现的呢?对此人们的认识并不是清晰的。在更多的情况下,由于占统治地位的价值观的支配作用,往往容易使人形成一种"文化发展直线论"的观点,即认为文化的发展无非是"百尺竿头更进一步"的不断提高与进步。价值观是隶属于特定文化的,它具有一种选择功能,使人们在描绘人类文化发展时往往把异质的文化排除在外,仅从一种文化视角去把握人类文化的总体发展,因而必定形成"直线发展论"的观点。尽管这种"直线发展论"观点本身是片面的,但它的片面性却往往不易使人觉察,乃至成为居于支配地位的文化发展观。针对这种"直线发展论",我们则提出"转移发展论"的观点,即认为人类文化的发展乃是一个不断"转移"的过程。人类文化发展历史表明,这种"文化转移"的发展观更加符合事实。

"转移"的含义是什么呢?简单地讲,就是:转变迁移。也就是说,转移是"转折性发展",它与"直线性发展"相对。其实,

---

① 《列宁选集》第2卷,第584页。

"转移"不过是辩证发展的一种普遍形式，列宁说过："发展是按所谓螺旋式而不是按直线式进行的；发展是飞跃式的、剧变的、革命的；'渐进过程的中断'"①。这里讲的"螺旋式"就是一种转折式或转移式，"剧变的"、"渐进过程的中断"都表现为事物发展过程的转移。恩格斯在讲到"劳动在从猿到人转变过程中的作用"②时，并不是简单地用从猿到人的"发展过程"来表述，而是用"转变过程"来表述，强调的正是从猿到人这个发展过程中的转移性，这包括古猿发展方向及发展性质的转移。英国历史学家汤因比认为，人类文化是分为诸多文明的，而每一种文明都经历着起源、生长、衰落的历程，由此形成了人类文化的转变史、发展史。他严厉地批判了直线发展观："把进步看成是直线发展的错觉，可以说是把人类的复杂的精神活动处理得太简单了。我们的历史学者们在'分期'问题上常常喜欢把历史看成是竹子似的一节接着一节地发展，或者看作现代的扫烟囱者用来把刷子伸人烟道的可以一节一节地伸长的刷把一样。"③ 日本未来学家堺屋太一也说过："人类历史的发展并不是一条直线的，从古代社会到现代社会的发展是曲折的，用现代社会的标准来看，有时甚至离开了正常轨道。在每个历史时期，最发达的文明地区的文化并不都是一致的，往往有很大的差别。"④

　　"转移"突出的发展特征，在于它的转折性、非线性、间断性、创新性。一般地讲，发展虽然也承认从旧事物到新事物的飞跃，但这种飞跃往往包含旧事物的直线推进和过多的承继性，而"转移"更多地强调其转折与断裂。"文化转移"指的是一种文化方向、性质、类型的转折，从旧文化的视角向前展望是看不到新文化的。文化的发展是以文化的转移为其途径的，没有文化的转移就

---

① 《列宁选集》第 2 卷，第 584 页。
② 《马克思恩格斯选集》第 3 卷，第 508 页。
③ 《历史研究》上册，上海人民出版社 1987 年版，第 48 页。
④ 《技术革命》，东方出版社 1986 年版，第 131 页。

没有文化的发展。所以，转移是发展中的转移，发展是转移中的发展，二者不能割裂。一部人类文化发展史，就是文化方向、文化性质、文化类型、文化中心不断发生转移的历史。

现代人类，正面临着一场文化发展史上的新的大转移。生态环境的恶化向人类提出了严峻的挑战，迫使人类选择新的文明方向，这将是工业文明的转移，人类将形成一种不同于传统工业的新型文明。科学文化给人类造就了巨量的物质财富，然而这却同时又使人类失落了自己的内在价值和人文关怀，致使享乐主义、拜金主义盛行，精神颓废、道德沦丧。人类需要一种注重人类自身价值和精神风貌的新文化，人类将对文化类型的发展作出新的抉择，这是文化类型的一次新转移。文化的发展，总以世界文化中心的不断转移相伴随，从古代的东方到近现代的西方，文化中心的转移形成了文化发展方向和类型的转移。今天，文化又面临着新方向、新类型的转移，这也必将形成世界文化中心的新转移，东方文化的地位将是什么？中国文化的地位将是什么？这不能不是我们为之关心的问题。

所以，认真地研究文化的转移，不仅是认识人类文化发展史所必需的，也是认识人类文化的现状及未来发展所必需的，因而具有重要的理论和实践意义。对文化转移的深入研究，不是一件容易办到的事情，本文仅就文化发展方向的转移、文化发展侧重点（亦即文化类型）的转移和世界文化中心的转移，做一点粗浅探讨。当然，本文所讲的文化是指人类"共同文化"，而未涉及人类历史诸多不同民族文化及其差异问题。

二 文化发展方向的转移

文化的转移，最根本的表现是文化发展方向的转移，这指的是人类文化总体所表现出的文化趋势的转变。由于文化发展方向的转移，形成了人类文化大格局的转变，亦即文明形态的转折性变化。

　　对于文化，人们往往注重其静态表现即各种文化成果。其实，文化首先是人的独特活动方式，是人区别于动物而生活于世间的一种独特存在方式。文化成果是由文化活动方式转变而来的，前者取决于后者。文化的发展，最根本的是文化活动方式的发展文化发展方向的转移，最重要的也就是文化活动方式的转移。文化活动方式即是人的生活方式，其最基本的也是最重要的内容是生产活动方式。生产活动之所以在文化活动中占据如此重要的地位，在于生产活动是人与动物相区别的根本活动，是一种最基本最重要的文化创造活动。因此，文化活动方式的转移主要地表现为生产活动方式的转移。正是生产活动方式的转移，带动了其他各种文化活动及文化成果的转移。

　　从人类历史上看，生产活动方式的发展主要是由三次转移组成的。

　　第一次转移，是从古猿的觅食活动向原始人类的生产活动的转移，这就形成了人类最早的生产活动方式——采集、渔猎活动。采集、渔猎活动之所以不同于古猿的觅食活动，在于发生了活动方式的根本转移。首先，是从空手活动转变为对石器、木器、骨器等原始工具的运用，这正如恩格斯所说"劳动是从制造工具开始的"[①]；其次，伴随工具的使用，人类的活动空间发生了改变，从树林来到了平原、草地、河边、湖旁，生存方式出现了转变，形成了较大的类群活动；再次，伴随使用工具的采集、渔猎活动的进行，人的躯体改造终于完成，各种活动更加自由；最后，随着劳动的发展，语言产生了，原始人类形成了最初的社会。所以，从古猿空手觅食到原始人类使用工具从事采集、渔猎，乃是一种生存活动方式的大转移。没有活动方式的这场革命性转移，就不会有劳动及人类的诞生，也就不会有文化。

　　第二次转移，是从采集、渔猎活动向农业生产的转移。农业生

---

　　① 《马克思恩格斯选集》第3卷，第513页。

产是一种比采集、渔猎活动更为高级的生产活动方式。恩格斯说过："蒙昧时代是以采集现成的天然产物为主的时期；人类的制造品主要是用作这种采集的辅助工具。野蛮时代是学会经营畜牧业和农业的时期，是学会靠人类的活动来增加天然产物生产的方法的时期。"① 从这里可以看出，采集、渔猎活动方式的最基本特点是生产对象的天然生成性。农业生产之不同于采集、渔猎，要害在于它已不是对天然存在的植物和动物的获取，而是通过劳动生产出新的植物和动物。与采集、渔猎相比，农业具备了真正的"生产"性质。由于农业生产，自然界原本具有的植物和动物得到了量的扩大乃至品种的增多；土地得到了开垦，河流得到了治理；各种金属工具也开始出现，生产力得到巨大提高；氏族部落发展为国家，社会组合复杂化；各种观念形态的文比活动也蓬勃发展起来。没有生产活动方式从采集、渔猎向种植、畜牧的农业的转变，就决不会形成这一系列新的文化现象。

然而，我们看到，农业生产决不是采集、渔猎活动的直线推进的发展结果。从采集、渔猎活动的视角看，如果讲发展，那是采集、渔猎活动的发展，即采集、渔猎方法的复杂化、活动空间的扩大比以及劳动成果的丰富化，决不是放弃采集和渔猎去另辟生产方式。因此，从采集、渔猎到种植、养殖，这是生产活动方式的一场大转移，一场革命性变革。采集、渔猎是一种大范围的找寻活动，生活方式是到处游动，而农业生产则是一种定居生活，这发生了生产空间由四处游荡到相对固定的转移。采集、渔猎的对象是自然界现成存在的植物果实和动物，生产方法是直接获取，而农业生产的直接对象是土地、种子、养殖场，间接对象是自然界尚不存在的动植物，生产方法是种植和养殖，是间接获取。只有经过从生产方法、生产空间、生产工具、生产组织的一系列转折性变化，才能形成新的生产活动方式——农业生产。当然，采集、渔猎活动所形成

---

① 《马克思恩格斯选集》第 4 卷，第 23 页。

的工具、开拓的空间以及积累的经验等，对于农业生产的形成具有不可或缺的作用。但是，这种前提作用却不能把采集、渔猎直接推进到农业生产，农业的形成必须经历一场诸多方面的大转移才能出现。

第三次转移，是从农业生产向工业生产的转移。恩格斯说："文明时代是学会对天然产物进一步加工的时期，是真正的工业和艺术产生的时期。"① 在这里，恩格斯指出了工业生产的最突出特征是"对天然产物进一步加工"。农业生产本质上只是增加了天然产物，尚没有真正生产出自然界从未存在的产品来。工业生产则在天然物的基础上进一步施加人工作用，使其变为各种人工产品，而这些人工产品是自然界自身从未存在并永远也不可能自然生成的。农业生产的基本方法是种植和养殖，工业生产的基本方法是采掘、加工制造和合成。采掘工业生产主要是对自然界既存的能源和原材料进行开采，虽然这需要十分复杂的机械，但这些毕竟尚没有生产出自然界原本未有的产品。加工制造工业生产是对采掘生产获得的原材料进行冶炼、改造的生产。冶炼改变了原材料的自然形态，加工制造则是对冶炼生产的二级原材料进行人工改造制作，使之成为各种生产资料和生活资料。经过加工制造生产出来的各种产品，是自然界从未存在的物品。合成工业生产则是对采掘生产获得的原材料进行化学加工，使之成为人工的各种二级原材料。人工合成的二级原材料与冶炼获得的二级原材料具有性质上的不同，它根本不存在于自然界，完全是人工制作的材料。

随着工业生产的发展，各种极其复杂的生产工具、科研工具出现了；各种具有复杂性能的生活用品出现了；社会组织日益扩大和复杂，国际社会形成了；各种观念文化也获得高度发展。这就使工业生产活动方式形成了一种完全不同于农业生产活动方式的新文化。与以前的生产活动方式的转移一样，工业生产也不是农业生产

① 《马克思恩格斯选集》第4卷，第23页。

的直线推进，甚至可以说这种转移的程度更大更深刻。农业立足于土地，增加自然物的生产，而工业则脱离土地，立足于对自然物的加工改造使之形成人工产物，二者的间断性是异乎寻常的。没有从生产对象、生产工具、生产空间、生产组织的一系列转移，就没有农业生产方式向工业生产方式的发展。

迄今为止的人类生产活动的三大方式——采集渔猎生产、农业生产、工业生产，无一不是在生产活动方式的转移中出现的。我们之所以用"转移"来描绘这种发展，原因就在于各种生产活动方式之间具有突出的间断性、转折性、非直线性，从旧的生产活动方式中无法直接观察到新的生产活动方式，因而具有明显的出人意料、不以人的意志为转移的特点。生产活动方式的发展为什么不是直线推进而是转移性变化呢？这其中有一条内在的支配机制。

简单地讲，决定生产活动方式不断发生转移的机制，就是自然与人类之间不断发生的挑战与应战。生物进化论认为生物是在遗传变异、自然选择中实现进化的。人类的发展则主要表现为以生产方式和生存方式为基本内容的社会文化的发展。生物进化规律在人类身上发生了相应的变化，自然环境的选择作用变成了自然的挑战与人类的应战。在挑战与应战的过程中，自然环境制约了人类的生产方式和生存方式的转变，规范了其发展方向和存在模式。在生产活动方式的发展中，这种制约与规范作用便形成了生产活动方式的出乎人意料的不断转移，从而又促成了整个社会文化发展方向的不断转移。

例如，从采集、渔猎生产向农业生产的转移，就是人类面对自然环境的挑战而做出的勇敢应战的结果。汤因比曾详细地阐述了农业在人们的应战中产生的过程。他说："在冰河时期结束以后，我们的亚非地带开始经历了一次深刻的物质变化，逐渐干旱起来；同时像其他有人类居住的地方一样，在一片从前完全是属于旧石器时期的原始社会的地方，出现了两个或两个以上的文明。我们的考古学家们鼓励我们把非洲的干旱看作是一种挑战，而这些文明的起源便是应战。""凡是在这次变化里不改变他们的居住地点又不改变他们的生活方式的人便疑有走上灭亡之路，因为他们不能对干旱的挑战进行应战。那些没有改变居住地点而改变了生活方式的人们，把自己从猎人变成了牧羊人，逐步成为亚非草原上的游牧民族。""这些富有创造力的人们在生活方式的改变中是彻底地从采集食物和狩猎生活中改变到耕种生活。"①

再如近代大工业生产的出现。美国学者杰里米·里夫金等人撰写的《熵：一种新的世界观》一书认为，欧洲从中世纪农业社会向近代工业社会的转变与能源状况有密切关系——欧洲中世纪作为主要能源的木材最终濒临枯竭而造成"能源危机"，是导致煤成为主要能源的动力和契机；由于煤炭具有大规模使用前景，以及社会日益增长的需求压力，从而推动了蒸汽机的出现和近代技术的发展，形成了工业革命。显然，这种分析把从农业生产向近代工业生产的转移，归结到自然环境的变化（能源危机）形成的挑战及人类的积极应战——工业动力技术基础的变革。这是符合事实的。

今天，人类又面临着自然的更严峻挑战：地球上出现了新的能源危机，资源濒临枯竭，生态环境污染严重。这是人类历史上又一次新的自然环境挑战。按历史告诫我们的道理看，今天人类面临的自然环境的新挑战，也将是人类文化发展方向的一个新转机，经过一番艰苦卓绝的应战，人类将寻找到新的生产活动方式和生存方式，进入一个更高级的文明形态。所以，今天的人类又一次面临文化发展方向的新转移。这个新转移不是工业文化的直线推进，也不是沿着工业文化的视角向前展望所能看到的。这个文化发展方向的新转移，是受人类对自然的新挑战所做出的应战所制约所规范的，人类将在克服自然的挑战中转移到这种新文化上来：新的生产方式和新的生存方式。对于这种新文化的来临，人们已经有所觉察。"第三次浪潮"、"后工业社会"、"生态文明"、"信息社会"等等

---

① 《历史研究》上册，第86—87页。

各种各样的说法纷纷扬扬，这都表明了一个事实，即人们已经越来越清楚地意识到：未来的新文明将是一种不同于工业文明的文化发展方向的新转移。

从人类文化史上可以看到，凡是不断发生生产活动方式转移的地区，其文化就能不断获得发展；凡是固守于某一生产活动方式不变的地区，其文化就停滞下来不再发展，从而走进了某一特定文明的死胡同。可以说，没有文化发展方向的转移就没有文化的发展。从根本上讲，文化发展方向的转移就是文化的革命性飞跃、文化的大发展。

三　文化发展侧重点的转移

文化的转移，不仅表现在文化发展方向的转移上，还表现在文化发展侧重点的转移上。

什么叫"文化发展的侧重点"？简单地说，就是文化内部的发展具有不平衡性，从而形成文化内部诸方面发展在不同时期有不同重点。关于文化总体的划分，主要有"二分法"或"三分法"。"二分法"认为，人类文化分为两个亚层次亦即两类文化，一类曰"物质文化"，另一类曰"精神文化"。"三分法"则在"二分法"的基础上，又分出一类"制度文化"。美国文化人类学家怀特就从文化划分出"三个亚系统，即技术系统、社会系统和思想意识系统"①。也有人基于研究的目的而把文化仅仅视为一种类型即精神文化，如泰勒就认为"文化或文明从一种广泛的人种学的意义上是一个复杂的整体，它包括知识、信仰、道德、法律、习俗以及其他所有人作为社会成员所获得的一切能力和习惯"②。这个事实说明，文化的存在是一个客观事实，但对文化的分类则可以根据研究

---

① 《文化的科学》，山东人民出版社1988年版，第351页。
② 转引自朱狄《原始文化研究》，三联书店1988年版，第16页。

的需要而进行多种划分。在这里，我们是从哲学的宏观角度研究文化的，可以把文化简单地分为两大类型：物质文化与精神文化。在文化的发展中，两种类型的文化均是不可缺少的，二者在文化发展中又是不平衡的，从而形成文化发展的不同侧重点：在此一时期，物质文化受到社会重视，从而成为文化发展的重点方面；在彼一时期，精神文化则又受到社会重视，从而成为文化发展的重点方面。从总的发展历程看，物质文化与精神文化作为文化发展侧重点是有规则地交替转移的，此起彼伏、循环往复地不断转移，从而形成文化的总体发展。

我们之所以把文化发展中侧重点的变换称作"文化转移"，这是因为：（1）侧重点的变化是在两种不同性质的文化类型之中发生的，形成了文化性质的转变；（2）两类文化的交替不是直线推进的，而是一种文化形态的转变。由于文化发展侧重点的不同，形成了社会主导文化的不同。文化发展侧重点的转移，也就形成了社会主导文化的转移。物质文化与精神文化是两类性质截然不同的文化，它们分别在社会中成为主导文化后，使整个社会文化呈现为两种根本不同的形态。如果不从文化转移的观点去看待和认识这种文化发展侧重点的变化，就难以充分把握这种转变的本质，更难以适应这种转变。

对于文化发展侧重点的有规则转移，日本未来学家堺屋太一最早给予了充分重视。他认为："人类历史的发展并不是一条直线的，从古代社会到现代社会的发展是曲折的，用现代社会的标准来看，有时甚至离开了正常轨道。"他发现："人类所追求的理想和信念并不是任何时代都是一致的"，"不同的社会有不同的信念和社会规范，它的基础是不同的美学意识和不同的伦理观念"即价值观念①。他还认为，文化的发展是在追求物质财富价值和追求主观精神价值之间的交替转移中实现的，于是形成了文化发展侧重点

---

① 《知识价值革命》，第131～132页。

的不断转移——在物质文化与精神文化之间交替转移。他详细地考察了文化发展侧重点的转移历史，认为："古代社会的思想基础是追求物质财富，为取得更多的物质财富而做出努力。研究科学，发展技术，建立各种不同组织机构，扩大领土，兴修水利以及进行物质财富的分配等，这一切都是和要取得更多的物质财富的古代人的欲望联系在一起的。"[1] 这就是说，古代社会是一个追求物质财富的价值观念居于支配地位的社会。在古代社会，生产技术水平有了很大的提高，科学萌芽于劳动实践之中。农业获得较大发展，灌溉和排水设施有了发展，可耕面积大大扩展。由于把科学技术运用于生产及运输之中，人们就有可能生产出更多的物质财富。所以，古代社会也是一个物质文化获得较大发展的时期。

古代社会衰落之后，取而代之的是中世纪社会和中世纪文化。中世纪的文化是一种不同于古代文化的另一种文化形态。堺屋太一认为，"社会缺乏对物质财富的追求和关心，因而物质的价值并没有成为决定社会结构和人的行为的主要因素。"[2] 中世纪文化是一种"物资匮乏而时间过剩"的文化，"中世纪人把'过剩'的时间用于精神生活和艺术创作上，从而'创造'了远离客观世界的主观世界。"[3] 中世纪人在这些精神产品中发现了内在的美，为了表现这种内在的美，他们花了很长时间去修建教堂、寺院和石窟。然而与此同时，许多农田却变成了荒地，经济几乎停止了发展。中世纪的宗教活动十分活跃，从而使中世纪文化成为宗教文化占绝对统治地位的文化。这就遏制了科学技术的发展，进一步阻挠了物质财富的扩大再生产。所以，从本质上讲，中世纪文化是一种重视主观精神价值、轻视物质财富价值的文化。

从中世纪到现代社会（包括近代社会）的转变，文化发展的

---

① 《知识价值革命》，第 138 页。
② 同上书，第 153 页。
③ 同上书，第 151 页。

侧重点又转移到物质文化上来。"促使中世纪崩溃的原因是什么呢？它就是中世纪末期社会生产力的发展和物质财富的增加。"①"对传统的中世纪社会来说，生产力的发展和人们追求丰富的物质财富就意味着中世纪社会陷入了'危机'。"② 与中世纪社会相比，现代社会的文化是一种宗教衰退、科学技术占据支配地位的世俗文化，是一种十分重视物质财富价值的文化，并且也是一种物质文化获得了巨大发展的文化。

堺屋太一在考察了文化发展的历史之后，又对未来社会的文化做出了独特探讨。他提出："人的美学意识和伦理观念即价值观正在发生很大的变化。基于这一点，我们认为，工业社会即将结束，建立在新的价值观念基础上的崭新的社会即将到来。"③ 而未来社会的文化将是一种重视主观精神价值的新文化。对于这种主观精神价值，他称之为"知识与智慧的价值"。他说："'知识价值社会'，并不是目前工业社会的延续；换言之，它不是'工业高度发达的社会'，而是区别于工业社会的'新社会'。"④

从堺屋太一对文化发展的考察中可以看出，文化的发展是在追求物质财富价值与追求主观精神价值之间的交替转移中实现的。在古代社会，物质文化受到重视并成为文化发展的侧重点；在中世纪社会，精神文比受到重视并成为文化发展的侧重点；在现代社会，物质文化又受到重视并成为文化发展的侧重点；在未来社会，精神文化将再度受到重视并成为文化发展的侧重点。

文化的两大类型为什么会在发展中不断交替转换，从而形成文化发展侧重点的转移呢？人的文化价值追求为什么会出现不断转移呢？现代心理学表明，引发和驱使人去行动的内源动力是生理内驱力和心理内驱力。生理内驱力在个体心理和意识中的反映便是人的

① 《知识价值革命》，第 167 页。
② 同上书，第 169 页。
③ 同上书，第 135 页。
④ 同上书，第 216 页。

生理性需要，表现为衣、食、住、行等物质文化需要。心理内驱力在个体心理和意识上的反映就是人的心理性需要，表现为信仰、伦理、审美等精神文化需要。所以，正是人的两类基本需要赋予了两类文化以两类基本价值。人的需要是不断变换的，两类需要之间也是变换的，这又形成了人们的价值追求的转移。马斯洛曾提出"优势需要"理论，认为人的"优势需要"同其他需要相比具有较大的强度，显得急迫和强烈，因而能满足主体"优势需要"的客体是最有价值的对象，成为价值追求的重点。如果把这种"优势需要"理论加以宏观运用，从社会层次上和历史变化角度来看，社会规模上的人类群体也有"优势需要"的情况，从而出现社会性的价值追求重点。"优势需要"理论还认为，人的"优势需要"不是固定的，随着需要的满足，优势就会失去，对价值对象的追求也会降低，并出现新的"优势需要"及追求重点。把这个理论加以宏观运用，从社会层次上和两大类基本文化价值层次上看，人们的物质文化优势需要与精神文化优势需要也会随满足水平的提高而相互转移，从而形成物质文化与精神文化的价值追求重点的相互转移，并决定文化发展中两个侧重点的相互转移。

认识了文化发展侧重点的转移，就会使我们领悟到：尽管在某一特定历史时期中某类文化居于重点地位，但这种现象决不是永恒的，文化发展的侧重点将向另一类文化转移。只有文化发展侧重点的不断转移，才能在这不平衡中求得文化发展的平衡，并获得文化的总体进步。

研究文化发展侧重点的转移，具有突出的现实意义，这是因为，当代人类正面临着一场文化发展侧重点的新转移。我们看到，现代社会过分注重物质文化价值。在经济发展、物质财富飞速增加的同时，人们的享乐主义、拜金主义、个人主义盛行。人类亟须建立一种注重人的内在价值即精神价值的文化，一种崇尚伦理、崇尚内在美的文化。这种文化并不鄙弃物质文化，而是把科学技术和物质文化运用于精神价值的创造之中，使人的主体精神从物欲的压抑下解放出来，真正实现人的主体解放与自由。

目前，我们国家摆脱了长时期极"左"思潮的影响，把工作重点转移到经济建设上来，正在建设社会主义市场经济，并已经获得了巨大成效。从我国目前所处的文化发展阶段来说，正是一个工业化时期，经济建设亦即物质文明受到高度重视是正确的。但是也必须看到，随着经济建设的发展，忽视精神文明的弊端也逐渐显露出来。我们所要建设的是有中国特色的社会主义市场经济，它的市场经济特征，决定了它对物质文明的追求；它的社会主义特征，即向未来新文化发展的特征，又要求它对理想、信仰、道德、审美等人的内在价值亦即精神文明的追求。因此，我们必须坚持两个文明一齐抓，既重视科学技术又重视人文精神。

四　文化发展中心的转移

在文化发展中，某一时代的主流文化（先进文化）并不是在世界范围内同时产生并发展的，而是在某一局部地区首先产生并发展起来，随后才又向世界各地传播的。某一时代主流文化的首先发生、发展地区，就是该时代或该文化的"文化发展中心"。由于这种"文化发展中心"是从世界范围讲的，所以又叫"世界文化发展中心"。人类发展史表明，"文化发展中心"并不是固定不变的。随着文化的发展，"文化发展中心"也在不断转移其地域位置，这就是"文化发展中心的转移"或曰"世界文化发展中心的转移"。

表面看来，文化发展中心的地域转移似乎纯属偶然，与文化发展并无内在联系。其实不然。它与文化发展方向的转移、文化发展侧重点（类型）的转移都有着密切的联系。因此，文化发展中心的地域转移也是文化发展的一条重要规律。切实掌握文化发展中心的转移，对于我们理解文化的发展历史，理解不同地区和民族的文化作用与文化属性，以及准确把握世界文化的未来发展，都是很重要的。

　　关于文化发展中心及其转移的问题，也是文化理论研究中长期争论的一个问题。在文化研究中一直存在着进化论与传播论之争。进化论认为，人类文化的进步是逐步完善的，某些文化现象是另一些文化现象的自然发展。文化传播论则反对进化论的文化观，而且无视人类在文化上的创造力，认为文化是由一个地方传播到其他地方的。进化论与传播论的争论焦点虽集中于文化起源，但其基本思想却涉及整个文化史即各种不同新文化的发生与发展。它们各有其合理成分，同时又各有偏颇。进化论认为文化是不断由低级向高级发展的，这是对的。但它否认文化的传播作用，似乎文化可以不受地理环境及其他条件而孤立发展，则是不对的。尤其是在文化发生发展中具有不平衡性，并不是世界各地均能够同时发生发展各种文化，特定时代的主流文化总是在少数或特定地区首先发生和发展起来，随后才传播于世界各地。所以，文化发展中心是存在的。文化传播论认为文化传播在文化发展中具有重要作用，这是正确的。但它否认人类普遍具有文化创造能力，坚持世界文化只有一个发源地或中心，则是不对的。尤其是随着文化发展方向及发展侧重点的转移，本来不是文化中心的地区也可以创造出新文化并因而成为新的文化中心和新文化传播者。如果像传播论者那样否认人类普遍具有文化创新能力，那么世界文化中心就不会转移。单凭传播，文化的发展也就成为不可能。所以，我们坚持文化进化论与文化传播论的统一，坚持文化转移论：文化在转移中进化，在转移中传播；同时，文化也在进化中转移，在传播中转移。关于世界文化发展中心的转移，其实是很普通的历史常识，关键只在于能否对它从文化发展规律的角度加以理解和把握。

　　根据考古学和古人类学的研究成果表明，世界的早期文化大致可分成两个传统。一个主要是石核技术传统，就是从砾石工具文化到手斧文化。这一系统可能是从非洲起源的，奥尔杜韦文化是其代表，然后扩展到欧洲。另一个主要是石片技术系统。这一系统在我国山西西侯度遗址发现的石片文化是最早的（更新世早期），在欧洲发现的克拉克当文化出现的时间要比较晚些（大约距今 50 万年到 25 万年之间）。所以石片文化是从亚洲起源的，以后扩展到欧洲。从旧石器的这两大系统看，人类早期文化的发展中心在非洲（坦桑尼亚和肯尼亚一带）和亚洲（中国一带），后来经由文化传播作用，才在世界其他地方发展起来。从生产活动方式的发展历史看，这应当算是采集、渔猎时代的文化发展中心。

当生产活动方式从采集、渔猎时代转移到农业生产时代，世界文化发展中心便是四大文明古国：埃及、巴比伦、印度和中国。从地理位置上讲，这四个文明古国均属于世界的东方（从埃及到中国），也就是说，农业文明的中心在东方。当然，这些农业文明古国作为世界文化中心的时间是不一样的，其中只有中国经历的时间最长，直到近代工业文明兴起之后，中国才失去了作为文化发展中心的地位。

欧洲，尤其是地中海一带，在公元前数世纪便从东方文明古国的文化传播中获得了先进的文化，随后在古希腊罗马时期又获得了充分发展。但在漫长的中世纪，欧洲的农业文明受到宗教的遏制，并没有超过东方的中国。但在文艺复兴之后，近代科学技术逐渐发展起来，工业革命发生在西欧，从而使欧洲成为工业文明的中心。从地理位置上讲，世界文化发展中心从东方转移到了西方。准确地讲，在西方又经历了从地中海到西欧再到北美的转移。所以，现代文化即工业文明、科学文化的中心在西方。当然，随着工业文明在世界范围的传播，东方也形成了发达的工业文明国家，如日本、南亚等地。西方作为文化发展中心的地位正在下降。

世界文化发展的中心为什么会在地域上不断转移呢？只要仔细观察一下，就不难发现：文化发展中心的转移总发生在生产活动方式的转移亦即文化发展方向的转移时期，也就是说，文化发展中心的转移与文化发展方向的转移是同步的。从深层分析上看，正是文化发展方向的转移为文化发展中心的转移提供了契机。这是因为，文化发展方向的转移标志着一种新性质的文明的出现，而这种新文明与传统文明并不是直线延续的；在旧文化中心地区，传统文明力量特别强大，足以抵制新文明的产生；而在旧文化的边远地区，传统文明是由传播而来的，传统力量比较弱，若再遇上自然的严峻挑战，人们往往更容易去寻找新的生产活动方式来应战，从而率先进入新文明。由此可见，文化发展中心的转移不过是文化发展方向的转移在地域转移上的表现。文化发展方向的转移是文化发展中的必然，文化发展中心的转移当然也是文化发展中的必然。只要有文化发展方向的转移，就会有文化发展中心的转移。

应该看到，现代文化已与以往的文化大大不同，世界正在变成一个"地球村"，文化的传播使世界联系成一个整体。但是，辩证法认为在事物的发展中，平衡是相对的，不平衡则是绝对的，否则事物就失去了生命力。文化的发展也是如此。文化发展中心的形成，从实质上讲就是世界文化发展的不平衡造成的。一种新文明总不可能在世界各地同时一下子出现，局部地区出现了新文明就形成了世界文化的不平衡，新文明由发生地向其他地区传播，发生地便成了该文明的中心。经过一个时期的传播，发生地便失去了文化优势和文化中心的地位，世界各地都获得了这种文明，世界文化开始趋于平衡。而这时更新的文明又会在局部地区出现，从而形成新的不平衡以及新的文化中心。当然，随着文化的发展，文化的传播速度加快，作为文化中心的地区将越来越快地失去文化优势。即使这样，文化中心的出现仍是文化发展中的必然现象，并且文化中心的转移也仍是必然的，决没有永恒的文化中心地区。

我们看到，随着工业文明的传播，世界各地的工业文化水准正在迅速提高，西方工业文化中心的地位正在丧失。在世界各地工业文化水准的提高中，东亚南亚地区非常引人注目，也就是说世界的东方又在崛起。然而，东方的真正崛起决不仅仅在于学习工业文化和提高工业文化，而在于面对自然环境的新挑战（能源危机、资源枯竭、生态恶化等）而做出的勇敢应战，因为人类在这次应战中需要探索到新的生产方式和新的生存方式亦即新文明。东方应在人类新文明的开拓中做出新的贡献。这将是世界文化发展中心的一次更伟大的转移，古老的东方又迎来了新文明的曙光。

（原载《中国社会科学》1995 年第 6 期）

从社会结构的职能性与利益性看改革

一 当前社会改革中的一个重要问题

从 1978 年党的十一届三中全会开始，我国进入了社会主义改革的历史新时期。经过近 20 年的艰难历程，我们的改革事业取得了巨大成功。目前，我国的改革仍在向纵深发展，有许多重大理论问题不断摆到我们面前，亟须我们作出深入的研究。这其中的一个重要问题，就是社会改革中的职能性原则与利益性原则问题。

这个问题起源于社会结构的职能性与利益性。由于社会结构具有职能性层面和利益性层面（对社会结构的职能性与利益性的具体探讨将在下一节进行），必然导致社会改革中的职能性改革与利益性改革，从而形成职能性原则和利益性原则。这是一个事关我国改革事业向纵深发展的重大问题。对此，我们可以从以下几个改革中的现实问题来观察。

关于经营权与所有权问题，以及更为根本的所有制问题。我国改革是从农村开始的，农村改革的最大举措就是废除人民公社，实行农民家庭联产承包责任制，这是一种土地经营方式的改革，而土地所有权仍在国家和集体。农村改革正在继续，土地需要实行集约经营。如何处理土地占有方式的问题一再被提出来，而我们尚缺乏明确的认识和方向。城市改革使大批民营企业应运而生，有的越搞越大。这也不断提出新的问题：这些私人企业的前途究竟是怎样的？当前及今后较长的一个时期的正确抉择应是怎样？与此同时，国营企业也正处在大刀阔斧改革之中。或股份制，或私营化，或继续坚持国营，何去何从都十分尖锐地摆在我们面前。所有制形式上的公有制到底还应不应该是社会主义的本质问题？人们争论得似乎越来越糊涂。在经营权与所有权以及所有制上，到底该坚持什么，该采取什么改革措施？

关于公平与效率问题。改革促进了发展，使一部分人、一部分行业先富起来，也使人们的贫富差距拉大了。致富手段、方法、途径也复杂化了。有的人把改革的目的放在效率上，一切为了提高效率。于是，就形成了公平与效率的关系问题的争论。争来争去，似乎二者是相互对立的，或者以损害公平为代价而保效率，或以牺牲效率为代价而保公平。倘若这样下去，我们到底该建设一种什么社会局面呢？公平社会还是效率社会？显然，人们并没有真正弄清楚公平与效率到底是什么性质的社会问题。

所有制问题，经营权与所有权问题，公平与效率问题，还有其他一些相关问题，都是一些事关社会主义本质的大问题。可是，近几年理论界出现了一种极大的片面性，把这些问题统统都排除于社会主义的本质之外，只坚持"解放生产力，发展生产力"是社会主义的本质（他们说这是邓小平的观点，其实是肢解邓小平同志的完整思想，在后文中我们还将就此作出论述）。显然，在深化改革中，正确地处理这些事关社会主义本质的问题，关系到改革成败的大局。而且，这并不仅仅是坚持改革的社会主义方向的问题，也是能不能推进改革、加大改革力度从而获得更大改革成就的问题。

所有制、经营权与所有权、公平与效率等问题，都与社会结构的职能性与利益性密切相关，合理解决这些问题，就是社会改革中的职能性原则与利益性原则的问题。由此可见，认真研究社会结构的职能性与利益性，能动地处理好它们的关系，对于深化当前的社会改革，确实具有重要意义。

二 社会结构的职能性与利益性

在系统论观点看来，社会是一个具有一定职能（功能）和结构的系统。社会系统是十分复杂的，其结构也异常复杂。从宏观上讲，社会结构具有多层次、多侧面的特点。从本文所要考察的角度讲，社会结构可划分为两个层面，一个是职能性结构层面，另一个是利益性结构层面。

社会的职能性结构，又称功能性结构、技术组织管理结构。职能结构是一种什么性质的社会结构呢？"为了使社会有机体正常运转起来，人们必须从事生产、运输、交换、分配、消费等物质生产和物质生活活动，从事教育、科学、文化等精神生产和精神生活活动，从事军事、政治、外交、组织等协调、管理、保卫活动。人们在从事每一种活动的时候，都形成一种人与人、人与物的特殊的结合，形成着一定的结构，组成某种'社会器官'。而具有特定功能的各种社会器官的有机结合则保证了社会有机体生命过程的实现。我们把由社会系统'生命'实现过程中所不可缺少的人们的各种活动、环节及它们之间的功能关系所组成的社会结构称作社会的功能性结构。"（吴元樑：《社会系统论》，上海人民出版社1993年版，第44页）人类总体在自然环境中生活，每个人又在社会环境中生活，都需要发生和形成各种各样的社会组合来实现特定的社会职能，这包括经济、政治、文化等各类职能。要实现这些职能，就要求社会组合必须有与之相对应的结构，这种为实现社会职能而形成的结构就是社会的职能结构。例如，农村、工厂、机关、学校等，都是职能性结构。从国家层次讲的社会职能结构，主要是各种经济管理体制、行政管理体制和文化管理体制。

人们在社会组合中不仅维持着职能关系，还保持着利益关系，这些利益关系又形成了社会的利益性结构。社会的利益性结构，指的是人们的不同社会地位和社会权力，包括经济、政治、文化等诸方面。生产资料的所有制关系，生活资料的分配关系，阶级阶层的地位关系，都是社会的利益性结构。在社会的利益性结构中，以生产资料的所有制为核心的生产关系是其重要内容。所以社会的利益性结构，亦即人们的社会地位、社会权力结构，是社会的根本制度，它体现为社会的经济制度（公有制还是私有制）、政治制度（哪个阶级专政）和意识形态（哪种思想居统治地位）。

马克思主义经典作家的许多论述都涉及社会的职能性结构与利益性结构的问题。如恩格斯在论述未来共产主义社会时说："首先将根本剥夺相互竞争的个人对工业和一切生产部门的管理权。一切生产部门将由整个社会来管理，也就是说，为了公共的利益按照总的计划和在社会全体成员的参加下来经营。这样，竞争将被这种新的社会制度消灭，而为联合所代替。因为个人管理工业的必然后果就是私有制，因为竞争不过是个别私有者管理工业的一种方式，所以私有制是同工业的个体经营和竞争密切联系着的。因此私有制也必须废除，代替它的是共同使用全部生产工具和按共同协议来分配产品，即所谓财产共有。废除私有制甚至是工业发展所必然引起的改造整个社会制度的最简明扼要的说法。所以共产主义者提出废除私有制为自己的主要要求是完全正确的。"（《马克思恩格斯选集》第 1 卷，第 217～218 页）在这里，恩格斯分别提出了对生产部门的"管理"、"经营"问题，同时也提出了公共的"利益"、"私有制"、"财产共有"、"共同使用全部生产工具"和"按协议来分配产品"等问题。前者属于社会的职能结构，后者就属于社会的利益结构。马克思在《资本论》第 4 卷即《剩余价值理论》一书中，也涉及生产（社会）的职能结构与利益结构。他说："资本主义生产本身已经使那种完全同资本所有权（不管是自有的资本还是别人的资本）分离的管理劳动比比皆是。因此，这种管理劳动就完全无须资本家亲自担任了。""只要这种劳动是由劳动的社会形式（协作、分工等等）引起，它就同资本完全无关，就像这个形式本身一旦把资本主义的外壳剥去，就同资本完全无关一样。……庸俗经济学家不能设想在资本内部发展起来的劳动的社会生产力和劳动的社会性质，能够脱离它们的这种资本主义形式，脱离它们的各因素的异化、对立和矛盾的形式，脱离它们的颠倒和混乱。"（《马克思恩格斯全集》第 26 卷〔Ⅲ〕，第 552～553 页）在这里，马克思所讲的"管理"、"协作"、"分工"等劳动的"社会形式"，就是社会生产的职能结构，它是直接为形成生产力和生产活动服务的，它们与资本主义生产方式没有根本联系，可以离开资本主义而存在；而"资本主义的外壳"、"资本主义形式"则指的是以资本家占有制为核心的资本主义生产关系的经济制度，它们是社会的利益结构，是资本主义经济制度的灵魂，是与资本主义制度共存亡的。马克思还反复阐述过"协作"、"分工"等现代生产结构在组成生产力中的突出作用。例如，他说过："［提高劳动生产力的］主要形式是：协作、分工和机器或科学的力量的应用等等。"他还说过："协作是一般形式，这种形式是一切以提高社会劳动生产率为目的的社会组合的基础，并在其中任何一种协作中得到进一步的专业划分。"（《马克思恩格斯全集》第 47 卷，第 290、291 页）马克思把"协作"称作"一般形式"，"是一切以提高社会劳动生产率为目的的社会组合的基础"，这就把它从资本主义的生产方式和经济制度（利益结构）中剥离出来，把它看成超越利益结构的一般性生产结构，这就是社会生产的职能结构。

应当承认，在马克思恩格斯的时代，揭示资本主义生产关系的根本弊端和腐朽性、建立无产阶级革命理论是最突出的任务，因此，他们把充分揭示社会的利益性结构，即以生产资料所有制为核心的生产关系及阶级差别、阶级对立与斗争作为主攻方向。所以，在马克思主义的经典论述中，关于社会结构的利益性的论述要更多一些。但决不能由此就断言马克思主义经典作家没有注意到社会的职能性结构，更不能由此否定社会的职能性结构的存在。也正是由于我们以往过多地重视了利益性结构而忽视了职能性结构，以致以利益性结构取代了职能性结构，这就在实践上造成了重大失误：只注重所有制问题，满足于建立了公有制生产关系，而忽视科学管理问题，从而直接影响了各项工作尤其是经济工作的效率，形成生产长期徘徊不前的局面。改革开放以来，由于在某种程度上仍把以所有制为核心的利益结构作为社会结构的全部内容，又往往造成体制改革的被动，以致一些人以为体制改革（职能性结构）就是所有制改革，把所有权与经营权混为一谈，认为要建立适合现代生产的新的科学管理体制就是要变革公有制和搞私有化。这个错误在本质上与先前的只满足于生产关系公有化是一样的，都是只看到了所有制问题。显然，要切实搞好改革，必须认识清楚社会结构中存在着职能性结构与利益性结构两个层面，切不可以偏概全。

现代西方学者对于社会的职能性结构，给予了较充分的注意。韦伯对现代社会的组织管理体制进行了深入的研究，提出了著名的科层制理论。丹尼尔·贝尔也对西方社会的技术组织管理给予了较充分的分析："社会结构包括经济、技术和职业制度。……社会结构的中轴原理是经济化，这是一个根据最低成本、使用代用品、谋求最佳效果和寻求最高价值等原则来分配资源的途径。……社会结构——是一个旨在协调个人行动以达到特殊目的的职能结构。"（《后工业社会的来临》，商务印书馆1984年版，第18页）西方学者们认识到，社会的职能性结构具有普遍性，不因社会制度的不同而不同。这正如托夫勒所说："我们可以看出所有第二次浪潮国家共同结构的一个轮廓。不论它们的文化和气候有何不同，不论它们的民族和宗教传统有何不同，也不论它们自封为资本主义还是共产主义。这些相互平行的结构，作为基础，在苏联与匈牙利，和在西德法国还是加拿大并无二致。"（《第三次浪潮》，第81页）这都表明，社会的职能性结构的确与利益性结构不同，不同社会制度的国家实质上是利益性结构的不同，即以生产资料所有制为核心的生产关系的不同，而不是技术管理体制、经济经营方式等职能结构的不同。所以，不同社会制度的国家，可以在坚持各自的利益性结构不变的情况下而相互学习管理体制和经营方式方面的成功经验，从而达到提高效率的目的。

深入认识社会结构的职能性与利益性，不仅要明确它们之间的区别及各自的特征，也要弄清两者的相互关系。

从发生学上看，职能性结构是伴随人类社会的出现而形成的。在原始时代，"劳动的发展必然促使社会成员更紧密地互相结合起来，因为它使互相帮助和共同协作的场合增多了，并且使每个人都清楚地意识到这种共同协作的好处。"（《马克思恩格斯选集》第3卷，第510—511页）这表明，正是提高劳动能力的最初需要，促使社会的职能性结构形成了。但是，由于这时的生产力极其低下，几乎没有什么剩余产品，分工也是完全按自然条件（男女老幼）而进行，社会内实行的是原始公有制，人们之间没有利益上的区别，也没有社会地位和社会权力的高低区分。当随着生产力的不断提高，社会分工日益发达并出现了私有制之后，人们在社会利益上形成了越来越大的差别，社会地位与社会权力也形成了显著的不同，阶级出现了。不同社会制度的区别，主要就是生产资料所有制、产品分配方式等构成的生产关系的区别。

在职能性结构与利益性结构并存的时代，它们是统一社会结构的不同层面，具有相互对应的关系。一般讲来，凡在社会中占有生产资料的阶级和集团，也拥有政治、文化上的统治权，同时在职能性结构中也居于经营管理的支配地位，不论是经济管理、行政管理，还是文化管理都基本如此。当然这也不是说它们完全一致，在所有权与经营权分离的情况下，它们二者有时同一，也有时相区别。例如，企业中的经理往往只具备经营管理权而无占有权。但从根本上讲，管理权还是在拥有资产的董事会尤其是大股东手里，所有权仍与管理权在深层次上相一致。所以，既要注意职能性结构与利益性结构的一致性，也要注意其差异性，并能动地利用其既一致又差异的关系。

社会的职能性结构与利益性结构既在社会总体上发挥重要作

用，彼此也保持着相互影响。不论职能性结构还是利益性结构，归根到底它们都是社会系统的结构，作为结构，它们还要形成社会总体上的功能，这功能不是别的，就是社会生产力。表面看来，似乎只有职能性结构参与形成社会生产力，利益性结构由于只涉及占有和分配方式以及阶级关系，似乎对生产力的形成就不起作用了，其实不然。从根本上讲，人们的各种活动是为了追求一定的利益，因而追求利益成为人们活动的动力。在阶级社会中，利益不是统一的而是不同的，但这不同的利益也要通过各自的活动来取得。生产活动是不同阶级的人们为了获取生活资料而必须进行的活动，尽管阶级不同因而在社会内部分配生活资料的方式也不同，但是获取生活资料的方式却是相同的，这就是形成生产力并从事生产活动。在生产活动中，经营方式上的职能性结构形成了生产力活动的工作机制，而利益性结构则形成了生产力活动的动力机制。没有职能性结构形不成现实生产力，没有利益性结构则形不成生产动力即生产积极性。所以，利益性结构是否调整得合理，直接影响到人们的生产积极性。农村改革中实行的家庭联产承包责任制，不仅是经营方式上的变革，也是分配方式上的变革，这种利益结构的调整直接提高了农民的生产积极性。在阶级社会中，代表先进生产力的阶级对腐朽没落阶级的斗争及对生产关系的变革，也直接推动了生产力的发展。

职能性结构与利益性结构也具有一种手段与目的的关系。职能性结构形成工作机制，工作机制的最高原则是效率。因此，提高效率是改进职能性结构的直接目标。但是提高效率却不是人们工作的目的，目的是什么？就是各项工作的成果。这些工作成果又正是人们进一步分配的利益所在。人们是在社会的利益性结构中获得各种社会产品的，并不是从职能性结构中直接获取，因为职能性结构与利益性结构并不能简单画等号。例如，在资本主义制度中，工厂的经理是管理者，但他获取报酬却要按照协议以领取工资的方式来实现，而不能像资本家那样直接占有剩余价值。在社会主义制度中，工厂的经理也是管理者，但工厂归社会所有，他也必须按规定以领取工资的方式获取报酬。正由于这个原因，人们为了获得合理的利益，就必须不断调整利益性结构（占有与分配方式）。从这里可以看出，效率应是手段，而公平才应是目的。

三　正确把握社会改革中的职能性原则与利益性原则

深入认识社会结构的职能性与利益性及其相互关系，是为了正确地把这种认识运用于我们当前的社会改革之中。这就形成了社会改革中的职能性原则与利益性原则。

在马克思主义经典作家那里，社会结构中的利益性结构得到了充分的揭示和高度重视。随着社会主义制度（主要是利益性结构）的建立，尤其是随着社会主义建设事业的发展，社会的职能性结构问题日益突出，并逐渐成为社会改革的重点。在我国的改革实践中，邓小平同志提出了建设有中国特色社会主义的伟大理论。在这个理论中，对于社会改革中的职能性结构变革和利益性结构变革及其关系都给予了前所未有的重视。这突出地表现在邓小平同志关于社会主义本质的思想中。

邓小平同志在 1992 年春天的南行讲话中指出："社会主义的本质，是解放生产力，发展生产力，消灭剥削，消除两极分化，最终达到共同富裕。"（《邓小平文选》第 3 卷，第 373 页）这句话十分完整地阐述了社会主义的本质，其中既包括对社会主义社会职能性结构本质的揭示，也包括对社会主义社会利益性结构本质的揭示。他所说的"解放生产力，发展生产力"，就是从职能性结构上对社会主义本质的阐述。社会主义的社会结构（制度）必须是大力解放生产力、发展生产力的社会结构，各种经济、政治、文化体制必须有利于生产力的发展。为了提高生产力，务必搞好经营管理体制上的改革。职能性结构的改革，就是要以"是否有利于发展社会主义社会的生产力，是否有利于增强社会主义国家的综合国力"
为标准。他所说的"消灭剥削，消除两极分化，最终达到共同富
裕"，就是从利益性结构上对社会主义本质的阐述，这包括：公有
制、按劳分配、人民民主专政等等。社会主义的社会结构（制度）
也必须是消灭剥削、共同富裕的社会结构，各种经济、政治、文化
制度必须有利于消灭剥削、共同富裕。为了消灭剥削，最终达到共
同富裕，尽管需要走漫长的道路和采取一些过渡性措施（例如允
许一部分人先富起来），但务必记住社会主义的这个根本方向，搞
好各项有利于消灭剥削、共同富裕的制度改革。利益性结构的改
革，就是要以"是否有利于提高人民的生活水平"为标准。这里
的"人民"不是一部分或少数人，而是全社会的人民。邓小平关
于社会主义本质的思想，包含上述两层意思，但却是统一而不能割
裂的。有的人对社会主义本质中包含"解放生产力，发展生产力"
不理解，觉得只应包含"消灭剥削，消除两极分化，最终达到共
同富裕"，这是由于以往过分强调利益性结构而忽视职能性结构的
习惯所致，显然是片面的。也有的人只看到了"解放生产力，发
展生产力"，认为这才是社会主义的本质，从而又忽视了"消灭剥
削，消除两极分化，最终达到共同富裕"，显然这是走向了另一极
端，依然是片面的。更有甚者，以为"发展生产力"就是唯一方
向，利益性结构无关紧要，这就必然导致社会主义制度的破坏以致
解体。由此可见，充分认识社会主义社会结构的职能性与利益性及
其关系，对于正确坚持社会主义的本质和方向，是多么必要和
重要。

　　在正确坚持社会主义所有制和搞好经营管理体制改革上，也需
要正确把握职能性原则和利益性原则。农村实行联产承包责任制是
一项成功的经营方式改革，对于农民的利益调整（分配方式）也
是合理的。但根据社会主义的利益性结构原则，决不允许土地私有
化，必须坚持土地占有制上的公有化。否则，必将导致两极分化，
最终葬送社会主义。国营企业改革，也应在经营体制上下功夫，适

度调整利益结构（如实行股份制、承包制）以提高人们的生产积极性也是必需的，但决不要轻易实行私营化，尤其不能把国营转民营作为一种利益结构（占有制）改革的方向。在保持国有的基础上，加大经营体制改革和适度调整利益结构，完全可以既提高职工的生产积极性又提高企业的生产力。总之，在所有制问题上决不能放松，否则就没有社会主义可言了。同时，职能性原则与利益性原则又表明，二者并不是一回事，为了提高职能并不需要在利益性结构上（如所有制上）做根本变革，需要做的仍是职能性结构的改革。在所有制问题上，可以在坚持公有制前提下，进一步分离所有权与经营权，从而适度调整利益结构和提高工作积极性。

正确把握职能性原则与利益性原则，深化了对公平与效率之间关系的认识。效率属于职能性结构范围的事情，通过改革经营管理体制，搞好匹配组合，就可以获得效率上的提高。公平属于利益性结构范围的事情，坚持占有方式的公有制和分配方式的按劳分配，是保持社会公平的基本途径。公有制、按劳分配并不妨碍职能性结构改革和提高效率。占有方式的所有权与经营权适度分离及按劳分配的真正贯彻实施，也完全能够调动人们的积极性从而促进效率的提高。决不应把效率放在至高无上的地位，效率永远是手段，公平才是目的。正确的抉择是：公平基础上的效率，更高效率中的公平。

建立和完善社会主义市场经济是我们当前经济体制改革中的头等大事。围绕市场经济，曾长期存在一种观点，即"市场经济＝资本主义"，社会主义经济只能是计划经济。邓小平同志指出："计划多一点还是市场多一点，不是社会主义与资本主义的本质区别。计划经济不等于社会主义，资本主义也有计划；市场经济不等于资本主义，社会主义也有市场。计划和市场都是经济手段。"（《邓小平文选》第 3 卷，第 373 页）他还说："总之，社会主义要赢得与资本主义相比较的优势，就必须大胆吸收和借鉴人类社会创造的一切文明成果，吸收和借鉴当今世界各国包括资本主义发达国家的一切反映现代社会化生产规律的先进经营方式、管理方法。"
（同上）他还批评道："改革开放迈不开步子，不敢闯，说来说去
就是怕资本主义的东西多了，走了资本主义道路。要害是姓'资'
还是姓'社'的问题。"（同上书，第 372 页）资本主义与社会主
义的本质区别，不在生产力上而是在社会结构上，并且也不是在职
能性结构上而是在利益性结构上，即不在经营管理体制上而只在占
有方式分配方式上。"计划和市场都是经济手段"，这表明计划和
市场不属于社会的利益性结构而属于职能性结构，它们的区别只是
职能结构内部经营管理体制的不同，因而采取计划还是市场并不影
响整个经济结构和社会结构的性质。但是，采取计划还是市场，抑
或二者的结合，要视生产力的发展水平而定，而不是视利益性结构
（占有与分配方式）而定。正是由于这个缘故，邓小平具体分析了
我国生产力的实际情况，并根据促进生产发展的需要，而把单一的
计划经济改为社会主义市场经济。这从社会改革的职能性原则和利
益性原则讲是完全行得通的。从这里也可以看出，姓"社"姓
"资"的划分并非没有意义，只是不能太宽泛，不应把社会的职能
性结构与利益性结构都纳入姓"社"姓"资"的范围，而应主要
限定在利益性结构上。实际上，不仅经济领域，即使其他领域的非
利益性结构措施，也可以学习和借鉴西方的。当然，社会结构的两
个层面是相互制约、相互作用的，决不是完全割裂开来的。所以，
市场经济也有负面效应，若不加以合理调控，也会影响到利益性结
构，导致所有制和分配方式的资本主义化。这也是务必予以密切注
意的。

　　从总体上讲，当前社会改革的职能性原则应是：科学、合理、
高效率。经济体制改革、行政体制改革、文化体制改革，都应追求
科学、合理、高效率。要努力实现人、财、物的合理匹配和组合，
最大限度地实现优化组合，实现高效率。高效率是职能性结构改革
的直接目标。所以，要时刻盯着世界先进水平，力争走在世界
前列。

当前社会改革的利益性原则，从总体上讲应是：坚持社会主义公有制为主体，坚持按劳分配，防止两极分化，逐步走向共同富裕。简单一点讲，就是：公平、合理。利益性原则既要努力保证广大人民在各项利益上的公平合理，又要努力调整利益结构以充分调动工作积极性，不能偏向一个方面。社会主义的基本原则不能丢，公有制、按劳分配、人民民主专政等社会主义的本质属性（利益属性）不能放弃。否则，我们就会背离建设有中国特色的社会主义的方向。

（载《哲学研究》1997 年第 2 期）

从可持续发展到转移式发展

在今天,"可持续发展"已成为人们普遍接受的现代发展观。但是,我认为,我们对"可持续发展"的认识还不够深入,尤其是对其不足之处还缺乏认识,对单纯提"可持续发展"是否在实际上能行得通也缺乏认识,更少去考虑"可持续发展"是否适合于人类文明进步的法则。在本文中,我准备对"可持续发展"做一点反思,并尝试着提出一种"转移式发展"去补充"可持续发展"之不足。从根本上讲,我认为,人类走出今日困境的途径是迈向比工业文明更高级的新文明。今日的人类困境是挑战也是机遇,是新文明诞生前的阵痛。

一 "可持续发展"的提出、含义及实质

"可持续发展"的思想与战略,经历了一个较长的孕育时期。早在1935年,英国生态学家斯坦利就比较系统地提出了"生态系统"这一科学概念,并发出如果人类无节制扩张将会导致地球生态系统瓦解的警告。1962年,美国海洋生物学家R.卡逊出版了《寂静的春天》一书,阐述了毒物污染环境的问题,告诫人们要正视由于自身的生产活动而导致的严重后果。1972年6月,联合国在斯德哥尔摩召开了有114个国家代表参加的"人类环境会议"。

在会议之前，会议秘书处于 1971 年 5 月委托经济学家 B. 沃德和微生物学家 R. 杜博斯撰写了一份关于人类环境问题的报告，这份报告就是后来著名的《只有一个地球》一书。到 1981 年，美国科学家布朗创办的世界观察研究所出版了《建设一个可持续发展的社会》一书，"可持续发展"一词正式公诸于世。1983 年 12 月，联合国成立了世界环境与发展委员会。它于 1987 年 4 月发表了《我们共同的未来》的调查报告，对"可持续发展"做出了这样一个定义："可持续发展是这样的发展，既满足人类目前需要和追求，又不对未来的需要和追求造成危害"。1992 年 6 月，在巴西里约热内卢举行了"联合国环境与发展大会"，"可持续发展"成为会议的主题。到此为止，"可持续发展"已经成为被国际社会所认同的现代社会发展战略。

"可持续发展"的确切含义是什么呢？《我们共同的未来》的报告中给出的定义是笼统、含糊、抽象的。"既满足人类目前需要和追求，又不对未来的需要和追求造成危害"这句话，没有任何具体内容。然而，在这句话里，"目前需要和追求"与"未来的需要和追求"是具有一致性的，而且它们的实现是基于共同的条件的，否则，"目前需要和追求"的实现就不会对"未来的需要和追求"的实现造成危害了。那么，"目前"与"未来"的一致"需要和追求"是什么呢？它们的实现条件又是什么呢？"可持续发展"所要做的正是在这些实现条件下实行一种调节控制作用，以便使当代人的需求得到满足，而又不影响后代人需求的满足。要想知道这些具体内容并不难，因为"可持续发展"提出的前后的背景已向我们做出了再清楚不过的说明：关系和影响着"目前"与"未来"的条件就是"环境"，就是我们共有的地球。具体地说，就是地球的资源、能源以及生态环境。再进一步讲，就是与现代工业文明相对应的那些自然环境条件：石油、煤炭、水、森林及其他短缺稀有资源，还有生存环境状况。环境问题之所以成为问题，传统的工业文明的"高投入、高消耗、高污染"是根本原因，能源枯竭、资源短缺、环境污染、人口爆炸是其具体表现。"目前需要和追求"是什么？显然就是今天工业文明中人们日益增长的物质文化需求。对于这些需求，"可持续发展"是不否定的：如果否定了这些需求，也就不会对环境造成什么问题了，更不会存在是否要实行"可持续发展"的问题了。不仅如此，"可持续发展"还承认了"未来需要和追求"与"目前需要和追求"的一致性，否则，二者就不会存在共同的实现条件及其冲突了。"可持续发展"就是要想办法使当代人满足他们的工业文明性质的需求，同时又不影响后代人的工业文明性质的需求。不同的可能是，未来的工业文明需求更高更新。当然，这都要排除那些不合理的有害的需要和追求。

在弄清了这些具体内容之后，我们就明白了"可持续发展"的确切含义：要在地球环境问题上做好调控工作，使能源、资源能够得到高效合理地开发与利用，要保护环境防止其遭受污染，以便既能满足当代人的工业文明性质的需求，又能不危害后代人的工业文明性质的需求。我在这里特别地加上"工业文明"，似乎是多余，其实不然。因为历史告诉我们，只有同性质的文明形态才面对着同样的环境因素。采集渔猎文明、农业文明，都不会感到石油短缺、水资源短缺。倘若将来人类到太空中生存而形成太空文明，估计也不会再感受到地球资源的短缺。

弄清"可持续发展"的确切含义，我们也就弄清了它的本意：就是让人们在工业文明中舒舒服服地过下去，生息繁衍，而不要遭受能源短缺、资源枯竭、生存环境恶化之苦。

弄清"可持续发展"的确切含义和本意之后，它的实质也就不难找到了。"可持续发展"本质上就是调控战略，以合理的方法调节自然资源的利用，以有力的措施保护环境，使人与自然相协调，保持生态平衡，确保现代文明（工业文明）生活的持续发展。我在这里强调"可持续发展"的"调控"性，意在指出它的这样一个本质特点：它力图保持的是工业文明的可持续，而不是试图开拓一种新文明。在下文中我将论及这样一个问题：人类目前的困境，最终不是靠"可持续发展"来解决的，而是应该中断这种发展，寻求新的文明形态。这就是说，不是"既满足人类目前需要和追求，又不对未来的需要和追求造成危害"，而是逐渐改变人类目前的需要和追求，并在未来形成全新的需要和追求，把人类从目前与自然环境的关系中解脱出来，从根本上脱离目前的环境问题，从而开拓一种新的文明。正是为了下文的论述，我们务必弄清"可持续发展"的真实含义和本质。

二　单纯提"可持续发展"是不全面的

在明确了"可持续发展"的特定的具体的内容之后，我们再来深入反思，并根据实践的情况进行细致的分析，我们很快就会发现，"可持续发展"的战略和措施在一定范围内是可行的，但从全面解决目前人类的困境看，尤其是从推动人类文明获得更大飞跃看，它是很不足的，有时甚至是无力的。我们并不否定"可持续发展"具有一定限度的必要性和作用，但必须同时指出：单纯提"可持续发展"是不全面的。

第一，单纯提"可持续发展"是不可能的。

我们在这里所说的"不可能"，是指只凭"可持续发展"是不可能实现"持续发展"的。人们之所以提出"可持续发展"，归根结底是由于现代工业文明在环境问题上造成了巨大的麻烦，引起了环境向人类的严峻挑战，如果人类不能够有力地应战，就难以持续发展。所以，可持续发展战略的具体内容，都是针对环境的挑战而提出的。"可持续发展"的具体内容能否成功地迎接挑战呢？这需要仔细分析。经过一番分析就可看到，自然的挑战是分为两种不同情况的。一种是由于对自然的作用失当而造成的，如环境污染、人口爆炸等问题，这种挑战不是不可避免的，它可以通过对人类活动的改善与调控加以解决。这种挑战可以称之为"可避免性挑战"。

另一种挑战是由于人类发展所形成的，如工业生产的发展造成了能源危机、资源匮乏，这种挑战是难以避免的，因为相对于特定生产方式而言，对地球所需的特定资源必定是有限的，即使再节约也会用光的。这种挑战具有必然性，不是通过对人类活动加以调控就能解决的。这种挑战可称之为"不可避免性挑战"。对于这种不可避免性挑战，人类虽然不能通过调控活动加以解决，但却可以通过调控加以缓解，以维持人类的正常生活和有限度的发展。从"可持续发展战略"的具体内容和措施看，它实质上就是一种调控战略：一方面通过调控解决环境污染、人口爆炸等可避免性挑战；另一方面则通过调控缓解能源危机、资源匮乏等不可避免性挑战。

　　然而，"可持续发展战略"最终将难以成功地完成应战，这主要是由于不可避免性挑战形成的巨大障碍，是不能仅凭"可持续发展战略"而克服的。历史告诉我们，不可避免性挑战是由于人类发展而导致的必然现象。面对这种挑战可有三种选择：一种是对这种挑战不予理会，满足于传统生活方式和生产方式，最后难以避免灭亡的下场；另一种是调节控制人类活动，争取缓解这种挑战，但不根本改变现有的生活方式和生产方式，这只能求得苟延残喘，长期停滞不前；最后一种选择是勇敢接受挑战，努力地因而也是艰难地甚至是痛苦地探索新的道路，包括从根本上开创出新的生活方式和生产方式，形成一种新的文明形态，最终将使人类实现一次新飞跃，进入一个更宽广的发展新境地。"可持续发展战略"的根本性质决定了它属于第二种选择方式，即调控方式。从它现在所倡导的各种措施和方法来看，尽管也提到一些改革和转变，但本质上都是在现代工业文明的生活方式、生产方式框架内的调整，远不足以解决环境问题所形成的挑战。到头来，若只凭目前"可持续发展战略"的这些措施，将只能使人类处于长期停滞不前的状态，甚至是走向毁灭，而不可能"持续"地发展。有人可能会说，我们可以不断地充实"可持续发展战略"的内容，甚至从基本点上改动和充实它。我想，这将肯定会发生的，然而，这还能叫或还属于原来的那个"可持续发展"吗？诺贝尔化学奖获得者李远哲在北大百年校庆上的讲演中说："世界各国为了在以高科技为后盾的经济竞争中取得优势，都在努力提升国家的竞争力，希望能在短暂的时间内赶上先进国家。但是如果先进国家走过或是目前正在走的路，不是一条全世界能够永续发展的康庄大道，那么未开发或开发中国家紧跟先进国家后头努力追赶，就似乎毫无意义。因为这一段辛苦追赶的路程，很可能是人类共同走向灭亡的路程。""工业化国家走过的路似乎走过了头，的确不是整个人类永续发展的康庄大道。"（引自 1999 年 2 月 26 日《光明日报》）这段话表明：目前的工业文明，决不是全球人类可持续发展的道路，因而单纯提"可持续发展"是走不通的。

第二，单纯提"可持续发展"也是不可取的。

我们这里所说的"不可取"，是指若只实行"可持续发展战略"，就会排斥其他发展方式，从而有可能从根本上影响人类的发展。在这里，我们有必要再对"可持续发展"一词做一些哲学梳理。"可持续发展"与之对应的哲学概念就是"连续"或"连续性发展"。在哲学上，"连续"又是与"间断"形成一对范畴的。事物的发展是"间断"与"连续"的统一：任何事物都有一个发生、发育、成熟、衰落的过程，这也就是一个事物自身范围内的"连续"变化和发展的过程；但事物的整个连续过程不可能无限延伸下去，到达一定限度后必然会走向灭亡，灭亡不是成为无，而是转变成新的事物，但从旧事物的连续过程看这则是一个"间断"，即旧事物的结束和新事物的开始；没有旧事物连续过程中的间断，新事物就不会出现，"间断"就是旧事物向新事物的转变和飞跃；旧事物通过间断而变为新事物后，新事物又进入新的一轮连续变化和发展过程；若从旧事物与新事物的相互联系上看，"间断"虽使新事物与旧事物区别开来，然而又在更大的范围内形成了从旧事物到新事物的"连续"发展过程。在这里，我们可以看到"连续"有两个大小不同的阶段或层次，一个是指事物自身从发生到衰落的个体过程的"连续"，另一个是指事物之间形成的更大联系过程的"连续"。前者可叫事物自身的连续，后者可叫事物之间的连续。目前国际社会所认同的"可持续发展"，实际上属于"事物自身的连续"，就是"目前工业文明形态"框架内的"持续发展"，而不是实行目前工业文明形态的"间断"并去开创新的文明。"可持续发展"中的一个"可"字，道出了这种发展战略的奥妙：保持现代工业文明能够（可）持续下去的办法。然而又正是这个"可"字所体现出的实质，表明只提"可持续发展"是不可取的。

哲学上的发展观已经表明，事物的发展是连续与间断的统一，只有连续而无间断不可能形成事物的上升发展和不断飞跃。人类历史正是这样。如果古猿群一直在森林里"可持续"繁衍到今天，那只可能会有更多的猿类（也可能因群内生存斗争或环境压力的加剧而导致物种灭绝），而决不会有人类；实际上，正是古猿"间断"了森林生活才踏上了向人转变的艰难历程。如果原始人一直在采集渔猎方式中"可持续"发展到今天，那世界上仍然只会到处都是"土著人"，而决不限于太平洋岛屿上的原始部落；实际上，正是先人们放弃了采集渔猎活动的"可持续"发展，才从"间断"中走向了农业文明。如果农民们一直满足于男耕女织的生活并力图使它"可持续"到今天，火车、轮船、电动机、飞机、电子计算机、航天飞行器等等，都决不会出现，也不会出现今天的能源危机、资源匮乏；实际上，正是农民们痛苦地背井离乡来到城市当了工匠，又正是那些神父、传教士、封建官僚和绅士们组成的"原始"科学家们把原本属于他们个人爱好的科学成果付诸于生产，现代工业文明才得以诞生，才把人类推进到前所未有的辉煌，从而也面临着前所未有的困境。一部人类史，就是由不断发生的文明形态的间断与转移形成的，其中也缺少不了各种文明形态的持续变化，正是在这持续变化过程中，才酝酿成新的间断和新的文明。由此可见，一种文明形态的持续过程是不能没有的，但文明形态的间断与革命也是必不可少的。只讲"持续"而不讲"间断"，就不会有人类的不断进步。历史上是这样，今天仍是这样。

今天，工业文明已经获得了巨大发展，在许多方面已经完全发育成熟而开始步入下坡路。同时，新文明的曙光已经开始显露。目前，我们还不可能突然实现新文明形态的革命，工业文明也不会马上间断（历史表明：即使产生了新文明，旧文明还会与之并存，只是不处于主导地位，并受到新文明的改造，如现代工业文明中的农业生产）。然而，在今天若仍只是满足于工业文明，只想寻求它的"可持续发展"，那必定会形成人类文明新进步中的障碍。所以，只倡导"可持续发展"而不想放弃目前的生活方式、生产方式和直线的发展方向，不在现有文明的"间断"中寻求更高层次的发展，那就会成为历史进步的反动。因而，这是不可取的。

第三，"可持续发展"只涉及人类与自然的关系而未深入触及人类自身关系即社会关系，因而是十分片面的。

我们看到，目前的人类生态困境并不仅仅是人类在自然面前的困境，从其内在原因看，这是由人类内部贫富差异巨大、追求利润最大化的价值目标和挥霍式消费需求所致，而这都是与资本主义的生产方式和生活方式所分不开的。但是，目前的"可持续发展战略"基本上不涉及生产关系问题，不提与工业文明同时产生的资本主义制度的改造问题，这显然是片面的，是不可能根本解决人类困境问题的。

三　坚持可持续发展与转移式发展的统一

在上文中我讲了"可持续发展"的许多不足，这是针对片面强调它或单纯倡导它的不足而言的。"可持续发展"的调控作用和缓解当代人类与自然紧张关系的作用，是不容忽视和低估的。但是，为了真正能够成功地迎接自然的挑战，并在这一应战中实现人类的新发展，只提"可持续发展战略"是不全面、不充分的，我们还必须提出新的更高层次上的发展战略。这个战略，我称它为

"转移式发展战略"。

人类文明史已向我们昭示，人类的发展总历程是连续与间断的统一。连续是一种文明形态自身的演化过程，这个过程不能无限延伸。达到一定程度后，旧文明形态就将衰落下去，形成旧文明的间断，新文明将从旧文明中分化出来，形成社会中的主导文明。新的一轮连续与间断又展开了。人类文明正是在这种连续与间断的更替中不断推向新阶段，进入新形态。"连续"与"间断"缺一不可。新文明与旧文明之间以"间断"性相区分，使其表现为两种形态，二者之间虽有承继关系，但新文明决不是旧文明的简单推移，"百尺竿头更进一步"式的演进不是文明实现飞跃的方式。文明实现飞跃和发展的方式是什么呢？简单地讲，就是"文明转移"（或曰文化转移）。文明转移指的是文明的性质、形态、方向上的转折式变化，它形成新文明与旧文明的间断和飞跃。我们如果沿着旧文明形态向前直线展望，那是决看不到新文明形态的，因为它不是旧文明的进一步前移，而是发生了大方向的转移。例如，从古猿的森林生活向前看，决看不到它们后来是转移到地面上生活从而迈向人的历程；从原始人的采集渔猎生活向前展望，也决看不到他们后来是转移到种植养殖的农业文明上来才实现了进一步发展的；从农业文明向前展望，同样也决不会看到只有实现新的转移才会到达的工业文明。同样，工业文明的直线"持续"发展，也决不会到达未来的新文明。人类的未来新文明，必须在工业文明的基础上实现性质、形态、方向上的新的更大转移才会到达。

由此可见，"转移式发展"是人类文明实现飞跃的基本方式，它指的是旧文明在性质、形态、方向上的根本转折和转变。具体地讲，它包括生产方式的转移、生活方式的转移、劳动对象的转移、社会组织方式的转移、人们需要与追求的转移、活动时空的转移、精神文化类型的转移、物质文化性质的转移、自然环境的侧重点的转移乃至自然环境的完全转移，等等。不同的文明形态，说到底是人们的不同世界：不同的自然世界、不同的器物世界、不同的精神世界以及不同的人类组合。

在今天，我们讲"转移式发展"，就是要逐渐摒弃工业文明的传统生产方式和生活方式，改变人们无度聚敛和挥霍物质财富的需要内容和追求利润最大化的价值目标，开拓新的生产方式、活动方式、生活方式，开拓新的自然世界，形成新的生活方向和价值目标。一句话，就是寻求比工业文明更高级的新文明。人们目前流行的"生态文明"、"信息文明"、"后工业文明"等等说法，尚只是一些新名词，而未能形成全新的内容，因而说来说去又回到了工业文明之中去，充其量只是对现代工业文明的一种直线式前瞻，而真正的新文明并不在工业文明的直线前方。历史告诉我们，新文明的胚芽就在旧文明中，但由于它稚嫩、弱小而不显眼，人们起初并不会看重它。人们的需要与追求往往是在旧文明的直线方向上，因而从旧文明向新文明的转移是一件十分痛苦的事情。试回想一下，古猿从一直居住的茂密大森林转移到毫无保障的空旷地面上生活，会是顺利的吗？原始人从采摘现成的果实和捕获野生动物转移到毫无把握的漫长的种植养殖生活，会是痛痛快快的吗？现代的都市生活令乡下人神往，然而在农业文明向工业文明的转移初期，农民们哪一个自愿舍弃土地？只有那些失去土地的人们才无可奈何地流落到城市谋生。未来的新文明对于现代人来讲，也决不会是自然而然的目标。

文明的转移，在历史上是自发发生的，因为那时人类还缺乏对文明转移的自觉意识。今天的人类已不同了，自觉能动性大大加强，寻求和开拓新文明理应也完全可以成为自觉行为。

寻求和开拓新文明的发展道路，我们可以把它称之为"转移式发展战略"，即谋求人类文明的新转移的发展战略。转移式发展战略，也就是一种开发战略，即开发新的生产方式、生活方式、活动时空、文化类型等等的发展战略。在历史上，每次新文明的诞生都是与自然的挑战和人类的应战直接相关的：森林的减少与地面生活的艰难，迫使古猿制造和使用工具从事劳动，从而转变成人；冰河时期结束后，亚非地带的持久干旱，迫使那里的人们最早"通过驯化动物和从事农业来把他们自己从变幻莫测的环境中解放出来"（汤因比：《历史研究》上册，上海人民出版社 1987 年版，第86 页），而走向农业化道路；欧洲中世纪作为主要能源的木材的枯竭是导致煤成为主要能源的动力和契机，并由于煤炭的大规模使用推动了蒸汽机的出现和近代技术的发展，形成了工业革命。我们今天面临的自然新挑战，实际上也面对一种新的发展契机。新的发展境界不是现有生活方式、生产方式、社会关系的简单扩展和延续，而是文明革命。如果说"可持续发展战略"仍是在现代工业文明范围之内寻找出路，那么，"转移式发展战略"则是把人类发展的希望转向寻求新文明。可以说，"转移式发展"是符合人类文明发展历史的。单就迎接自然挑战而言，也只有通过开发或转移式发展战略获得新的生存方式方可最终解决。应战与发展在本质上是一回事。放弃开发和发展的应战，到头来还是要在强大的自然挑战面前失败。从这个意义上讲，开发战略或转移式发展战略也是最根本的应战战略，唯有它才能使人类迈出环境挑战形成的困境，而最终把人类引入更高级文明。

从当代人类的进步上讲，"转移式发展"与"可持续发展"是一致的，应该有机地结合。就目前现实的社会运作上讲，"可持续发展"的调控战略更为紧迫，也就是说保护自然、尽力协调人类与自然的关系更为突出。但从长远说，"转移式发展"的开发战略更为重要，人类迟早应进入新文明。"可持续发展战略"是一种初级发展战略或基础战略，要求我们必须立即付诸实践，形成社会化、全球化规模的活动。"转移式发展战略"是一种高级发展战略，也要求我们必须予以足够重视，但它不可能马上形成社会化规模，而是需要人们艰难地探索，需要自然科学、社会科学、哲学、艺术等诸多人类智慧部门的通力合作，以求在思想上对现代文明的缺陷有一个足够认识，并对适应自然挑战而创造出新形态的文明有一个自觉认识和自觉行动。今天的当务之急，是必须把"转移式发展战略"郑重地提到科学认识的议程。我们必须认识到：人类正面临着一场新的文明革命，人类正处于新的发展转折点，人类必须对旧的生活方式、生产方式、文明形态实行一场革命。

四　新文明的特征与转移式发展

人类要开拓的新文明是一种什么形态的文明呢？它与传统的工业文明的区别是什么呢？它是怎样引导人类走出目前的困境呢？正确地回答这些问题需要一个较长的认识与实践过程。在这里，我们只能略去详细的论证而径直去做一些简单、粗糙的必要遐想。

不同的人类文明，具有自身的根本特征。一种文明形态的根本特征，可以从两个侧面来考察，一个是从人类与自然的外部关系上来考察，另一个是从人类自身的内部关系上来考察。人类与自然的外部关系，主要就是生产方式。从本质上讲，以往的人类文明在生产方式上主要有两大特点：第一，主要是对环境的利用与改造，以提高人类自身的生存能力；第二，主要是物质性的利用与改造，以满足人类日益增长的物质消费生活需要。工业文明把对自然环境的物质改造水平与人类的物质消费生活水平都提到了空前高度发达的水平，但这也是一个全球人类发展极不平衡的水平。新文明在人类与自然的关系上必然要实现人类对自然更深入、更广泛的作用，形成更密切的关系。在人类自身的内部关系中，文明形态的进步过程就是人类社会组合不断扩大并日益紧密的过程。工业文明时代，是建立国际社会并向全球一体化转变的时代，但由于工业文明的不平衡发展及终归的欠发达状态，致使全球人类还不可能完全超越民族、国家的界限而真正实现一体化。尤其是与工业文明相伴生的国际资本主义秩序，使人类贫富差距悬殊，人与人、民族与民族极其不平等，这形成了尖锐的人类内部矛盾与冲突。促使人类形成有机统一的全球社会的是比工业文明更高级的人类文明新形态，新文明在人类内部关系上的根本特征就是完全实现全球人类平等化、一体化。

新文明在人类与自然的外部关系上以及人类自身的内部关系上的根本特征，具体地表现在新文明的基本内容上。通过对新文明基本内容的考察，我们可以更深入具体地把握这种新文明的本质及与工业文明的区别所在。对新文明基本内容的考察，可以分为如下五个方面：

1. 新文明的活动方式，指的是人类在新文明形态中的主要活动方式，主要侧重于活动的形式方面。采集渔猎时代、农业时代、工业时代，都是物质、能量活动方式为主的时代，尤其是工业文明，把自然资源、能源的采掘与利用发展到了顶点，创造了供人类生活消费的巨量物质财富。在工业文明后期，信息活动方式发展起来，但信息活动在工业文明中始终处在服务于物质、能量活动的地位上。在工业文明之后的新文明中，人类活动将高度信息化，信息活动方式将成为人类活动的主导方式。因此，从活动方式上讲，新文明可以称之为"信息时代"。不少人认为今日人类已进入了信息时代，其实不然。首先，今日人类的活动仍是以物质、能量活动为主的时代，否则不会面临资源、能源枯竭的困境。其次，今日人类的信息活动仍未成为独立的活动方式，而主要是为物质、能量性活动服务的附属活动。因此，今日人类仍处于工业文明之中，并未进入真正的信息化时代。信息文明作为一种新文明，它必须成为人类的主导性活动方式，并且具有自身的独立活动内容。显然，这种把物质和能量的采掘、加工与消费的活动置于次要地位而把信息活动主导化的新文明时代还没有到来。

2. 新文明的活动内容，指的是人类在新文明形态中的主要活动类型，它与活动方式相对而言是活动内容。新文明的主导活动方式是信息活动，而信息活动的内容也主要不是物质、能量性活动即经济活动。它的活动内容主要是文化活动，包括科学技术活动、艺术审美活动等。在工业时代，科学技术活动作为物质生产活动的要素而存在，不具有独立自主的地位。而在新文明中，科学技术活动成为具有自身目标的活动，即把从深层次上认识、改造自然与人类作为目的，而不是服务于物质生产和人的物质消费。相反，物质生产则成为科学技术活动的要素，即为认识、改造自然和人类服务。实际上，工业时代的物质生产已逐渐成为科学技术的应用过程，物质生产的这种科学化趋势最终导致的结果必然是物质生产活动自身的科学化转变，使科学技术活动本身成为具有自身目的的独立活动和主导活动。此外，在工业文明中，尽管生产、生活审美化已见端倪，但仍主要把艺术审美活动作为物质活动的点缀或闲暇活动来对待，而新文明终将把艺术创造的审美活动转化为社会的主导活动内容。所以，从新文明的活动内容上看，可把它称之为"科（学）艺（术）时代"。科艺时代与信息时代是统一的：没有活动内容上的科艺化，活动方式（形式）上的信息化就不可能，反之亦然。

3. 新文明的活动空间，指的是这种文明中的人类活动范围。任何文明都有一定的空间范围，人类文明的发展与人类活动范围的扩展是分不开的。工业文明及其以前的文明，从根本上讲都属于地球文明，人类基本上都是在地球上创造这些文明的。新文明则迈出地球走向了太空，所以，这种活动空间可称之为"太空文明"。新文明作为太空文明，它拓展和改变了人类的活动空间。太空是一个完全不同于地球的活动场所。从更深层次上讲，从地球迈向太空不仅是活动空间的扩展与改变，也是活动内容的重大改变。如果说地球主要是人类从事物质生产与消费的家园，那么，太空将是人类从事科学技术以更深入地认识和改造自然的场所。

4. 新文明的活动方向，指的是这种文明中的人类活动所追求的目标。迄今为止的人类文明，追求的都是对环境的改造，以便为人类自身的生活创造更好的场所和条件。工业文明把人类的这个追求推至极点，从而造成了人类与地球自然的严重对抗。实际上，人类的发展、文明的进步不仅表现在对自然环境的改造上，同时也表现在人类自身的变化上，只是这种变化一直未能触及人的肉体而限于工具的发展上。人类向信息时代、科艺时代、太空时代的迈进，一方面日益暴露了人体自然的落后性，另一方面也获得了改造人体自然的前提条件，于是对人体自然进行改造的时代终于来临了。所以，从活动的方向上讲，新文明将实现一场由环（境）改（造）为主的时代转向以人（体）改（造）为主的时代，也可以把新文明称之为"人改时代"。人改时代的到来有其深刻的意蕴，它表明：人类的改造活动将指向人类自身，人类面临着传统存在方式的改变，面临着人类传统本性的改变。这将是人类的巨大升华，是迄今为止的一切文明所未能实现的大飞跃，它的影响将是极其深远的。

5. 新文明的社会关系，指的是这种文明所形成的人类内部关系。从人类组合空间上看，到工业文明为止，人类经历了氏族部落社会、国家社会和国际社会。在新文明时代，人类将从民族与国家的藩篱中走出，真正形成全球一体化的统一社会。从人与人的社会关系上讲，由于新文明是信息文明、科艺文明、太空文明和人改文明，人类具有了超越狭隘单一的物质利益的更高价值目标，这将要求并促使人们之间实现真正的平等合作关系，共产主义所要求的共同占有、共同劳作的社会关系将真正得以实现。新文明将是人类的"统一与平等时代"。

新文明将在所有领域刷新人类文明，但上述五个方面是最基本最主要的。所以，新文明是信息文明、科艺文明、太空文明、人改文明、统一与平等文明的统一，这五个方面是有机结合的，它们相互制约、相互依赖、相互促进，共同组成了工业文明之后的人类新文明。

表面上看，上文阐述的新文明似乎离我们今日的生活太遥远，难以纳入我们的发展战略去考察。其实，新文明距离我们并不远，千里之行始于足下，新文明的开拓已经悄然开始。从活动方式上讲，信息活动已成为我们生活中日益重要的活动方式，如果我们认识到它终将成为人类活动的主导方式，那么我们就应该致力于生活的信息化而不是物质能量化。从活动内容上讲，现代社会生活的科学化、艺术化已成为日益突出的特征，如果我们认识到科学技术和艺术审美活动终将成为人类活动的主导的独立的内容，那么我们今天就不要只把科技与艺术作为社会生活的手段来对待，而应看到它们高于物质生产与消费活动的历史地位，积极推进社会生活的科艺化。从活动空间上讲，太空活动已成为人类日益重要的活动场所，如果我们认识到它终将成为人类活动的主要场所，并且是新文明的标志性场所，我们就应在空间科技方面加大投入，千万不要在新文明的来临中落伍。从活动方向上讲，目前的生物工程技术、人工智能技术、太空技术等正日益发达起来，对人体自然的改造已提到议程，如果我们认识到对人类自身的改造终将成为人类活动的主导方向，那么我们今天就不应该拒绝把生物工程技术、智能技术用于对人体的认识与改造之中，而应积极开拓对人体的改造活动。从活动的社会关系上讲，人类的统一化、平等化既然肯定是人类新文明不可避免的历史大趋势，那么我们今天就不应因国际社会主义运动的暂时挫折而动摇我们的政治方向，不应被国际资本主义、帝国主义的暂时强大所吓倒，而应坚持追求人类统一与平等的社会主义大方向，并努力探索人类走向统一与平等的具体路径与方式。总之，如果从全球人类的角度看，工业文明已开始转向新文明，问题只在于我们能否自觉认识到这一点，能否减少错误与不必要的挫折。

由此可见，信息化、科艺化、太空化、人改化、统一与平等化的新文明决不是工业文明和资本主义秩序的简单推进，而是一场文明大转折、大变革。这种新文明决不是依赖于工业文明的"持续发展"就能到达的，而必须实行"转移式发展"，必须从工业文明中的人类活动方式、内容、空间、方向和社会关系等方面来一场大转移，才能真正走向新文明的彼岸。

我们决不否认工业文明框架内的"可持续发展战略"的作用，只是要指明它的局限性，并且要加以补充，要提出走向更高级新文明的"转移式发展战略"。历史表明，只有在文明转移中形成的新文明，才能真正解决在旧文明中形成的自然挑战。工业文明中形成的人类困境，只依赖工业文明的"可持续发展"是解决不了的，而只有依赖于"转移式发展"导致的新文明，人类才能走出工业文明造成的困境并进入更新的发展天地。

（载《哲学研究》1999 年第 9 期）